来华留学生
汉语基本词汇掌中宝

主　编　战红艳　程　浩
副主编　周高昕　王　芳　韩　双　郭月超
参　编　胡　勇　梁　言　王丽颖　高　远

中国科学技术大学出版社

内容简介

本书以来华外国留学生、军事院校外军留学生的汉语预科学习需求为基础,参考军事专业基础词汇,结合留学生语言预科教育规律及新HSK等级考试改革编写而成。全书资料新颖、信息量大、针对性和实用性强,共收录汉语基本词汇约1500个,涵盖穿着、饮食、生活、旅游、娱乐与运动、学习、军事用语7个方面共31个条目,汉语词汇均标注拼音,各语种译文遵循对外汉语教材词汇翻译原则,力求精简扼要、词性统一、准确完整,同时兼顾词汇的语用义和文化义,便于来华留学生快速、准确掌握汉语基本词汇,了解中国文化,为后续学习、工作、生活提供帮助。

图书在版编目(CIP)数据

来华留学生汉语基本词汇掌中宝/战红艳,程浩主编.—合肥:中国科学技术大学出版社,2023.4
ISBN 978-7-312-05592-8

Ⅰ.来… Ⅱ.①战… ②程… Ⅲ.汉语—词汇—对外汉语教学—自学参考资料 Ⅳ.H195.4

中国国家版本馆 CIP 数据核字(2023)第 030308 号

来华留学生汉语基本词汇掌中宝

LAI HUA LIUXUESHENG HANYU JIBEN CIHUI ZHANGZHONGBAO

出版	中国科学技术大学出版社
	安徽省合肥市金寨路 96 号,230026
	http://press.ustc.edu.cn
	https://zgkxjsdxcbs.tmall.com
印刷	合肥市宏基印刷有限公司
发行	中国科学技术大学出版社
开本	880 mm×1230 mm 1/32
印张	19.375
字数	335 千
版次	2023 年 4 月第 1 版
印次	2023 年 4 月第 1 次印刷
定价	80.00 元

前　言

随着我国对外开放的日益深入,作为世界上最大的发展中国家,中国在国际上的地位日益提升,越来越多的外国留学生将留学的目标地选在了中国,全球出现了"中国热""汉语热",对中外文对照的词典手册类图书的需求日益增加。鉴于此,以包括军事院校外军留学生在内的来华外国留学生的汉语预科学习需求为基础,参考军事专业基础词汇,结合留学生语言预科教育规律及新HSK等级考试改革,我们组织对外汉语教学团队编写了这本《来华留学生汉语基本词汇掌中宝》。

全书以来华留学生为读者对象设定词汇分类和专业知识侧重点,根据军事院校外军留学生的汉语教学需求和多语言背景等特点,利用院校一线对外汉语教员和译员的实践经验及理论优势,编译成"汉-英、汉-法、汉-俄、汉-柬、汉-西、汉-泰"的多语种合成式汉语基础词汇手册,旨在为从事留学生教学、管理等工作的人员提供多语种辅助,为来华留学生汉语学习提供基础语言支持和汉语入门导引。

本书具有以下四个特点:第一,涵盖六种语言。不同语种类学习者可以自由选择,还可根据自身需求跨语言相互学习交流。第二，汉语词汇加注拼音。为帮助留学生掌握正确的汉语发音，汉语词汇均加注拼音。第三，收入军事专业词汇。一方面拓展留学生军情知识视野，另一方面为军事院校留学生学习专业知识打下语言词汇基础。第四，词汇内容丰富多样，涵盖时政、经济、科技、社会发展等。书中日常词汇涵盖但不限于涉及日常生活的高频词、基础词，融入互联网生活、远程教育、新冠疫情等展现时代特征的新兴词汇。词汇翻译力求精准、通俗，便于使用、记忆。

全书资料新颖、信息量大、针对性和实用性强，共收录汉语基本词汇约1500个，涵盖了穿着、饮食、生活、旅游、娱乐与运动、学习、军事用语7个方面共31个条目，语种译文遵循对外汉语教材词汇翻译原则，力求精简扼要、词性统一、准确完整，同时兼顾词汇的语用义和文化义，便于来华留学生快速、准确掌握汉语基本词汇，了解中国文化点滴，为后续学习、工作、生活提供有益借鉴和参考。

任何辞书类图书的编写都非易事。本书涉及印欧语系、汉藏语系、南亚语系，不同语言、语系之间的语标、语意差异加大了收词、翻译难度，一度让编写工作停滞不前。为此，所有编者付出了大量的辛勤劳动。本书汉语词汇选编工作由胡勇、周高昕、郭月超完成，英语部分由程浩、梁言、高远编译，法语部分由韩双编译，俄语部分由战红艳编译，柬埔寨语部分由王芳编译，西班牙语部分由周高昕、王丽颖编译，泰语部分由郭月超编译。在本书的编写过程中，陈拓、何珂、柏绪安分别对西班牙语和法语的翻译、校对工作给予了帮助。李少强、郭泓、曹进、陈亮、柏绪安等学校领导和专家教授一直关心本书的编写工作，多次给予指导帮助，在此一并表示诚挚感谢！

由于本书涉及诸多语种，不足之处仍恐难免，敬请有关专家和读者批评指正，以便今后不断完善。

编　者

2022 年 7 月

目 录

qián yán
前 言 i

英语篇 English

chuān zhuó
一、穿 着 Dress 2

   fú zhuāng
  1. 服 装 Clothes 2

   xié mào
  2. 鞋 帽 Footwear & headwear 5

   pèi shì
  3. 配 饰 Accessory 6

   yán sè
  4. 颜 色 Color 8

yǐn shí
二、饮 食 Food & drink 9

   zhǔ shí
  1. 主 食 Staple food 9

   shuǐ guǒ
  2. 水 果 Fruit 11

　　　　　shū cài
　　3. 蔬　菜　Vegetable 13
　　　　　ròu lèi
　　4. 肉　类　Meat 15
　　　　　jiǔ shuǐ
　　5. 酒　水　Drink 17
　　　　　tiáo wèi pǐn
　　6. 调　味　品　Flavoring 18
　　　　　cān jù
　　7. 餐　具　Tableware 20

　　　　　shēng huó
三、生　　活　Life 21
　　　　　chéng yuán
　　1. 成　　员　Member 22
　　　　　jū zhù huán jìng
　　2. 居　住　环　境　Living Environment 26
　　　　　nèi wù
　　3. 内　务　Sanitation 29
　　　　　jiù yī
　　4. 就　医　Medicine service 36
　　　　　rì cháng xū qiú
　　5. 日　常　需　求　Daily affair 45
　　　　　jié rì
　　6. 节　日　Festival 49

　　　　　lǚ yóu
四、旅　游　Tourism 52
　　　　　tiān qì
　　1. 天　气　Weather 52
　　　　　jiāo tōng
　　2. 交　通　Traffic 54

3. 时间 Time 58
      shí jiān

4. 方向 Direction 62
      fāng xiàng

5. 地点 Place 63
      dì diǎn

五、娱乐与运动 Recreation & sports 67
   yú lè yǔ yùn dòng

1. 娱乐 Recreation 67
      yú lè

2. 运动 Sports 70
      yùn dòng

六、学习 Study 75
   xué xí

1. 教师用语 Expression for teachers 75
      jiào shī yòng yǔ

2. 学生用语 Expression for students 81
      xué shēng yòng yǔ

3. 学习用具 Stationery 83
      xué xí yòng jù

4. 专业与课程 Major & curriculum 85
      zhuān yè yǔ kè chéng

七、军事用语 Military term 88
   jūn shì yòng yǔ

1. 基础词汇 Basic vocabulary 88
      jī chǔ cí huì

2. 队列用语 Formation 92
      duì liè yòng yǔ

3. 武器装备 Weaponry 94
      wǔ qì zhuāng bèi

法语篇 Français

一、穿着(chuān zhuó) Les habits 100

   1. 服装(fú zhuāng) Les vêtements 100

   2. 鞋帽(xié mào) Les chaussures et les chapeaux 103

   3. 配饰(pèi shì) Les accessoires 104

   4. 颜色(yán sè) Les couleurs 106

二、饮食(yǐn shí) La nourriture 107

   1. 主食(zhǔ shí) La nourriture de base 107

   2. 水果(shuǐ guǒ) Les fruits 109

   3. 蔬菜(shū cài) Les légumes 111

   4. 肉类(ròu lèi) La viande 113

   5. 酒水(jiǔ shuǐ) Les boissons et les boissons alcoolisées 115

   6. 调味品(tiáo wèi pǐn) Les condiments 116

   7. 餐具(cān jù) La vaisselle et les couverts 118

三、生活 La vie 119

1. 成员 Les membres 119
2. 居住环境 L'environnement de la vie 124
3. 内务 La ménage 127
4. 就医 La consultation 134
5. 日常需求 Les besoins quotidiens 143
6. 节日 Les fêtes 147

四、旅游 Le voyage et le tourisme 150

1. 天气 Le temps 150
2. 交通 Le transport 152
3. 时间 Le temps 156
4. 方向 La direction 160
5. 地点 Les endroits 161

五、娱乐与运动 Les loisirs et les sports 165

1. 娱乐 Les loisirs 165

ix

　　　　yùn dòng
　2. 运　动　Les sports 160
　　　xué xí
六、学　习　Les études... 173
　　　　jiào shī yòng yǔ
　1. 教　师　用　语 Les termes utilisés par le professeur 173
　　　　xué shēng yòng yǔ
　2. 学　生　　用　语 Les termes utilisés par l'étudiant........... 179
　　　　xué xí yòng jù
　3. 学　习　用　　具 Les objets d'études 181
　　　　zhuān yè yǔ kè chéng
　4. 专　业　与　课　程　Les spécialités et les cours........... 184
　　　　jūn shì yòng yǔ
七、军　事　用　语 Les termes militaires 186
　　　　jī chǔ cí huì
　1. 基　础　词　汇　Le vocabulaire élémentaire.................. 186
　　　　duì liè yòng yǔ
　2. 队　列 用　语 L'ordre serré 190
　　　　wǔ qì zhuāng bèi
　3. 武　器　装　　备 Les armements................................ 192

俄语篇　Русский

　　　chuān zhuó
一、穿　　着　Одежда и Аксессуары 198
　　　　fú zhuāng
　1. 服　装　　Одежда... 198
　　　　xié mào
　2. 鞋　帽　Обуви и головные уборы 201

3. 配饰 pèi shì Аксессуары 202

4. 颜色 yán sè Цвет 204

二、饮食 yǐn shí Еда и напитки 205

1. 主食 zhǔ shí Основной продукт питания 205

2. 水果 shuǐ guǒ Фрукты 207

3. 蔬菜 shū cài Овощи 209

4. 肉类 ròu lèi Мясо 211

5. 酒水 jiǔ shuǐ Напитки 213

6. 调味品 tiáo wèi pǐn Приправы и специи 214

7. 餐具 cān jù Столовая посуда 216

三、生活 shēng huó Жизнь 217

1. 成员 chéng yuán Член 217

2. 居住环境 jū zhù huán jìng Среда 222

3. 内务 nèi wù Порядок и гигиена 224

4. 就医 jiù yī Обратиться к врачу 232

xi

5. 日常需求 Требование 241
　　　jié rì
6. 节日 Праздник 246

　　　lǚ yóu
四、旅游 Путешествование 248

　　　tiān qì
1. 天气 Погода 248

　　　jiāo tōng
2. 交通 Транспорт 250

　　　shí jiān
3. 时间 Время 254

　　　fāng xiàng
4. 方向 Сторона 258

　　　dì diǎn
5. 地点 Место 259

　　yú lè yǔ yùn dòng
五、娱乐与运动 Развлечение и спорт 263

　　　yú lè
1. 娱乐 Развлечение 263

　　　yùn dòng
2. 运动 Спорт 266

　　xué xí
六、学习 Учёба 271

　　　jiào shī yòng yǔ
1. 教师用语 Преподавательные слова 271

　　　xué shēng yòng yǔ
2. 学生用语 Курсантские слова 277

　　　xué xí yòng jù
3. 学习用具 Учебные принадлежности 279

4. 专业与课程 Специальность и предметы 281

七、军事用语 Военные слова 284

1. 基础词汇 Основные слова 284

2. 队列用语 Строевое выражение 287

3. 武器装备 вооружение и снаряжение 290

柬埔寨语篇 ភាសាខ្មែរ

一、穿着 ការស្លៀកពាក់ 296

1. 服装 សម្លៀកបំពាក់ 296

2. 鞋帽 ស្បែកជើង, មួក 299

3. 配饰 គ្រឿងតុបតែង 300

4. 颜色 ពណ៌ 302

二、饮食 ម្ហូបអាហារ 304

1. 主食 អាហារចំបង 304

2. 水果 ផ្លែឈើ 306

3. 蔬菜 បន្លែ 308

4. 肉类 ប្រភេទសាច់ 310

5. 酒水 ស្រានិងភេសជ្ជៈ 312

6. 调味品 គ្រឿងផ្សំ 314

7. 餐具 ឧបភោគភ័ណ្ឌ 316

三、生活 ការរស់នៅ 317

  1. 成员 សមាជិក 317

  2. 居住环境 បរិស្ថានរស់នៅ 322

  3. 内务 សណ្ដាប់ធ្នាប់ក្នុងបន្ទប់ 325

  4. 就医 ទៅមន្ទីរពេទ្យ 333

  5. 日常需求 សេចក្ដីតំរូវការប្រចាំថ្ងៃ 343

  6. 节日 បុណ្យ 348

四、旅游 ដើរលេងកំសាន្ត 350

  1. 天气 ធាតុអាកាស 350

  2. 交通 គមនាគមន៍ 353

shí jiān
3. 时　间　ពេលវេលា 357

fāng xiàng
4. 方　向　ទិសដៅ 361

dì diǎn
5. 地点　ទីកន្លែង 363

yú lè yǔ yùn dòng
五、娱乐与运动　ការកំសាន្តនិងកីឡា 367

yú lè
1. 娱乐　ការកំសាន្ត 367

yùn dòng
2. 运　动　កីឡា 371

xué xí
六、学　习　ការរៀនសូត្រ 376

jiào shī yòng yǔ
1. 教　师　用　语　ពាក្យសំរាប់គ្រូ 376

xué shēng yòng yǔ
2. 学　生　用　语　ពាក្យសំរាប់និស្សិត 382

xué xí yòng jù
3. 学　习　用　具　សំភារៈសិក្សា 384

zhuān yè yǔ kè chéng
4. 专　业与课　程　មុខជំនាញនិងមេរៀន 387

jūn shì yòng yǔ
七、军事用　语　ពាក្យយោធា 387

jī chǔ cí huì
1. 基　础　词　汇　ពាក្យមូលដ្ឋាន 389

duì liè yòng yǔ
2. 队　列用　语　ពាក្យសំរាប់លំហាត់របៀប 393

wǔ qì zhuāng bèi
3. 武　器装　备　សម្ភារៈអាវុធ 395

xv

西班牙语篇　Español

一、穿着　Indumentaria 402
  1. 服装　Vestuario 402
  2. 鞋帽　Zapatos y sombreros 404
  3. 配饰　Adornos 405
  4. 颜色　Colores 408

二、饮食　Alimentos y bebidas 409
  1. 主食　Alimentos básicos 409
  2. 水果　Frutas 411
  3. 蔬菜　Hortalizas 413
  4. 肉类　Carne 415
  5. 酒水　Vino y bebida 417
  6. 调味品　Condimentos 418
  7. 餐具　Cubiertos 420

三、生活　Vida cotidiana 421

      chéng yuán
1. 成 员 Miembros 421

      jū zhù huán jìng
2. 居 住 环 境 Entornos de vida 426

      nèi wù
3. 内 务 Asuntos internos 428

      jiù yī
4. 就 医 Servicio médico 436

      rì cháng xū qiú
5. 日 常 需 求 Necesidades diarias 445

      jié rì
6. 节 日 Fiestas 450

    lǚ yóu
四、旅 游 Turismo 452

      tiān qì
1. 天 气 Clima 452

      jiāo tōng
2. 交 通 Transporte 454

      shí jiān
3. 时 间 Tiempo 458

      fāng xiàng
4. 方 向 Dirección 462

      dì diǎn
5. 地 点 Sitios 464

    yú lè yǔ yùn dòng
五、娱 乐 与 运 动 Entretenimiento y deporte 467

      yú lè
1. 娱 乐 Entretenimiento 467

      yùn dòng
2. 运 动 Deporte 471

xvii

六、学习 Aprendizaje 475

1. 教师用语 Expresions para profesores 475
2. 学生用语 Expresiones para alumnos 481
3. 学习用具 Materiales de estudio 483
4. 专业与课程 Especialidad y asignaturas 485

七、军事用语 Términos militares 488

1. 基础词汇 Palabras y expresiones básicas.................488
2. 队列用语 Expresiones de orden cerrado................492
3. 武器装备 Armamentos 494

泰语篇　ภาษาไทย

一、穿着　การแต่งตัว...500

1. 服装　รองเท้าและหมวก 500
2. 鞋帽　รองเท้า หมวก 502
3. 配饰　เครื่องประดับ 503

   yán sè
 4. 颜 色 สี 506
   yǐn shí
二、饮 食 อาหาร 507
   zhǔ shí
 1. 主 食 อาหารหลัก 507
   shuǐ guǒ
 2. 水 果 ผลไม้ 509
   shū cài
 3. 蔬 菜 ผัก 511
   ròu lèi
 4. 肉 类 เนื้อ 513
   jiǔ shuǐ
 5. 酒 水 สุราและเครื่องดื่ม 515
   tiáo wèi pǐn
 6. 调 味 品 เครื่องปรุงรส 516
   cān jù
 7. 餐 具 เครื่องมือรับประทานอาหาร 518
   shēng huó
三、生 活 ชีวิตประจำวัน 520
   chéng yuán
 1. 成 员 สมาชิกในครอบครัว 520
   jū zhù huán jìng
 2. 居 住 环 境 สภาพแวดล้อมที่อยู่อาศัย 525
   nèi wù
 3. 内 务 งานภายในบ้าน 527
   jiù yī
 4. 就 医 การพบแพทย์ 534
   rì cháng xū qiú
 5. 日 常 需 求 ความต้องการรายวัน 543

6. 节日 เทศกาล 548

四、旅游 การท่องเที่ยว 550

1. 天气 อากาศ 550
2. 交通 การคมนาคม 552
3. 时间 เวลา 556
4. 方向 ทิศทาง 560
5. 地点 สถานที่ 561

五、娱乐与运动 กีฬาและนันทนาการ 565

1. 娱乐 นันทนาการ 565
2. 运动 กีฬา 568

六、学习 573

1. 教师用语 คำศัพท์ของอาจารย์ 573
2. 学生用语 คำศัพท์ของนักเรียน 579
3. 学习用具 เครื่องมือการเรียน 581
4. 专业与课程 หลักสูตรและวิชาชีพ 583

七、军事用语 คำศัพท์ทางทหาร 586

1. 基础词汇 คำศัพท์พื้นฐาน 586
2. 队列用语 คำบอกคำสั่ง 589
3. 武器装备 อาวุธและอุปกรณ์ 592

英语篇

English

一、穿着 Dress
chuān zhuó

1. 服装 Clothes
fú zhuāng

唐装 táng zhuāng	Tang suit, garment of traditional Chinese style
汉服 hànfú	Hanfu, traditional garment of the Han nationality
旗袍 qí páo	cheongsam
中山装 zhōng shān zhuāng	Chinese tunic suit
制服 zhì fú	uniform
工作服 gōng zuò fú	work clothes
体能训练服 tǐ néng xùn liàn fú	physical training clothes
运动服 yùn dòng fú	gym suit
迷彩服 mí cǎi fú	camouflage uniform

lǐ fú 礼 服	military dress uniform
cháng fú 常 服	military service uniform
duǎn xiù 短 袖	short-sleeved shirt
cháng xiù 长 袖	long-sleeved shirt
xī fú　xī zhuāng 西服（西装）	suit
duǎn wài tào 短 外 套	coat
jiā kè 夹 克	jacket
pí yī 皮 衣	fur clothing
wèi yī 卫 衣	hoodie
chōng fēng yī 冲 锋 衣	outdoor jacket
mǎ jiǎ 马 甲	waistcoat
biàn zhuāng 便 装	civilian clothes
xù T 恤	T-shirt
kù zi 裤 子	pants
niú zǎi kù 牛 仔 裤	jeans
qún zi 裙 子	skirt

chèn shān 衬 衫	shirt
máo yī 毛 衣	sweater
máo kù 毛 裤	woolen underpants
mián ǎo 棉 袄	cotton-padded coat
yǔ róng fú 羽绒 服	down jacket
dà yī 大 衣	overcoat
yǔ yī 雨 衣	raincoat
qiū yī 秋 衣	upper part of thermal underwear
qiū kù 秋 裤	lower part of thermal underwear
nèi yī 内 衣	underwear
nèi kù 内 裤	underpants
bèi xīn 背 心	vest
shuì yī 睡 衣	pajamas; nightgown
wà zi 袜 子	socks

2. xié mào 鞋帽 Footwear & headwear

mào zi 帽　子	hat; cap
bàng qiú mào 棒　球　帽	baseball cap
dà yán mào 大　檐　帽	peaked cap
tóu kuī 头　盔	helmet
xuē zi 靴　子	boots
zuò zhàn xuē 作　战　靴	combat boots
zuò xùn xié 作　训　鞋	training shoes
yùn dòng xié 运　动　鞋	sneakers
pí xié 皮　鞋	leather shoes
bù xié 布　鞋	cloth shoes
mián xié 棉　鞋	cotton-padded shoes
tuō xié 拖　鞋	slippers
liáng xié 凉　鞋	sandals

3. 配饰 Accessory
pèi shì

lǐng dài 领带	tie
lǐng dài jiā 领带夹	tie bar
pí dài 皮带	leather belt
wài yāo dài 外腰带	waistband
kòu zi 扣子	button
wéi jīn 围巾	scarf
kǒu zhào 口罩	mask
shǒu tào 手套	glooves
yǎn jìng 眼镜	glasses
yǐn xíng yǎn jìng 隐形眼镜	contact lenses
mò jìng 墨镜	sunglasses
jiè zhi 戒指	ring
xiàng liàn 项链	necklace
shǒu liàn 手链	bracelet

shǒu biǎo 手　表	watch
shǒu huán 手　环	wristband
ěr huán 耳　环	earrings
jiān zhāng 肩　章	epaulet
mào huī 帽　徽	cap badge
xiào huī 校　徽	school insignia
xìng míng pái 姓　名　牌	name card
zī lì zhāng 资　历　章	rank insignia
bì zhāng 臂　章	arm badge
xiōng biāo 胸　标	chest insignia
xiōng zhāng 胸　章	chest badge
lǐng zhāng 领　章	collar badge
jiǎng zhāng 奖　章	medal
qián bāo 钱　包	wallet; purse
shuāng jiān bāo 双　肩　包	backpack
bēi náng 背　囊	knapsack

lǚ xíng bāo
旅 行 包   travelling bag

xíng li xiāng
行 李 箱   suitcase

kuà bāo
挎 包   satchel

shǒu tí bāo
手 提 包   handbag

4. yán sè 颜 色 Color

chéng sè
橙 色   orange

hóng sè
红 色   red

huáng sè
黄 色   yellow

lǜ sè
绿 色   green

lán sè
蓝 色   blue

zǐ sè
紫 色   purple

hēi sè
黑 色   black

zōng sè
棕 色   brown

bái sè
白 色   white

fěn hóng sè
粉 红 色   pink

huī sè
灰色　　　　　　　　gray

jīn sè
金色　　　　　　　　golden

yín sè
银色　　　　　　　　silver

chún sè
纯色　　　　　　　　pure color

cǎi sè
彩色　　　　　　　　colorful

shēn sè
深色　　　　　　　　dark color

qiǎn sè
浅色　　　　　　　　light color

wǔ yán liù sè
五颜六色　　　　　　full color

二、饮食 Food & drink
yǐn shí

1. 主食 Staple food
zhǔ shí

mǐ fàn
米饭　　　　　　　　rice

miàn tiáo
面条　　　　　　　　noodles; pasta; spaghetti

miàn bāo 面 包	bread; toast
zhōu 粥	porridge
bāo zi 包 子	steamed stuffed bun
mán tou 馒 头	steamed bun
jiǎo zi 饺 子	dumpling
dàn gāo 蛋 糕	cake
hàn bǎo bāo 汉 堡 包	hamburger
sān míng zhì 三 明 治	sandwich
pī sà 披 萨	pizza
náng 馕	baked pancake
bǐng 饼	round flat cake
chǎo fàn 炒 饭	fried rice
chǎo miàn 炒 面	fried noodles
fāng biàn miàn 方 便 面	instant noodles
mǐ xiàn 米 线	rice noodles
yì dà lì miàn 意 大 利 面	spaghetti

hún tun 馄 饨	dumpling soup
jī dàn 鸡 蛋	egg
shǔ tiáo 薯 条	chips

2. shuǐ guǒ 水 果 Fruit

píng guǒ 苹 果	apple
xiāng jiāo 香 蕉	banana
lí 梨	pear
xī guā 西 瓜	watermelon
máng guǒ 芒 果	mango
pú tao 葡 萄	grape
bō luó 菠 萝	pineapple
jú zi 橘 子	tangerine
jīn jú 金 橘	kumquat
chéng zi 橙 子	orange
yòu zi 柚 子	pomelo

lǐ zi 李子	plum
xìng zi 杏子	apricot
cǎo méi 草莓	strawberry
shèng nǚ guǒ 圣女果	cherry tomato
hā mì guā 哈密瓜	hami melon
táo zi 桃子	peach
mí hóu táo 猕猴桃	kiwifruit
mù guā 木瓜	pawpaw
yē zi 椰子	coconut
lì zhī 荔枝	lychee
níng méng 柠檬	lemon
xiāng guā 香瓜	muskmelon
liú lián 榴莲	durian
lóng yǎn 龙眼	longan
huǒ lóng guǒ 火龙果	pitaya
yīng tao 樱桃	cherry

shān zhú 山 竹	mangosteen
niú yóu guǒ 牛 油 果	avocado
fān shí liu 番 石 榴	guava
shí liu 石 榴	granada

3. shū cài 蔬菜 Vegetable

bái cài 白 菜	Chinese cabbage
luó bo 萝 卜	daikon; radish
hú luó bo 胡 萝 卜	carrot
là jiāo 辣 椒	pepper; chilli
juǎn xīn cài 卷 心 菜	cabbage
kōng xīn cài 空 心 菜	water spinach
bō cài 菠 菜	spinach
jiǔ cài 韭 菜	Chinese chives
sǔn 笋	bamboo shoot
wō jù 莴 苣	lettuce

huā cài 花菜	cauliflower
xī lán huā 西兰花	broccoli
qín cài 芹菜	celery
shēng cài 生菜	lettuce
nán guā 南瓜	pumpkin
dōng guā 冬瓜	winter melon
huáng guā 黄瓜	cucumber
xī hóng shì 西红柿	tomato
qié zi 茄子	eggplant
yù mǐ 玉米	corn
wān dòu 豌豆	pea
hé lán dòu 荷兰豆	snow peas
dòu jiǎo 豆角	long bean
dòu yá 豆芽	bean sprouts
huā shēng 花生	peanut
tǔ dòu 土豆	potato

hóng shǔ	
红 薯	sweet potato
dòu fu	
豆 腐	bean curd
mó gu	
蘑 菇	mushroom
ǒu	
藕	lotus root
yáng cōng	
洋 葱	onion
shān yào	
山 药	Chinese yam
sī guā	
丝 瓜	sponge cucumber
qiū kuí	
秋 葵	gumbo

4. ròu lèi 肉类 Meat

jī ròu	
鸡 肉	chicken
zhá jī	
炸 鸡	fried chicken
jī tuǐ	
鸡 腿	drumstick
jī chì	
鸡 翅	chicken wing
jī xiōng ròu	
鸡 胸 肉	chicken breast
yā ròu	
鸭 肉	duck

kǎo yā 烤 鸭	roast duck
niú ròu 牛 肉	beef
yáng ròu 羊 肉	mutton
zhū ròu 猪 肉	pork
là ròu 腊 肉	preserved meat
xiā 虾	shrimp
páng xiè 螃 蟹	crab
lóng xiā 龙 虾	lobster
jiǎ yú 甲 鱼	soft-shelled turtle
yú 鱼	fish
xiāng cháng 香 肠	sausage
huǒ tuǐ cháng 火 腿 肠	ham sausage
huǒ jī 火 鸡	turkey
niú pái 牛 排	steak
péi gēn 培 根	bacon
ròu chuàn 肉 串	kabob

shāo kǎo
烧 烤　　　　　　　barbecue

5. 酒水 Drink
　jiǔ shuǐ

bái jiǔ
白 酒　　　　　　　liquor
pí jiǔ
啤 酒　　　　　　　beer
hóng jiǔ
红 酒　　　　　　　red wine
mǐ jiǔ
米 酒　　　　　　　rice wine
guǒ zhī
果 汁　　　　　　　juice
chéng zhī
橙 汁　　　　　　　orange juice
suān nǎi
酸 奶　　　　　　　yogurt
niú nǎi
牛 奶　　　　　　　milk
bīng shuǐ
冰 水　　　　　　　iced water
chún jìng shuǐ
纯 净 水　　　　　　purified water
kuàng quán shuǐ
矿 泉 水　　　　　　mineral water
tǒng zhuāng shuǐ
桶 装 水　　　　　　barrelled water
lǜ chá
绿 茶　　　　　　　green tea

17

hóng chá 红 茶	black tea
huā chá 花 茶	scented tea
nǎi chá 奶 茶	milky tea
kā fēi 咖 啡	coffee
qì shuǐ 汽 水	soda
kě lè 可 乐	coke
xuě bì 雪 碧	Sprite
bīng qí lín 冰 淇 淋	ice cream
xuě gāo 雪 糕	ice cream
bīng gùn 冰 棍	ice sucker
nǎi xī 奶 昔	milk shake

6. tiáo wèi pǐn 调 味 品 Flavoring

yóu 油	oil
yán 盐	salt
jiàng yóu 酱 油	soy sauce

cù 醋	vigegar
táng 糖	sugar
cōng 葱	scallion
jiāng 姜	ginger
suàn 蒜	garlic
hú jiāo fěn 胡椒粉	ground pepper
huā jiāo 花椒	Chinese prickly ash
bā jiǎo 八角	anise
guì pí 桂皮	cassia
jiàng 酱	sauce
shā lā jiàng 沙拉酱	salad dressing
fān qié jiàng 番茄酱	ketchup
jiè mo jiàng 芥末酱	mustard sauce
gā lí 咖喱	curry
jī jīng 鸡精	chicken essence seasoning
háo yóu 蚝油	oyster sauce

là jiàng 辣酱	pepper; chilli
suān 酸	sour
tián 甜	sweet
kǔ 苦	bitter
là 辣	spicy
xián 咸	salty
má 麻	tongue-numbing
sè 涩	astringent
xiāng 香	savoury
chòu 臭	smelly
xiān 鲜	delicious; tasty

7. 餐具 cān jù Tableware

dāo 刀	knife
chā 叉	fork
kuài zi 筷子	chopsticks

sháo zi 勺 子	spoon
pán zi dié zi 盘 子（碟 子）	plate
píng zi 瓶 子	bottle
wǎn 碗	bowl
cān jīn zhǐ 餐 巾 纸	napkin
yá qiān 牙 签	toothpick
chá bēi 茶 杯	teacup
jiǔ bēi 酒 杯	wineglass
zhǐ bēi 纸 杯	paper cup

三、shēng huó 生 活 Life

1. chéng yuán 成 员 Member

| fù mǔ 父 母 | parents |

fù qīn 父亲	father
bà ba 爸爸	dad
mǔ qīn 母亲	mother
mā ma 妈妈	mom
yuè fù 岳父	father-in-law
yuè mǔ 岳母	mother-in-law
zhàng fu 丈夫	husband
qī zi 妻子	wife
wèi hūn fū 未婚夫	fiancé
wèi hūn qī 未婚妻	fiancée
nán péng you 男朋友	boyfriend
nǚ péng you 女朋友	girlfriend
gē ge 哥哥	elder brother
sǎo zi 嫂子	elder brother's wife; sister-in-law
dì di 弟弟	younger brother
dì xí 弟媳	younger brother's wife; sister-in-law

jiě jie 姐 姐	elder sister
jiě fu 姐 夫	elder sister's husband; brother-in-law
mèi mei 妹 妹	younger sister
mèi fu 妹 夫	younger sister's husband; brother-in-law
bó bo 伯 伯	father's elder brother; uncle
bó mǔ 伯 母	wife of father's elder brother; aunt
shū shu 叔 叔	father's younger brother; uncle
shěn shen 婶 婶	wife of father's younger brother; aunt
ā yí 阿 姨	aunt
yí fu 姨 父	husband of one's maternal aunt; uncle
jiù jiu 舅 舅	mother's brother; uncle
jiù mā 舅 妈	wife of mother's brother; aunt
gū gu 姑 姑	father's sister; aunt
gū fu 姑 父	husband of father's sister
hái zi 孩 子	child; kid
ér zi 儿 子	son

ér xí 儿 媳	daughter-in-law
nǚ ér 女 儿	daughter
nǚ xu 女 婿	son-in-law
zǔ fù　yé ye 祖 父（爷 爷）	grandfather (grandpa)
wài gōng　lǎo ye 外 公 （姥 爷）	(maternal) grandfather
zǔ mǔ　nǎi nai 祖 母（奶 奶）	grandmother
wài pó　lǎo lao 外 婆（姥 姥）	(maternal) grandmother
sūn zi　wài sūn 孙 子（外 孙）	grandson
sūn nǚ　wài sūn nǚ 孙 女（外 孙 女）	granddaughter
zēng zǔ fù 曾 祖 父	great-grandfather
zēng zǔ mǔ 曾 祖 母	great-grandmother
jiā tíng 家 庭	family
nán 男	male
nǚ 女	female
yuàn zhǎng 院 长	commandant
zhèng wěi 政 委	political commissar

dà duì zhǎng 大 队 长	group commander
fù dà duì zhǎng 副 大 队 长	deputy group commander
zhǔ rèn 主 任	director
fù zhǔ rèn 副 主 任	deputy director
yì yuán 译 员	interpreter
jiào yuán 教 员	teacher; instructor
cān móu 参 谋	staff
gàn shi 干 事	secretary
duì zhǎng 队 长	captain
jiào dǎo yuán 教 导 员	political instructor
xué yuán 学 员	cadet
tóng zhuō 同 桌	deskmate
shì yǒu 室 友	roommate
lǎo shī 老 师	teacher
tóng xué 同 学	classmate
péng you 朋 友	friend

tóng bāo 同 胞	compatriot
xué zhǎng 学 长	schoolmate; fellow student
xué dì 学 弟	juior fellow student
zhí bān yuán 值 班 员	duty cadet
bān zhǎng 班 长	squad leader
pái zhǎng 排 长	platoon leader
lián zhǎng 连 长	company commander
yíng zhǎng 营 长	battalion commander

2. jū zhù huán jìng 居住环境 Living environment

yóu jú 邮 局	post office
jiào xué lóu 教 学 楼	classroom building
tú shū guǎn 图 书 馆	library
chāo shì 超 市	supermarket
xué kē lóu 学 科 楼	disciplinary building
jī guān lóu 机 关 楼	administrative building

wén tǐ zhōng xīn 文 体 中 心	recreation and sports center
dōng mén 东 门	east gate
běi mén 北 门	north gate
chuán dá shì 传 达 室	gatehouse
bǎo ān 保 安	security guard
bǎo jié yuán 保 洁 员	cleaner
shào bīng 哨 兵	sentry
nán hú 南 湖	south lake
jiā shǔ qū 家 属 区	living area
jiào xué xíng zhèng qū 教 学 行 政 区	teaching and administration area
wài xùn lóu 外 训 楼	international education building
mén zhěn bù 门 诊 部	clinic
cāo chǎng 操 场	drill ground
lán qiú chǎng 篮 球 场	basketball court
zú qiú chǎng 足 球 场	football field
yuàn shǐ guǎn 院 史 馆	History Museum

shí yàn shì 实 验 室	laboratory
jiào shì 教 室	classroom
sù shè 宿 舍	dormitory
shí táng 食 堂	mess
chú shī 厨 师	cook
lǐ fà diàn 理 发 店	barbershop
lǐ fà jiǎn 理 发 剪	hair scissors
yuè lǎn shì 阅 览 室	reading room
yóu yǒng guǎn 游 泳 馆	natatorium
jiàn shēn fáng 健 身 房	gym
huó dòng shì 活 动 室	sports room
liàng yī jiān 晾 衣 间	laundry room
chū kǒu 出 口	exit
rù kǒu 入 口	entrance

3. 内务 nèi wù Sanitation

fáng jiān 房 间	room
diàn shì 电 视	television
kàn diàn shì 看 电 视	to watch TV
kōng tiáo 空 调	air conditioner
yáo kòng qì 遥 控 器	remote control
diàn fēng shàn 电 风 扇	(electrical) fan
diàn shuǐ hú 电 水 壶	electrical kettle
yǐn shuǐ jī 饮 水 机	water dispenser
wēi bō lú 微 波 炉	microwave oven
yùn dǒu 熨 斗	iron
yùn yī bǎn 熨 衣 板	ironing board
chōng diàn qì 充 电 器	charger
chōng diàn 充 电	to charge
diàn nǎo 电 脑	computer

chā zuò 插座	socket
chā tóu 插头	plug
jiē xiàn bǎn 接线板	terminal block
chā shàng chā tóu 插上插头	to plug in
bá xià chā tóu 拔下插头	to plug out
dēng 灯	lamp
kāi guān 开关	switch
kāi dēng 开灯	to turn on the light
tái dēng 台灯	table lamp
zhuō zi 桌子	table
yǐ zi 椅子	chair
chuāng hu 窗户	window
chuāng lián 窗帘	curtain
dì bǎn 地板	floor
mén 门	door
qiáng 墙	wall

chǔ wù guì 储 物 柜	locker
bǎo mì guì 保 密 柜	security cabinet
shū guì 书 柜	bookcase
chōu ti 抽 屉	drawer
mén kǎ 门 卡	door card
yào shi 钥 匙	key
chuáng 床	bed
shàng pù 上 铺	upper bed
xià pù 下 铺	lower bed
chuáng diàn 床 垫	mattress
wén zhàng 蚊 帐	mosquito curtain
liáng xí 凉 席	sleeping mat
bèi zi 被 子	quilt
shài bèi zi 晒 被 子	air a quilt
dié bèi zi 叠 被 子	fold a quilt
zhěng qí 整 齐	in good order

chuáng dān 床　单	bedsheet
zhěn tou 枕　头	pillow
huàn chuáng dān 换　床　单	change the bedsheet
tōng fēng 通　风	air; ventilate
shuì jiào 睡　觉	to sleep
xī dēng 熄　灯	lights-out
qǐ chuáng 起　床	to get up
shào shēng 哨　声	whistling
jiǎn chá 检　查	to check up; to inspect
dǎ sǎo 打　扫	to sweep; to clean
wèi shēng 卫　生	sanitation
yù shì 浴　室	bathroom
cè suǒ 厕　所	closet; washing room
shǒu zhǐ 手　纸	toilet paper
xǐ shù chí 洗　漱　池	sink
diàn rè shuǐ qì 电　热　水　器	electric water heater

huā sǎ
花 洒　　　　　　　shower

mǎ tǒng
马 桶　　　　　　　toilet

shuǐ lóng tóu
水 龙 头　　　　　　tap

tiáo zhou
笤 帚　　　　　　　broom

sǎo dì
扫 地　　　　　　　to sweep the floor

tuō bǎ
拖 把　　　　　　　mop

tuō dì
拖 地　　　　　　　to mop the floor

lā jī
垃 圾　　　　　　　garbage

lā jī tǒng
垃 圾 桶　　　　　　garbage bin

lā jī dài
垃 圾 袋　　　　　　garbage bag

shuā zi
刷 子　　　　　　　brush

mā bù
抹 布　　　　　　　rag

cā
擦　　　　　　　　　to wipe

bò ji
簸 箕　　　　　　　dustpan

xǐ zǎo
洗 澡　　　　　　　to bathe

xiāng shuǐ
香 水　　　　　　　perfume

xǐ fà shuǐ 洗发水	shampoo
hù fà sù 护发素	hair conditioner
mù yù lù 沐浴露	shower gel
xǐ yī jī 洗衣机	washing machine
xǐ yī fu 洗衣服	to wash clothes
xǐ yī fěn 洗衣粉	washing-powder
xǐ yī yè 洗衣液	liquid detergent
xǐ shǒu yè 洗手液	hand sanitizer
xiāo dú yè 消毒液	disinfectant
jiǔ jīng 酒精	ethyl alcohol
xǐ jié jīng 洗洁精	cleanser essence
yī jià 衣架	clothes rack
liàng yī shéng 晾衣绳	clothesline
xǐ liǎn 洗脸	to wash one's face
xǐ miàn nǎi 洗面奶	facial cleanser
xǐ shǒu 洗手	to wash one's hands

xiāng zào 香 皂	scented soap
féi zào 肥 皂	soap
máo jīn 毛 巾	towel
máo jīn jià 毛 巾 架	towel rack
tì xū dāo 剃 须 刀	shaver
zhǐ jia dāo 指 甲 刀	nail clippers
jiǎn dāo 剪 刀	scissors
diàn chuī fēng 电 吹 风	electric hair drier
yá shuā 牙 刷	toothbrush
yá gāo 牙 膏	toothpaste
shuā yá 刷 牙	to brush one's teeth
jìng zi 镜 子	mirror
zhào jìng zi 照 镜 子	to look into the mirror
shū zi 梳 子	comb
shū zhuāng 梳 妆	to dress and make up
zǒu láng 走 廊	corridor

qǐng jià
请 假   to ask for leave
xiāo jià
销 假   to report back after leave of absence

4. jiù yī 就医 Medicine service

guà hào
挂 号   registration
mén zhěn
门 诊   outpatient service
jí zhěn
急 诊   emergency treatment
zhù yuàn
住 院   to be in hospital; to be hospitalized
chū yuàn
出 院   to leave hospital
tǐ jiǎn
体 检   physical examination
shēn tǐ
身 体   body
tóu
头   head
liǎn
脸   face
bó zi
脖 子   neck
jiān bǎng
肩 膀   shoulder
bèi
背   back

英 语 篇

xiōng 胸	chest
fù 腹	abdomen
shǒu 手	hand
tuǐ 腿	leg
xī gài 膝 盖	knee
jiǎo 脚	foot
jiǎo huái 脚 踝	ankle
tóu fa 头 发	hair
é tóu 额 头	forehead
méi mao 眉 毛	eyebrow
yǎn jing 眼 睛	eye
bí zi 鼻 子	nose
zuǐ ba 嘴 巴	mouth
zuǐ chún 嘴 唇	lip
ěr duo 耳 朵	ear
xià ba 下 巴	jaw

yá chǐ 牙 齿	tooth
pí fū 皮 肤	skin
dà nǎo 大 脑	head
qì guǎn 气 管	trachea
fèi 肺	lung
xīn zàng 心 脏	heart
gān 肝	liver
wèi 胃	stomach
pí 脾	spleen
shèn 肾	kidney
lán wěi 阑 尾	epityphlon
páng guāng 膀 胱	bladder
shēn gāo 身 高	height
tǐ zhòng 体 重	weight
nèi kē 内 科	internal medicine; department of medicine
wài kē 外 科	surgery; surgical department

yá kē 牙 科	dentistry
yǎn kē 眼 科	ophthalmology
fàng shè kē 放 射 科	radiology department
xiōng piàn 胸 片	chest radiography
lǐ liáo 理 疗	physical therapy
huà yàn shì 化 验 室	control laboratory
xuè guǎn 血 管	blood vessel
huà yàn 化 验	chemical examination
yàn xiě 验 血	blood test
yàn niào 验 尿	urinalysis
pāi 拍 CT	CT scan
yī shēng 医 生	doctor
jí bìng 疾 病	disease
bìng dú 病 毒	virus
jié shí 结 石	stone; calculus; lithiasis
shēng bìng 生 病	to fall ill

shén jīng 神 经	nerve
cháng dào 肠 道	intestines
bù shū fu 不 舒 服	uncomfortable
gǎn mào 感 冒	cold
liú gǎn 流 感	flu
ké sou 咳 嗽	cough
tán 痰	phlegm; sputum
tòng 痛	pain
yǎng 痒	itch
má mù 麻 木	numb
zhāng kāi zuǐ ba 张 开 嘴 巴	to open mouth
hū xī 呼 吸	to breathe
sǎng zi tòng 嗓 子 痛	sore throat
wèi tòng 胃 痛	stomachache
yá tòng 牙 痛	toothache
bá yá 拔 牙	to extract a tooth

bǔ yá
补 牙　　　　　　　　　to fill a tooth

tóu tòng
头 痛　　　　　　　　　headache

dù zi tòng
肚 子 痛　　　　　　　stomachache

lā dù zi
拉 肚 子　　　　　　　to suffer from diarrhea; to have loose bowels

fā shāo
发 烧　　　　　　　　　to have a fever

liú bí tì
流 鼻 涕　　　　　　　to run at the nose

xǐng bí tì
擤 鼻 涕　　　　　　　to blow one's nose

bí sè
鼻 塞　　　　　　　　　stuffy nose

fèi yán
肺 炎　　　　　　　　　pneumonia

zhī qì guǎn yán
支 气 管 炎　　　　　　bronchitis

guò mǐn
过 敏　　　　　　　　　allergy

tóu yūn
头 晕　　　　　　　　　dizzy

niǔ shāng
扭 伤　　　　　　　　　sprain

zhǒng tòng
肿 痛　　　　　　　　　swelling

yū xuè
瘀 血　　　　　　　　　blood stasis

liú xuè
流 血　　　　　　　　　bleeding

41

gǔ zhé 骨折	fracture
dǎ pēn tì 打喷嚏	to sneeze
ě xin 恶心	nausea; to feel sick to
ǒu tù 呕吐	to vomit; to throw up
jìng luán 痉挛	spasm
fā yán 发炎	inflammation
kuì yáng 溃疡	ulcer
chuán rǎn 传染	transmission
gǎn rǎn 感染	infection
gé lí 隔离	quarantine
hé suān jiǎn cè 核酸检测	nucleic acid test
jiē zhòng yì miáo 接种疫苗	vaccination
jiàn kāng mǎ 健康码	health code
xíng chéng mǎ 行程码	tour code
chū shì jiàn kāng mǎ 出示健康码	to show one's health code
chū shì xíng chéng mǎ 出示行程码	to show one's tour code

sǎo mǎ 扫 码	to scan a QR code
lǜ mǎ 绿 码	green code
huáng mǎ 黄 码	yellow code
hóng mǎ 红 码	red code
yào wù 药 物	medicine
xī yào 西 药	western medicine
zhōng yào 中 药	traditional Chinese medicine
gāo yao 膏 药	plaster; patch
yào wán 药 丸	pill
yào piàn 药 片	tablet
yào gāo 药 膏	ointment
kǒu fú 口 服	to take orally
wài yòng 外 用	for external use
chōng jì 冲 剂	medicinal granules
táng jiāng 糖 浆	syrup
chuāng kě tiē 创 可 贴	woundplast

43

kāng fù　huī fù 康　复（恢　复）	recovery
kàn bìng 看　病	to see a doctor
liáng xuè yā 量　血　压	to measure blood pressure
liáng tǐ　wēn 量　体　温	to take one's temperature
kāi yào 开　药	to prescribe
chī yào 吃　药	to take medicine
dǎ　zhēn 打　针	to have an injection
shū yè 输　液	to have a drip
zuò shǒu shù 做　手　术	to have an operation
má zuì 麻　醉	anaesthesia
bāo zā 包　扎	to bind up a wound
dǎ shí gāo 打　石　膏	to be encased in plaster
zhēn jiǔ 针　灸	acupuncture
bá huǒ guàn 拔　火　罐	cupping
àn mó 按　摩	massage

5. 日常需求 Daily affair
rì cháng xū qiú

xiū lǐ 修理	to repair
gēng huàn 更换	to change
yín háng 银行	bank
shǒu jī yín háng 手机银行	mobile banking service
dǎo háng 导航	navigation
yìng yòng chéng xù 应用程序	application (APP)
wǎng gòu 网购	online shopping
kuài dì 快递	express delivery
wǎng diàn 网店	online store
kè fú 客服	customer service
xià dān 下单	to place an order
qǔ jiàn 取件	to collect a parcel
qǔ jiàn mǎ 取件码	parcel-collecting code
jì jiàn 寄件	to mail a parcel

tuì huò 退货	return of goods
kuài dì guì 快递柜	delivery locker
cài niǎo yì zhàn 菜鸟驿站	Cainiao Courier Station
wài mài 外卖	takeout; takeout food
měi tuán wài mài 美团外卖	Meituan, an online food ordering platform
è le me wài mài píng tái 饿了么（外卖平台）	Eleme, an online food ordering platform
zhī fù bǎo 支付宝	Alipay
táo bǎo 淘宝	Taobao, an online shopping platform
wēi xìn 微信	WeChat
ā lǐ bā bā 阿里巴巴	Alibaba Group
zhī fù 支付	payment
èr wéi mǎ 二维码	QR code
sǎo mǎ zhī fù 扫码支付	to scan the QR code to pay
shuā kǎ 刷卡	to swipe a card
chōng diàn bǎo 充电宝	power bank
bǎng dìng 绑定	to bind

kāi hù 开 户	to open a bank account
zhèng jiàn 证 件	credentials
xué yuán zhèng 学 员 证	cadet card
hù zhào 护 照	passport
shēn fèn zhèng 身 份 证	identity card
zhàng hào 账 号	account number
zhù cè 注 册	to register
dēng lù 登 录	to log in
yàn zhèng mǎ 验 证 码	vertification code
mì mǎ 密 码	password
zhào piàn 照 片	photo
zhào xiàng 照 相	to take a photo
xìn yòng kǎ 信 用 卡	credit card
chǔ xù kǎ 储 蓄 卡	debit card
qǔ qián 取 钱	to withdraw money
cún qián 存 钱	to deposit money

huì kuǎn 汇款	cash transfer
zhuǎn zhàng 转账	transfer accounts
jīn tiē 津贴	subsidy; allowance
gōng zī 工资	salary
měi yuán 美元	US dollar
ōu yuán 欧元	Euro
rén mín bì 人民币	RMB
gù dìng diàn huà 固定电话	telephone
shǒu jī 手机	cell phone
ěr jī 耳机	earpiece
hào mǎ 号码	phone number
shǒu jī kǎ 手机卡	Subscriber Identification Module card (SIM card)
guó jì cháng tú 国际长途	IDD (International Direct Dialing)
shàng wǎng liú liàng 上网流量	Internet traffic data
wú xiàn wǎng 无线网	wireless fidelity (WIFI)
lán yá 蓝牙	bluetooth

yǔ yīn tōng huà 语 音 通 话	voice call
shì pín tōng huà 视 频 通 话	video call
zhōng guó yí dòng 中 国 移 动	China Mobile
zhōng guó lián tōng 中 国 联 通	China Unicom
zhōng guó diàn xìn 中 国 电 信	China Telecom
diàn huà fèi 电 话 费	telephone charges
qiàn fèi 欠 费	telephone charges owed
jiǎo fèi 缴 费	to pay the phone bill
chōng zhí 充 值	to recharge
duǎn xìn 短 信	short message service (SMS)
dǎ diàn huà 打 电 话	to make a call

6. jié rì 节日 Festival

yuán dàn 元 旦	New Year's Day
chūn jié 春 节	Spring Festival
yuán xiāo jié 元 宵 节	Lantern Festival (15th of the first lunar

fù nǚ jié 妇女节	month) Women's Day
qīng míng jié 清明节	the Tomb-Sweeping Day; the Qingming Festival
láo dòng jié 劳动节	International Labour Day
ér tóng jié 儿童节	Children's Day
zhōng qiū jié 中秋节	the Mid-autumn Festival (15th day of the 8th lunar month)
jiào shī jié 教师节	Teacher's Day
chóng yáng jié 重阳节	Double Ninth Festival; Chung Yeung Festival
chú xī 除夕	Lunar New Year's Eve
qī xī 七夕	Chinese Valentine's Day; Double Seventh Festival
zhōng yuán jié 中元节	Zhongyuan Festival; Ghost Festival
qíng rén jié 情人节	Valentine's Day
fù qīn jié 父亲节	Father's Day
mǔ qīn jié 母亲节	Mother's Day
guó qìng jié 国庆节	National Day

jiàn jūn jié 建 军 节	Army Day
jì niàn rì 纪 念 日	anniversary
shèng dàn jié 圣 诞 节	Christmas Day
fù huó jié 复 活 节	Easter Day
gǎn ēn jié 感 恩 节	Thanksgiving Day
zhāi yuè 斋 月	Ramadan; month of fast
zǎi shēng jié 宰 牲 节	Id al-Adjha; Corban
kāi zhāi jié 开 斋 节	Id al Fitr; Festival of Fast-breaking
yù fó jié 浴 佛 节	Buddha's Birthday
yú lán pén jié 盂 兰 盆 节	Bon-odori Festival
mài jiā bǎo jiāo jié 麦 加 宝 蕉 节	Meak Bochea
nóng gēng jié 农 耕 节	Plowing Day
pō shuǐ jié sòng gàn jié 泼 水 节/宋 干 节	Water-Sprinkling Festival
wáng rén jié 亡 人 节	Pchum Ben

四、旅游 Tourism
lǚ yóu

1. 天气 Weather
tiān qì

tiānqì yù bào 天气预报	weather forecast
biàn huà 变化	change
qì wēn 气温	temperature
jiàng wēn 降温	drop in temperature
lěng kōng qì 冷空气	cold air
shè shì dù 摄氏度	Celsius degree
líng shàng 零上	above 0 ℃
líng xià 零下	below 0 ℃
lěng 冷	cold
rè 热	hot

英 语 篇

wēn nuǎn 温 暖	warm
liáng shuǎng 凉 爽	cool
gān zào 干 燥	dry
cháo shī 潮 湿	moist
yǔ 雨	rain
xuě 雪	snow
bīng báo 冰 雹	ice
fēng 风	wind
wù 雾	fog
mái 霾	haze
léi 雷	thunder
shǎn diàn 闪 电	lightning
yún 云	cloud
tài yáng 太 阳	sun
yuè liang 月 亮	moon
xīng xing 星 星	star

cǎi hóng 彩 虹	rainbow
xià yǔ 下 雨	to rain
xià xuě 下 雪	to snow
xià wù 下 雾	to mist
jié bīng 结 冰	to freeze
guā fēng 刮 风	to blow wind
dǎ léi 打 雷	to thunder
qíng tiān 晴 天	clear day; fine day
yīn tiān 阴 天	overcast sky; cloudy day
duō yún 多 云	cloudy
yǔ sǎn 雨 伞	umbrella

2. jiāo tōng 交通 Traffic

qì chē 汽 车	automobile
mó tuō chē 摩 托 车	motorcycle
zì xíng chē 自 行 车	bicycle

英 语 篇

gòng xiǎng dān chē 共 享 单 车	bicyclesharing
diàn dòng chē 电 动 车	electromobile
kǎ chē 卡 车	truck
chū zū chē 出 租 车	taxi
wǎng yuē chē 网 约 车	online car-hailing service
dì tiě 地 铁	subway
gāo tiě 高 铁	high-speed train
gōng gòng qì chē 公 共 汽 车	bus
qì chē zhàn 汽 车 站	bus station
huǒ chē 火 车	train
lǎn chē 缆 车	cable car
fēi jī 飞 机	plane
háng bān 航 班	flight
chuán 船	ship
huǒ chē zhàn 火 车 站	railway station
mǎi piào 买 票	buy ticket

huǒ chē piào 火车票	railway ticket
chē cì 车次	train number
zuò wèi 座位	seat
wò pù 卧铺	sleeping berth; couchette
fēi jī piào 飞机票	plane ticket
fēi jī chǎng 飞机场	airport
dān chéng piào 单程票	one-way ticket
wǎng fǎn piào 往返票	return ticket
mén piào 门票	entrance ticket
sī jī 司机	driver
kōng chéng 空乘	flight attendant
liè chē yuán 列车员	train attendant
jī zhǎng 机长	captain of an airplane
jiǎn piào yuán 检票员	ticket-taker
zhí jī 值机	check in
tuō yùn 托运	consign for shipment; check

ān jiǎn 安检	security check
dēng jī 登机	boarding
dēng jī kǒu 登机口	departure gate
dēng jī pái 登机牌	boarding pass
jiǎn piào 检票	to have tickets checked
qiān zhèng 签证	visa
shòu piào chù 售票处	booking office; ticket office
shòu piào yuán 售票员	ticket seller; booking-office clerk
gāo fēng 高峰	rush hour
dǔ chē 堵车	traffic jam
shàng chē 上车	to get on
xià chē 下车	to get off
zhí dá 直达	through; nonstop
huàn chéng 换乘	transfer
hóng lǜ dēng 红绿灯	traffic light; traffic signal
bān mǎ xiàn 斑马线	zebra crossing; zebra marking

rén xíng dào	
人 行 道	side pavement; sidewalk
máng dào	
盲 道	sidewalk for the blind
lù kǒu	
路 口	crossing; intersection
mǎ lù	
马 路	road; street
jiāo tōng biāo zhì	
交 通 标 志	traffic sign
lù pái	
路 牌	guideboard; street nameplate

3. shí jiān 时间 Time

jì jié	
季 节	season
chūn tiān	
春 天	spring
xià tiān	
夏 天	summer
qiū tiān	
秋 天	autumn
dōng tiān	
冬 天	winter
hàn jì	
旱 季	dry season
yǔ jì	
雨 季	rainy season
jià qī	
假 期	holiday

hán jià 寒 假	winter holiday
shǔ jià 暑 假	summer holiday
rì qī 日 期	date
yuè 月	month
yī yuè 一 月	January
èr yuè 二 月	February
sān yuè 三 月	March
sì yuè 四 月	April
wǔ yuè 五 月	May
liù yuè 六 月	June
qī yuè 七 月	July
bā yuè 八 月	August
jiǔ yuè 九 月	September
shí yuè 十 月	October
shí yī yuè 十 一 月	November
shí èr yuè 十 二 月	December

xīng qī 星　期	week
xīng qī yī 星　期　一	Monday
xīng qī èr 星　期　二	Tuesday
xīng qī sān 星　期　三	Wednesday
xīng qī sì 星　期　四	Thursday
xīng qī wǔ 星　期　五	Friday
xīng qī liù 星　期　六	Saturday
xīng qī rì　tiān 星　期　日（天）	Sunday
zhōu mò 周　末	weekend
xiàn zài 现　在	now
qián tiān 前　天	the day before yesterday
zuó tiān 昨　天	yesterday
jīn tiān 今　天	today
míng tiān 明　天	tomorrow
hòu tiān 后　天	the day after tomorrow
qù nián 去　年	last year

jīn nián 今 年	this year
míng nián 明 年	next year
líng chén 凌 晨	before dawn
zǎo shang 早 上	early morning
shàng wǔ 上 午	morning
zhōng wǔ 中 午	noon
xià wǔ 下 午	afternoon
bàng wǎn 傍 晚	nightfall/dusk
wǎn shang 晚 上	evening
bái tiān 白 天	daytime
zǎo fàn cān 早 饭（餐）	breakfast
wǔ fàn cān 午 饭（餐）	lunch
wǎn fàn cān 晚 饭（餐）	supper; dinner
yè xiāo 夜 宵	midnight snack; food taken late at night
xiǎo shí 小 时	hour
kè zhōng 刻 钟	quarter hour

fēn 分	minute
miǎo 秒	second
wǎn diǎn 晚 点	late; behind schedule
zhǔn shí 准 时	on time; on schedule; punctual
tuī chí 推 迟	postpone; put off
tí qián 提 前	in advance; ahead of schedule
chí dào 迟 到	late

4. fāng xiàng 方 向 Direction

nǎ lǐ 哪 里	where
nà lǐ 那 里	there
zhè lǐ 这 里	here
shàng 上	upperside
zhōng 中	middle
xià 下	underside

qián 前	front; at the head
hòu 后	at the back; in the rear
zuǒ 左	left
yòu 右	right
dōng 东	east
xī 西	west
nán 南	south
běi 北	north
lǐ 里	inside
wài 外	outside
páng biān 旁 边	side; near by position

5. 地点 Place
dì diǎn

gōng yuán 公 园	park
yóu lè chǎng 游 乐 场	playground
dòng wù yuán 动 物 园	zoo

zhí wù yuán 植物园	botanical garden
bó wù guǎn 博物馆	museum
kē jì guǎn 科技馆	science and technology museum
cān guān 参观	to visit
fàn diàn 饭店	restaurant
cài dān 菜单	menu
diǎn cài 点菜	to order dishes
mǎi dān 买单	to pay the bill
dǎ bāo 打包	to get a doggie bag
jiǔ diàn 酒店	hotel
dēng jì 登记	check-in
yā jīn 押金	cash pledge
tuì fáng 退房	check-out
yù dìng 预订	to book up; to reserve
fáng jiān 房间	room
bīn guǎn 宾馆	guesthouse

lǚ guǎn 旅 馆	inn
mín sù 民 宿	homestay
lǚ yóu 旅 游	travel
shěng 省	province
zì zhì qū 自 治 区	autonomous region
zhí xiá shì 直 辖 市	municipality directly under the Central Government
shǒu dū 首 都	capital
chéng shì 城 市	city
nóng cūn 农 村	village
hǎi bīn chéng shì 海 滨 城 市	coastal city
fēng jǐng 风 景	scenery
jǐng qū 景 区	scenic area
shān 山	moutain; hill
dà hǎi 大 海	sea
shā tān 沙 滩	beach
hé 河	river

hú 湖	lake
cǎo yuán 草 原	grassland
shā mò 沙 漠	desert
sēn lín 森 林	forest
yà zhōu 亚 洲	Asia
ōu zhōu 欧 洲	Europe
fēi zhōu 非 洲	Africa
nán měi zhōu 南 美 洲	South America
běi měi zhōu 北 美 洲	North America
dà yáng zhōu 大 洋 洲	Oceania
nán jí zhōu 南 极 洲	Antarctica
tài píng yáng 太 平 洋	Pacific
dà xī yáng 大 西 洋	Atlantic
yìn dù yáng 印 度 洋	Indian Ocean
běi bīng yáng 北 冰 洋	Arctic Ocean

五、娱乐与运动 Recreation & sports
yú lè   yǔ   yùn dòng

1. 娱乐 Recreation
yú lè

牌 (pái)	poker
打牌 (dǎ pái)	to play cards
棋 (qí)	chess
下棋 (xià qí)	to play chess
打麻将 (dǎ má jiàng)	to play mahjong
放风筝 (fàng fēng zheng)	to fly a kite
小说 (xiǎo shuō)	novel
作者 (zuò zhě)	author
读者 (dú zhě)	reader

diàn zǐ shū 电子书	e-book
dòng màn 动漫	cartoon
diàn yǐng 电影	movie
kàn diàn yǐng 看电影	to see a movie
diàn yǐng yuàn 电影院	cinema
diàn shì 电视	television
kàn diàn shì 看电视	to watch TV
yīn yuè 音乐	music
tīng yīn yuè 听音乐	to listen to music
gāng qín 钢琴	piano
tàn gāng qín 弹钢琴	to play the piano
jí tā 吉他	guitar
tàn jí tā 弹吉他	to play the guitar
dí zi 笛子	flute; bamboo flute
diàn zǐ qín 电子琴	electronic keyboard
gǔ zhēng 古筝	zheng (a 21-or 25-stringed plucked instrument in some ways similar to the zither)

èr hú 二 胡	urheen
jīng jù 京 剧	Beijing opera
wǎn huì 晚 会	an evening of entertainment; evening party
jù huì 聚 会	gathering
wǔ dǎo 舞 蹈	dance
tiào wǔ 跳 舞	to dance
gē qǔ 歌 曲	song
chàng gē 唱 歌	to sing a song
yóu xì 游 戏	game
shǒu yóu 手 游	mobile game
wǎng yóu 网 游	online game
lā gē 拉 歌	chorus competition
mín gē 民 歌	folk song
yáo gǔn 摇 滚	rock and roll
gē tīng 歌 厅	karaoke bar
jiǔ bā 酒 吧	bar

wǎng bā 网 吧	internet café
chá guǎn 茶 馆	teahouse
wán yóu xì 玩 游 戏	to play games
míng xīng 明 星	star
qiú xīng 球 星	football or basketball star
gē xīng 歌 星	star singer; singing star
yǐng xīng 影 星	film star
yǎn yuán 演 员	performer
gē shǒu 歌 手	singer
zhǔ jué 主 角	leading role
pèi jué 配 角	supporting character
dǎo yǎn 导 演	director
jì zhě 记 者	journalist

2. yùn dòng 运动 Sports

tǐ yù chǎng 体 育 场	stadium

英 语 篇

yóu yǒng guǎn 游泳馆	natatorium
zú qiú 足球	football
lán qiú 篮球	basketball
pái qiú 排球	volleyball
tái qiú 台球	billiards
pīng pāng qiú 乒乓球	table tennis
yǔ máo qiú 羽毛球	badminton
wǎng qiú 网球	tennis
bàng qiú 棒球	baseball
bǎo líng qiú 保龄球	bowling
gāo ěr fū qiú 高尔夫球	golf
bǎn qiú 板球	cricket
yóu yǒng 游泳	swim
pá shān 爬山	mountain climbing
pān yán 攀岩	rock climbing
bèng jí 蹦极	bungee jumping

71

tiào sǎn 跳伞	parachuting
pǎo bù 跑步	run
pǎo kù 跑酷	parkour
mǎ lā sōng 马拉松	marathon
duǎn pǎo 短跑	dash; sprint
quán jī 拳击	boxing
shè jī 射击	shooting
gōng fu 功夫	kung fu
tài jí quán 太极拳	taijiquan (a kind of traditional Chinese shadow boxing)
tái quán dào 跆拳道	taekwondo
shuāi jiāo 摔跤	wrestling
qì gōng 气功	qigong (a system of deep breathing exercises)
wǔ shù 武术	martial arts
diàn jìng 电竞	electronic sports
tiào gāo 跳高	high jump
tiào yuǎn 跳远	long jump

huá bīng 滑 冰	ice-skating
huá xuě 滑 雪	skiing
xùn liàn 训 练	drill
jiào liàn 教 练	coach
yùn dòng yuán 运 动 员	athlete
rè shēn 热 身	warm up
bǐ sài 比 赛	competition
sài chē 赛 车	cycle racing; motorcycle race; automobile race
sài mǎ 赛 马	horse racing
cái pàn 裁 判	judge
shū 输	lose
yíng 赢	win
píng jú 平 局	tie; draw
bǐ fēn 比 分	score
qì quán 弃 权	default
guàn jūn 冠 军	champion

yà jūn 亚 军	second place; runner-up; silver medal winner
jì jūn 季 军	third place; second runner-up
yōu xiù 优 秀	excellent
jǐn biāo sài 锦 标 赛	championships
shì jiè bēi 世 界 杯	World Cup
lián sài 联 赛	tournament
jù lè bù 俱 乐 部	club
qiú duì 球 队	(ball game) team
fàn guī 犯 规	foul
hóng pái 红 牌	red card
huáng pái 黄 牌	yellow card
jiǎng bēi 奖 杯	cup (as a prize); trophy
jiǎng pái 奖 牌	medal
jīn pái 金 牌	gold medal
yín pái 银 牌	silver medal
tóng pái 铜 牌	bronze medal

ào yùn huì 奥运会	the Olympic Games
yà yùn huì 亚运会	the Asian Games
dōng yùn huì 冬运会	the Winter Olympics

六、xué xí 学习 Study

1. jiào shī yòng yǔ 教师用语 Expression for teachers

fù xí 复习	review
yù xí 预习	preview
bèi sòng 背诵	recitation
chóng fù 重复	repetition
biǎo yǎn 表演	performance
tīng xiě 听写	dictation
zuò yè 作业	homework

zuò zuò yè 做作业	to do one's homework
zuò liàn xí 做练习	to do exercise
pǔ tōng huà 普通话	Mandarin
fāng yán 方言	dialect
fā yīn 发音	pronunciation
pīn yīn 拼音	Pinyin; Chinese phonetic alphabet
yǔ diào 语调	intonation
yǔ fǎ 语法	grammar
zì mǔ 字母	letter
zì 字	Chinese character
xiě 写	to write
xiě zì 写字	to write Chinese characters
bǐ huà 笔画	strokes of a Chinese character
piān páng 偏旁	Chinese character component
bù shǒu 部首	radicals by which characters are arranged in traditional Chinese dictionaries
bǐ shùn 笔顺	order of strokes

jié gòu 结 构	structure
cí 词	word
zǔ cí 组 词	word forming
duǎn yǔ 短 语	phrase
jù zi 句 子	sentence
zào jù 造 句	sentence making
duàn luò 段 落	paragraph
kè wén 课 文	text
tīng lì 听 力	listening
yuè dú 阅 读	reading
shū xiě 书 写	writing
xuǎn zé 选 择	choice question; multiple-choice question
zuò wén 作 文	composition
hēi bǎn 黑 板	blackboard
fěn bǐ 粉 笔	chalk
hēi bǎn cā 黑 板 擦	blackboard eraser

cā hēi bǎn 擦黑板	to erase the blackboard
huàn dēng piàn 幻灯片	slide
jiào àn 教案	teaching plan; lesson plan
jiǎng tái 讲台	platform
shàng kè 上课	class begins
xià kè 下课	class is over
jiǎng kè 讲课	to give a class
kāi shǐ 开始	start
jié shù 结束	end
qǐng zuò 请坐	Sit down, please!
bǔ kè 补课	to make up the missed lessons
nán diǎn 难点	difficult point
zhòng diǎn 重点	key point
kǎo shì 考试	examination; test
mó nǐ kǎo shì 模拟考试	practice test
shì juàn 试卷	examination paper; test paper

dá tí kǎ 答题卡	answer sheet
dá tí 答题	to answer
dá àn 答案	answer; key
hàn yǔ shuǐ píng kǎo shì 汉语水平考试	test of Chinese-language ability (HSK)
chéng jì 成绩	result/score
fēn shù 分数	grade/score
mǎn fēn 满分	full marks; full credit
liáng hǎo 良好	good
jí gé 及格	pass
yōu xiù 优秀	excellent
biǎo yáng 表扬	to praise
pī píng 批评	to criticize
nǔ lì 努力	to make an effort
jiā yóu 加油	to work harder
rèn zhēn 认真	careful
kàn hēi bǎn 看黑板	look at the blackboard

dú 读	to read
gēn wǒ dú 跟 我 读	read after me
dú kè wén 读 课 文	read the text
xiě 写	to write
gēn wǒ xiě 跟 我 写	write with me
huí dá 回 答	to answer
wèn tí 问 题	question
tí wèn 提 问	to ask a question
qǐng jǔ shǒu 请 举 手	put up your hands
qǐng jìn 请 进	Come in, please.
qǐng dǎ kāi shū 请 打 开 书	please open your book
dào yè 到 ……页	to the page of …
tīng 听	to listen
tīng lù yīn 听 录 音	listen to the record
kàn shì pín 看 视 频	watch the video
tú piàn 图 片	picture

zhèng què 正 确	right
cuò wù 错 误	wrong
zhǔn bèi 准 备	preparation

2. xué shēng yòng yǔ 学 生 用 语 Expression for students

lǎo shī 老 师	teacher
qǐng wèn 请 问	excuse me
nán 难	difficult
tài nán le 太 难 了	too difficult
róng yì 容 易	easy
wǒ tīng bù dǒng 我 听 不 懂	I cannot follow you.
wǒ míng bai le 我 明 白 了	I understand.
wǒ méi tīng míng bai 我 没 听 明 白	I don't understand.
qǐng zài shuō yí cì 请 再 说 一 次	Pardon me please.
bāng zhù 帮 助	to help
fān yì 翻 译	to translate

tí mù 题目	topic; examination questions
qǐ lì 起立	Stand up, please!
chí dào 迟到	late
duì bù qǐ 对不起	sorry
shuō 说	to talk; to speak
shuō hàn yǔ 说汉语	to speak Chinese
shuō é yǔ 说俄语	to speak Russian
shuō yīng yǔ 说英语	to speak English
shuō fǎ yǔ 说法语	to speak French
shuō xī bān yá yǔ 说西班牙语	to speak Spanish
shuō tài yǔ 说泰语	to speak Thai
zhè ge 这个	this
nà ge 那个	that
bào gào 报告	report
qǐng jià 请假	to ask for leave
lǎo shī hǎo 老师好	Hello, teacher.

3. xué xí yòng jù 学习用具 Stationery

shū 书	book
liàn xí běn 练习本	exercises book
tián zì gé běn 田字格本	matts exercise book
pīn yīn běn 拼音本	pinyin exercise book
bǐ jì běn 笔记本	notebook
qiān bǐ 铅笔	pencil
juǎn bǐ dāo 卷笔刀	pencil sharpener
gāng bǐ 钢笔	pen
zhōng xìng bǐ shuǐ bǐ 中性笔（水笔）	gel pen
mò shuǐ 墨水	(writing) ink
mò zhī 墨汁	prepared Chinese ink
máo bǐ 毛笔	writing brush; Chinese brush
yàn tái 砚台	inkstone; inkslab

xuān zhǐ 宣 纸	Xuan paper; Chinese art paper
wén jù hé 文 具 盒	stationery case
bǐ dài 笔 袋	pen bag
zhí chǐ 直 尺	ruler
sān jiǎo chǐ 三 角 尺	triangle ruler
liáng jiǎo qì 量 角 器	angulometer
yuán guī 圆 规	compasses
huì tú bǎn 绘 图 板	drawing board
xiàng pí 橡 皮	eraser
xiū zhèng yè 修 正 液	correction fluid
dìng shū jī 订 书 机	book sewer; stitcher
shū qiān 书 签	bookmark
shū bāo 书 包	schoolbag; satchel
xiǎo dāo 小 刀	knife
cí diǎn 词 典	dictionary
jiāo shuǐ 胶 水	glue

jiāo dài 胶 带	adhesive tape; gummed tape
jiǎn dāo 剪 刀	scissors
qū bié zhēn huí xíng zhēn 曲 别 针 （回 形 针）	(paper) clip
zhǐ 纸	paper
mài kè fēng 麦 克 风	microphone
yōu pán 优 盘	USB flash drive
guāng pán 光 盘	light disk
píng bǎn diàn nǎo 平 板 电 脑	tablet computer
wén jiàn jiā 文 件 夹	document folder
yīn xiāng 音 箱	loudspeaker box; voice box

4. zhuān yè yǔ kè chéng 专 业 与 课 程   Major & curriculum

zhuān yè 专 业	major
kè chéng 课 程	curriculum
kè chéng biǎo 课 程 表	curriculum schedule

kǒu yǔ 口语	spoken Chinese
yuè dú 阅读	Chinese reading
tīng lì 听力	Chinese listening
tīng shuō 听说	Chinese listening and speaking
zōng hé 综合	comprehensive Chinese
chū jí jūn shì hàn yǔ 初级军事汉语	elementary military Chinese
gāo děng shù xué 高等数学	advanced mathematics
dà xué wù lǐ 大学物理	college physics
dà xué wù lǐ shí yàn 大学物理实验	experiment in college physics
zhōng guó chuán tǒng wén huà 中国传统文化	Traditional Chinese Culture
zhōng guó lì shǐ 中国历史	Chinese history
dà xué jì suàn jī jī chǔ 大学计算机基础	college computer technology basics
zhōng jí hàn yǔ 中级汉语	intermediate chinese
gāo jí hàn yǔ 高级汉语	advanced chinese
jūn shì lì shǐ 军事历史	military history
máo zé dōng jūn shì sī xiǎng 毛泽东军事思想	Mao Zedong military thought

sūn zǐ bīng fǎ 孙子兵法	Master Sun's Art of War
pào bīng jūn shì tōng xìn 炮兵军事通信	artillery military communication
qīng wǔ qì cāo zuò 轻武器操作	small arms operation
yǎn tǐ gòu zhù yǔ wěi zhuāng 掩体构筑与伪装	emplacement construction and camouflage
jūn shì dì xíng xué 军事地形学	military topography
jūn shì tǐ yù 军事体育	military athletics
pào bīng bīng qì jì shù jī chǔ 炮兵兵器技术基础	artillery weapon technology basics
dàn yào jì shù jī chǔ 弹药技术基础	ammunition technology basics
pào bīng shè jī xué jī chǔ 炮兵射击学基础	artillery firing basics
pào bīng zhàn shù jī chǔ 炮兵战术基础	artillery tactics basics
cān guān jiàn xué 参观见学	sightseeing and on-the-spot learning

七、军事用语 Military term
jūn shì yòng yǔ

1. 基础词汇 Basic vocabulary
jī chǔ cí huì

中国 zhōng guó	China
国旗 guó qí	national flag
国歌 guó gē	national anthem
国徽 guó huī	national emblem
中国人民解放军 zhōng guó rén mín jiě fàng jūn	People's Liberation Army of China (PLA)
军种 jūn zhǒng	services
陆军 lù jūn	Army
空军 kōng jūn	Air Force
海军 hǎi jūn	Navy

huǒ jiàn jūn 火箭军	Rocket Force
zhàn lüè zhī yuán bù duì 战略支援部队	Strategic Support Force
mín bīng 民兵	militiaman; people's militia; militia
yù bèi yì 预备役	reserve duty
zhàn qū 战区	theatre of operations
bīng zhǒng 兵种	arm of the services
bù bīng 步兵	infantry
pào bīng 炮兵	artillery
fáng kōng bīng 防空兵	air defence force
zhuāng jiǎ bīng 装甲兵	armoured force
gōng chéng bīng 工程兵	engineer corps
fáng huà bīng 防化兵	chemical defense corps
háng kōng bīng 航空兵	aerial arm; airman
tè zhǒng bīng 特种兵	special soldier; special troops
kōng jiàng bīng 空降兵	airborne troops; airborne force
hǎi jūn lù zhàn duì 海军陆战队	marine corps

jūn 军	army
shī 师	division
lǚ 旅	brigade
tuán 团	regiment
yíng 营	battalion
lián 连	company
pái 排	platoon
bān 班	squad
jiāng jūn 将 军	general
dà xiào 大 校	senior colonel
shàng xiào 上 校	colonel
zhōng xiào 中 校	lieutenant colonel
shào xiào 少 校	major
shàng wèi 上 尉	captain
zhōng wèi 中 尉	first lieutenant
shào wèi 少 尉	second lieutenant

zhǔn wèi 准 尉	chief warrant officer
shì guān 士 官	warrant officer
jūn shì zhǎng 军 士 长	master sergeant
jūn guān 军 官	officer
wén zhí gàn bù 文 职 干 部	civilian officerscivilian cadres
wén zhí rén yuán 文 职 人 员	civilian personnel
guó fáng bù 国 防 部	Ministry of National Defense
guó jì jūn shì hé zuò bàn gōng shì 国 际 军 事 合 作 办 公 室	Office for International Military Cooperation
jìn gōng 进 攻	attack
fáng yù 防 御	defense
zhàn lüè 战 略	strategy
zhàn yì 战 役	operation; campaign; battle
zhàn shù 战 术	tactics

2. 队列用语 Words for queue
duì liè yòng yǔ

zhǐ huī yuán
指 挥 员　　　　　　commander

jí hé
集 合　　　　　　　fall in

jiě sàn
解 散　　　　　　　dismiss

lì zhèng
立 正　　　　　　　attention

shāo xī
稍 息　　　　　　　at ease

xiàng yòu kàn qí
向 右 看 齐　　　　eyes-right

xiàng zuǒ kàn qí
向 左 看 齐　　　　eyes-left

xiàng zhōng kàn qí
向 中 看 齐　　　　eyes-center

xiàng qián kàn
向 前 看　　　　　　eyes-front

xiàng zuǒ zhuǎn
向 左 转　　　　　　left-turn

xiàng yòu zhuǎn
向 右 转　　　　　　right-turn

xiàng hòu zhuǎn
向 后 转　　　　　　about-turn

zuǒ zhuǎn wān
左 转 弯　　　　　　left-wheel

yòu zhuǎn wān
右 转 弯　　　　　　right-wheel

xiàng qián duì zhèng 向 前 对 正	align with the front
zòng duì 纵 队	column
héng duì 横 队	rank; row
liè 列	rank; row
qí bù zǒu 齐 步 走	forward-march
pǎo bù zǒu 跑 步 走	double-march
zhèng bù zǒu 正 步 走	parade step-march
lì dìng 立 定	halt; stop
yuán dì tà bù zǒu 原 地 踏 步 走	mark time
jìng lǐ 敬 礼	salute; present arms
lǐ bì 礼 毕	at ease; order arms
bào shù 报 数	count off
dūn xià 蹲 下	squat
qǐ lì 起 立	stand up
tuō mào 脱 帽	hat off
dài mào 戴 帽	hat on

3. 武器装备 Weaponry
wǔ qì zhuāng bèi

单兵武器 dān bīng wǔ qì	individual weapon
枪 qiāng	gun
手枪 shǒu qiāng	pistol
霰弹枪 xiàn dàn qiāng	shotgun
步枪 bù qiāng	rifle
冲锋枪 chōng fēng qiāng	machine carbine
狙击枪 jū jī qiāng	sniper rifle
瞄准镜 miáo zhǔn jìng	telescopic sight
夜视仪 yè shì yí	night-vision device
轻机枪 qīng jī qiāng	light machine gun
重机枪 zhòng jī qiāng	heavy machine gun
高射机枪 gāo shè jī qiāng	antiaircraft machine gun
迫击炮 pǎi jī pào	mine thrower; mortar
无后坐力炮 wú hòu zuò lì pào	recoilless rifle

huǒ jiàn tǒng 火 箭 筒	rocket launcher; bazooka
zǐ dàn 子 弹	bullet
shǒu liú dàn 手 榴 弹	hand grenade
liú dàn fā shè qì 榴 弹 发 射 器	grenade launcher
jiān káng shì fáng kōng dǎo dàn 肩 扛 式 防 空 导 弹	shoulder-fired anti-aircraft missile
fǎn tǎn kè dǎo dàn 反 坦 克 导 弹	antitank missile
dì léi 地 雷	(land) mine
dān bīng zhuāng bèi 单 兵 装 备	individual equipment
tóu kuī 头 盔	helmet
fáng dàn yī 防 弹 衣	body armour
fáng dú miàn jù 防 毒 面 具	gas mask
fáng huà fú 防 化 服	chemical protective clothing
jiàng luò sǎn 降 落 伞	parachute
bǐ shǒu 匕 首	dagger; stiletto
wàng yuǎn jìng 望 远 镜	telescope
bǎ 靶	target

pào	
炮	gun
jiā nóng pào	
加农炮	cannon
liú dàn pào	
榴弹炮	howitzer
huá táng pào	
滑膛炮	smoothbore gun
xiàn táng pào	
线膛炮	rifled gun
zì xíng huǒ pào	
自行火炮	self-propelled gun
qiān yǐn huǒ pào	
牵引火炮	towed gun
gāo shè pào	
高射炮	antiaircraft gun
yuǎn chéng huǒ jiàn pào	
远程火箭炮	long-range rocket launcher
pào dàn	
炮弹	(artillery) cannonball; shell
dǎo dàn	
导弹	guided missile
zhōu jì dǎo dàn	
洲际导弹	intercontinental missile
xún háng dǎo dàn	
巡航导弹	cruise missile
dàn dào dǎo dàn	
弹道导弹	ballistic missile
yuán zǐ dàn	
原子弹	atomic bomb
qīng dàn	
氢弹	hydrogen bomb

hé dàn 核 弹	nuclear bomb
hé wǔ qì 核 武 器	nuclear weapon
shēng huà wǔ qì 生 化 武 器	bio-chemical weapon
léi dá 雷 达	radar
wú rén jī 无 人 机	unmanned aerial vehicle
tǎn kè 坦 克	tank
zhǔ zhàn tǎn kè 主 战 坦 克	main battle tank
zhuāng jiǎ chē 装 甲 车	armoured vehicle
háng kōng mǔ jiàn 航 空 母 舰	aircraft carrier
xún yáng jiàn 巡 洋 舰	cruiser
qū zhú jiàn 驱 逐 舰	destroyer
hù wèi jiàn 护 卫 舰	escort vessel; frigate
qián tǐng 潜 艇	submarine
yú léi 鱼 雷	torpedo
dēng lù jiàn 登 陆 舰	landing craft; landing ship
bǔ jǐ jiàn 补 给 舰	supply ship

jiàn zài jī 舰载机	carrier aircraft; shipboard aircraft
zhàn dòu jī 战斗机	fighter plane; fighter
hōng zhà jī 轰炸机	bomber aircraft
yùn shū jī 运输机	transport aircraft
yù jǐng jī 预警机	early warning aircraft
bù bīng zhàn chē 步兵战车	infantry fighting vehicle
zhuāng jiǎ yùn bīng chē 装甲运兵车	armored personnel carrier

法语篇

Français

一、穿着 Les habits
<small>chuān zhuó</small>

1. 服装 Les vêtements
<small>fú zhuāng</small>

<small>táng zhuāng</small> 唐装	le costume Tang; le vêtement à la mode chinoise
<small>hàn fú</small> 汉服	le Hanfu
<small>qí páo</small> 旗袍	la robe traditionnelle chinoise
<small>zhōng shān zhuāng</small> 中山装	le costume à la Sun Yat-sen
<small>zhì fú</small> 制服	l'uniforme
<small>gōng zuò fú</small> 工作服	la tenue de travail
<small>tǐ néng xùn liàn fú</small> 体能训练服	la tenue de compagne
<small>yùn dòng fú</small> 运动服	la tenue de sport
<small>mí cǎi fú</small> 迷彩服	l'uniforme camouflage

法 语 篇

lǐ fú
礼服　　　　　　　　la tenue de cérémonie
cháng fú
常　服　　　　　　　la tenue de service courant
duǎn xiù
短　袖　　　　　　　les manches courtes
cháng xiù
长　袖　　　　　　　les manches longues
xī fú　 xī zhuāng
西服（西装）　　　　le costume
duǎn wài tào
短　外　套　　　　　la veste
jiā kè
夹 克　　　　　　　 le blouson
pí yī
皮 衣　　　　　　　 la veste en cuir
wèi yī
卫 衣　　　　　　　 le sweat-shirt
chōng fēng yī
冲　锋　衣　　　　　le manteau coupe-vent et imperméable
mǎ jiǎ
马 甲　　　　　　　 le gilet
biàn zhuāng
便　装　　　　　　　la tenue civile
　　xù
T 恤　　　　　　　　le T-Shirt
kù zi
裤 子　　　　　　　 le pantalon
niú zǎi kù
牛 仔 裤　　　　　　le jean
qún zi
裙 子　　　　　　　 la jupe

101

chèn shān 衬衫	la chemise; le chemisier
máo yī 毛衣	le pullover
máo kù 毛裤	le caleçon long tricoté en laine
mián ǎo 棉袄	la veste de coton
yǔ róng fú 羽绒服	le blouson (de duvet)
dà yī 大衣	le manteau
yǔ yī 雨衣	l'imperméable
qiū yī 秋衣	les sous-vêtements des manches longues
qiū kù 秋裤	le caleçon long
nèi yī 内衣	les sous-vêtements
nèi kù 内裤	le caleçon; le slip
bèi xīn 背心	le tricot de corps
shuì yī 睡衣	le pyjama
wà zi 袜子	les chaussettes

2. xié mào 鞋帽 Les chaussures et les chapeaux

mào zi 帽子	la casquette; le bonnet; le chapeau
bàng qiú mào 棒球帽	la casquette de Baseball
dà yán mào 大檐帽	le grand chapeau à bords
tóu kuī 头盔	le casque
xuē zi 靴子	les bottes
zuò zhàn xuē 作战靴	les bottes de combat
zuò xùn xié 作训鞋	les chaussures de campagne
yùn dòng xié 运动鞋	les chaussures de sport; les baskets
pí xié 皮鞋	les chaussures en cuir
bù xié 布鞋	les chaussures en toile
mián xié 棉鞋	les chaussures de coton
tuō xié 拖鞋	les pantoufles
liáng xié 凉鞋	les sandales

3. pèi shì 配饰 Les accessoires

lǐng dài 领带	la cravate
lǐng dài jiā 领带夹	l'épingle de cravate
pí dài 皮带	la ceinture
wài yāo dài 外腰带	le ceinturon extérieur
kòu zi 扣子	le bouton
wéi jīn 围巾	le foulard; l'écharpe
kǒu zhào 口罩	le masque
shǒu tào 手套	les gants
yǎn jìng 眼镜	les lunettes
yǐn xíng yǎn jìng 隐形眼镜	les lentilles de contact
mò jìng 墨镜	les lunettes de soleil
jiè zhi 戒指	la bague
xiàng liàn 项链	le collier
shǒu liàn 手链	le bracelet

shǒu biǎo
手　表　　　　　　　　　la montre

shǒu huán
手　环　　　　　　　　　la montre connectée

ěr huán
耳　环　　　　　　　　　la boucle d'oreille

jiān zhāng
肩　章　　　　　　　　　les épaulettes

jiǎng zhāng
奖　章　　　　　　　　　la médaille

mào huī
帽　徽　　　　　　　　　l'insigne de coiffure

xiào huī
校　徽　　　　　　　　　l'insigne de l'école

xìng míng pái
姓　名　牌　　　　　　　l'étiquette de nom et de prénom

zī lì zhāng
资　历　章　　　　　　　la décoration d'états de service

bì zhāng
臂　章　　　　　　　　　l'écusson de manche; le brassard

xiōng biāo
胸　标　　　　　　　　　l'insigne de poitrine

xiōng zhāng
胸　章　　　　　　　　　l'insigne porté sur la poitrine

lǐng zhāng
领　章　　　　　　　　　l'insigne de col

qián bāo
钱　包　　　　　　　　　le porte-monnaie

shuāng jiān bāo
双　肩　包　　　　　　　le sac à dos

bēi náng
背　囊　　　　　　　　　le havresac

lǚ xíng bāo 旅行包	le sac de voyage
xíng lǐ xiāng 行李箱	la valise
kuà bāo 挎包	le sac à bandoulière
shǒu tí bāo 手提包	le sac à main

4. yán sè 颜色 Les couleurs

chéng sè 橙色	orange
hóng sè 红色	rouge
huáng sè 黄色	jaune
lǜ sè 绿色	vert, e
lán sè 蓝色	bleu, e
zǐ sè 紫色	violet, te
hēi sè 黑色	noir, e
hè sè 褐色	brun, e
bái sè 白色	blanc, blanche
fěn hóng sè 粉红色	rose

huī sè 灰 色	gris, e
jīn sè 金 色	doré, e
yín sè 银 色	argenté, e
chún sè 纯 色	couleur pure
cǎi sè 彩 色	en couleur
shēn sè 深 色	foncé, e
qiǎn sè 浅 色	claire
wǔ yán liù sè 五 颜 六 色	multicolore

二、饮食 La nourriture
yǐn shí

1. 主食 La nourriture de base
zhǔ shí

mǐ fàn 米 饭	le riz
miàn tiáo 面 条	les nouilles

miàn bāo 面包	le pain
zhōu 粥	la bouille
bāo zi 包子	le petit pain farci cuit à la vapeur
mán tou 馒头	le pain à la vapeur
jiǎo zi 饺子	le ravioli
dàn gāo 蛋糕	le gâteau
hàn bǎo bāo 汉堡包	le hamburger
sān míng zhì 三明治	le sandwich
pī sà 披萨	la pizza
náng 馕	le Nang(une sorte de galette)
bǐng 饼	la galette
chǎo fàn 炒饭	le riz frit
chǎo miàn 炒面	les nouilles frites
fāng biàn miàn 方便面	les nouilles instantanées
mǐ xiàn 米线	les nouilles de riz
yì dà lì miàn 意大利面	les pâtes

hún tun 馄 饨	la soupe de raviolis
jī dàn 鸡 蛋	l'œuf
shǔ tiáo 薯 条	les frites

2. shuǐ guǒ 水 果 Les fruits

píng guǒ 苹 果	la pomme
xiāng jiāo 香 蕉	la banane
lí 梨	la poire
xī guā 西 瓜	la pastèque
máng guǒ 芒 果	la mangue
pú tao 葡 萄	le raisin
bō luó 菠 萝	l'ananas
jú zi 橘 子	la mandarine
jīn jú 金 橘	le kumquat
chéng zi 橙 子	l'orange
yòu zi 柚 子	le pamplemousse

lǐ zi 李子	la prune
xìng 杏	l'abricot
cǎo méi 草莓	la fraise
shèng nǚ guǒ 圣女果	la tomate cerise
hā mì guā 哈密瓜	le melon Hami
táo zi 桃子	la pêche
mí hóu táo 猕猴桃	le kiwi
mù guā 木瓜	la papaye
yē zi 椰子	le coco
lì zhī 荔枝	le litchi
níng méng 柠檬	le citron
xiāng guā 香瓜	le melon sucré
liú lián 榴莲	le durion
lóng yǎn 龙眼	le longane
huǒ lóng guǒ 火龙果	le pitaya
yīng tao 樱桃	la cerise

法 语 篇

shān zhú
山 竹　　　　　　　　le mangoustan

niú yóu guǒ
牛 油 果　　　　　　　l'avocat

fān shí liu
番 石 榴　　　　　　　la goyave

shí liu
石 榴　　　　　　　　la grenade

shū cài
3. 蔬 菜 Les légumes

bái cài
白 菜　　　　　　　　le chou Chinois

luó bo
萝 卜　　　　　　　　le navet

hú luó bo
胡 萝 卜　　　　　　　la carotte

juǎn xīn cài
卷 心 菜　　　　　　　le pancalier

kōng xīn cài
空 心 菜　　　　　　　le chou creux

bō cài
菠 菜　　　　　　　　les épinards

jiǔ cài
韭 菜　　　　　　　　la ciboulette chinoise

sǔn
笋　　　　　　　　　　les pousses de bambou

wō jù
莴 苣　　　　　　　　la laitue

huā cài
花 菜　　　　　　　　le chou-fleur

111

xī lán huā 西兰花	le brocoli
qín cài 芹菜	le céleri
shēng cài 生菜	la salade
nán guā 南瓜	la citrouille
dōng guā 冬瓜	le melon d'hiver
huáng guā 黄瓜	le concombre
xī hóng shì 西红柿	la tomate
qié zi 茄子	l'aubergine
yù mǐ 玉米	le maïs
wān dòu 豌豆	le petit pois
hé lán dòu 荷兰豆	le pois gourmand
dòu jiǎo 豆角	le haricot vert
dòu yá 豆芽	le germe de soja
huā shēng 花生	la cacahouète
tǔ dòu 土豆	la pomme de terre
hóng shǔ 红薯	la patate douce

dòu fu
豆腐　　　　　　　le Tofu

mó gu
蘑菇　　　　　　　le champignon

ǒu
藕　　　　　　　　la racine de lotus

yáng cōng
洋葱　　　　　　　l'oignon

shān yào
山药　　　　　　　l'igname

sī guā
丝瓜　　　　　　　le luffa

qiū kuí
秋葵　　　　　　　le gombo

4. ròu lèi 肉类 La viande

jī ròu
鸡肉　　　　　　　le poulet

zhá jī
炸鸡　　　　　　　le poulet frit

jī tuǐ
鸡腿　　　　　　　la cuisse de poulet

jī chì
鸡翅　　　　　　　l'aile de poulet

jī xiōng ròu
鸡胸肉　　　　　　le blanc de poulet

yā ròu
鸭肉　　　　　　　le canard

kǎo yā
烤鸭　　　　　　　le canard laqué

niú ròu 牛 肉	le bœuf
yáng ròu 羊 肉	la viande de mouton
zhū ròu 猪 肉	le porc
là ròu 腊 肉	la viande salée ou fumée
xiā 虾	la crevette
páng xiè 螃 蟹	le crabe
lóng xiā 龙 虾	le homard
xiǎo lóng xiā 小 龙 虾	l'écrevisse
jiǎ yú 甲 鱼	la tortue d'eau douce
yú 鱼	le poisson
xiāng cháng 香 肠	la saucisse
huǒ tuǐ cháng 火 腿 肠	le jambon
huǒ jī 火 鸡	la dinde
niú pái 牛 排	le steak
péi gēn 培 根	le bacon
ròu chuàn 肉 串	le kébab; des brochettes

shāo kǎo
烧 烤　　　　　　　　le rôti

5. 酒水 Les boissons et les boissons alcoolisées
（jiǔ shuǐ）

bái jiǔ
白 酒　　　　　　　　le vin blanc
pí jiǔ
啤 酒　　　　　　　　la bière
hóng jiǔ
红 酒　　　　　　　　le vin rouge
mǐ jiǔ
米 酒　　　　　　　　l'alcool de riz
guǒ zhī
果 汁　　　　　　　　le jus
chéng zhī
橙 汁　　　　　　　　le jus d'orange
suān nǎi
酸 奶　　　　　　　　le yaourt
niú nǎi
牛 奶　　　　　　　　du lait
bīng shuǐ
冰 水　　　　　　　　l'eau glassée
chún jìng shuǐ
纯 净 水　　　　　　　l'eau pure
kuàng quán shuǐ
矿 泉 水　　　　　　　l'eau minérale
tǒng zhuāng shuǐ
桶 装 水　　　　　　　l'eau en bouteille

lǜ chá 绿茶	le thé vert
hóng chá 红茶	le thé noir
huā chá 花茶	le thé de fleur
nǎi chá 奶茶	le thé au lait
kā fēi 咖啡	le café
qì shuǐ 汽水	l'eau gazeuse; la limonade
kě lè 可乐	le coca
xuě bì 雪碧	le Sprite
bīng qí lín 冰淇淋	la crème glacée; la glace
xuě gāo 雪糕	la glace
bīng gùn 冰棍	la glace à l'eau
nǎi xī 奶昔	le milk-shake

6. tiáo wèi pǐn 调味品 Les condiments

yóu 油	l'huile
yán 盐	le sel

jiàng yóu 酱 油	la sauce de soja
cù 醋	le vinaigre
táng 糖	le sucre
cōng 葱	la ciboule
jiāng 姜	le gingembre
hú jiāo fěn 胡 椒 粉	le poivre
huā jiāo 花 椒	le zanthoxylum
bā jiǎo 八 角	l'anis étoilé
guì pí 桂 皮	les bâtons
jiàng 酱	le condiment fait de soja fermenté et salé
shā lā jiàng 沙 拉 酱	la vinaigrette; la sauce
fān qié jiàng 番 茄 酱	le ketchup
jiè mo jiàng 芥 末 酱	la moutarde
gā lí 咖 喱	le cari
jī jīng 鸡 精	l'essence de poulet
háo yóu 蚝 油	la sauce aux huîtres

là jiàng 辣酱	la sauce chili; la sauce piquante
suān 酸	acide
tián 甜	sucré, e
kǔ 苦	amer, ère
là 辣	pimenté, e
xián 咸	salé, e
má 麻	épicé
sè 涩	âpre
xiāng 香	bon; délicieux; aromatique
chòu 臭	une mauvaise odeur;
xiān 鲜	délicieux

7. 餐具 cān jù La vaisselle et les couverts

dāo 刀	le couteau
chā 叉	la fourchette
kuài zi 筷子	les baguettes

sháo zi 勺子	la cuillère
pán zi 盘子（dié zi 碟子）	l'assiette
píng zi 瓶子	la bouteille
wǎn 碗	le bol
cān jīn zhǐ 餐巾纸	la serviette en papier
yá qiān 牙签	le cure-dent
chá bēi 茶杯	la tasse à thé
jiǔ bēi 酒杯	le verre à vin
zhǐ bēi 纸杯	la tasse en papier

三、shēng huó 生活 La vie

1. chéng yuán 成员 Les membres

| fù mǔ 父母 | les parents |

fù qīn 父亲	le père
bà ba 爸爸	le papa
mǔ qīn 母亲	la mère
mā ma 妈妈	la maman
yuè fù 岳父	le beau-père
yuè mǔ 岳母	la belle-mère
zhàng fu 丈夫	le mari
qī zi 妻子	la femme
wèi hūn fū 未婚夫	le fiancé
wèi hūn qī 未婚妻	la fiancée
nán péng you 男朋友	le copain;le petit ami
nǚ péng you 女朋友	la copine;la petite amie
gē ge 哥哥	le frère aîné
sǎo zi 嫂子	la belle-sœur (la femme du frère aîné)
dì di 弟弟	le frère cadet
dì xí 弟媳	la belle-sœur (la femme du frère cadet)

jiě jie 姐 姐	la sœur aînée
jiě fu 姐 夫	le beau-frère(le mari de la sœur aînée)
mèi mei 妹 妹	la sœur cadette
mèi fu 妹 夫	le beau-frère(le mari de la sœur cadette)
bó bo 伯 伯	l'oncle (le frère aîné du père)
bó mǔ 伯 母	la tante(la femme du frère aîné du père)
shū shu 叔 叔	l'oncle(le frère cadet du père)
shěn shen 婶 婶	la tante (la femme du frère cadet du père)
ā yí 阿 姨	la tante (la sœur de la mère)
yí fu 姨 父	l'oncle (le mari de la sœur de la mère)
jiù jiu 舅 舅	l'oncle (le frère de la mère)
jiù mā 舅 妈	la tante (la femme du frère de la mère)
gū gu 姑 姑	la tante (la sœur du père)
gū fu 姑 父	l'oncle (le mari de la sœur du père)
hái zi 孩 子	l'enfant
ér zi 儿 子	le fils

ér xí 儿媳	la belle-fille (la femme du fils)
nǚ ér 女儿	la fille
nǚ xu 女婿	le gendre
zǔ fù yé ye 祖父（爷爷）	le grand-père (paternel)
wài gōng lǎo ye 外公（姥爷）	le grand-père (maternel)
zǔ mǔ nǎi nai 祖母（奶奶）	la grand-mère (paternelle)
wài pó lǎo lao 外婆（姥姥）	la grand-mère (maternelle)
sūn zi wài sūn 孙子（外孙）	le petit-fils
sūn nǚ wài sūn nǚ 孙女（外孙女）	la petite-fille
zēng zǔ fù 曾祖父	l'arrière-grand-père
zēng zǔ mǔ 曾祖母	l'arrière-grand-mère
jiā tíng 家庭	la famille
nán 男	masculin
nǚ 女	féminin
yuàn zhǎng 院长	le doyen de l'académie
zhèng wěi 政委	le commissaire politique

dà duì zhǎng 大 队 长	le chef de brigade
fù dà duì zhǎng 副 大 队 长	le chef adjoint de brigade
zhǔ rèn 主 任	le directeur
fù zhǔ rèn 副 主 任	le directeur adjoint
yì yuán 译 员	l'interprète
jiào yuán 教 员	l'enseignant; le professeur
cān móu 参 谋	l'état-major
gàn shi 干 事	le secrétaire
duì zhǎng 队 长	le chef de l'équipe
jiào dǎo yuán 教 导 员	l'instructeur politique
xué yuán 学 员	le cadet;la cadette
tóng zhuō 同 桌	le voisin de table
shì yǒu 室 友	le colocataire
lǎo shī 老 师	le professeur
tóng xué 同 学	le camarade
péng you 朋 友	l'ami, l'amie

tóng bāo 同 胞	le compatriote
xué zhǎng 学 长	l'ancien (le frère de la promotion supérieure)
xué dì 学 弟	le frère de la promotion inférieure
zhí bān yuán 值 班 员	le cadet en service
bān zhǎng 班 长	(l'armée) le chef d'escouade; le chef de class
pái zhǎng 排 长	le chef de section
lián zhǎng 连 长	le chef de compagnie
yíng zhǎng 营 长	le chef de bataillon

2. 居住环境 L'environnement de la vie

jū zhù huán jìng

yóu jú 邮 局	le bureau de poste
jiào xué lóu 教 学 楼	le bâtiment d'enseignement
tú shū guǎn 图 书 馆	la bibliothèque
chāo shì 超 市	le supermarché
xué kē lóu 学 科 楼	le bâtiment des branches d'étude

jī guān lóu 机关楼	le bâtiment administratif
wén tǐ zhōng xīn 文体中心	le centre d'activités récréatives et sportives
dōng mén 东门	la porte de l'Est
běi mén 北门	la porte du Nord
chuán dá shì 传达室	la réception
bǎo ān 保安	le garde de sécurité
bǎo jié yuán 保洁员	le personnel de nettoyage
shào bīng 哨兵	la sentinelle
nán hú 南湖	le lac du Sud
jiā shǔ qū 家属区	la zone d'habitation
jiào xué xíng zhèng qū 教学行政区	la zone d'enseignement et d'administration
wài xùn lóu 外训楼	le bâtiment d'Instruction étrangère
mén zhěn bù 门诊部	le centre de consultation
cāo chǎng 操场	le terrain de sport
lán qiú chǎng 篮球场	le terrain de basket-ball
zú qiú chǎng 足球场	le terrain de foot-ball

yuàn shǐ guǎn 院 史 馆	le musée de l'académie
shí yàn shì 实 验 室	le laboratoire
jiào shì 教 室	la classe
sù shè 宿 舍	le dortoir; la chambre
shí táng 食 堂	la cantine
chú shī 厨 师	le chef de cuisine
lǐ fà diàn 理 发 店	le salon de coiffure
lǐ fà jiǎn 理 发 剪	les ciseaux de coiffure
yuè lǎn shì 阅 览 室	la salle de lecture
yóu yǒng guǎn 游 泳 馆	la piscine
jiàn shēn fáng 健 身 房	le gymnase
huó dòng shì 活 动 室	le club
liàng yī jiān 晾 衣 间	la salle de séchage d'habits
chū kǒu 出 口	la sortie
rù kǒu 入 口	l'entrée

3. 内务 La ménage
nèi wù

fáng jiān 房 间	la chambre
diàn shì 电 视	la télévision
kàn diàn shì 看 电 视	regarder la télévision
kōng tiáo 空 调	le climatiseur
yáo kòng qì 遥 控 器	la télécommande
diàn fēng shàn 电 风 扇	le ventilateur électrique
diàn shuǐ hú 电 水 壶	la bouilloire électrique
yǐn shuǐ jī 饮 水 机	le distributeur d'eau
wēi bō lú 微 波 炉	le four à micro-ondes
yùn dǒu 熨 斗	le fer à repasser
yùn yī bǎn 熨 衣 板	le plaque à repasser
chōng diàn qì 充 电 器	le chargeur
chōng diàn 充 电	charger
diàn nǎo 电 脑	l'ordinateur

chā zuò 插 座	la prise femelle
chā tóu 插 头	la prise mâle; la fiche
jiē xiàn bǎn 接 线 板	la multi-prise
chā shàng chā tóu 插 上 插 头	insérer la fiche dans une prise de courant; brancher
bá xià chā tóu 拔 下 插 头	débrancher
dēng 灯	la lampe
kāi guān 开 关	l'interrupteur
kāi dēng 开 灯	allumer la lumière
tái dēng 台 灯	la lampe de table
zhuō zi 桌 子	la table
yǐ zi 椅 子	la chaise
chuāng hu 窗 户	la fenêtre
chuāng lián 窗 帘	les rideaux
dì bǎn 地 板	le plancher
mén 门	la porte
qiáng 墙	le mur

chǔ wù guì 储物柜	l'armoire
bǎo mì guì 保密柜	le coffre-fort
shū guì 书柜	la bibliothèque
chōu ti 抽屉	le tiroir
mén kǎ 门卡	la carte d'ouvre-porte
yào shi 钥匙	la clé
chuáng 床	le lit
shàng pù 上铺	le lit en haut
xià pù 下铺	le lit en bas
chuáng diàn 床垫	le matelas
wén zhàng 蚊帐	la moustiquaire
liáng xí 凉席	la natte
bèi zi 被子	la couverture
shài bèi zi 晒被子	exposer au soleil la couverture ouatée
dié bèi zi 叠被子	plier les draps
zhěng qí 整齐	être en bon ordre; bien rangé

bèi dān 被 单	le drap de dessus
zhěn tou 枕 头	l'oreiller
huàn chuáng dān 换 床 单	changer les draps
tōng fēng 通 风	aérer; l'aération
shuì jiào 睡 觉	dormir
xī dēng 熄 灯	éteindre la lumière
qǐ chuáng 起 床	se lever
shào shēng 哨 声	le sifflet
jiǎn chá 检 查	examiner; vérifier; contrôler
dǎ sǎo 打 扫	nettoyer; balayer
wèi shēng 卫 生	l'hygiène; la propreté
yù shì 浴 室	la salle de bains
cè suǒ 厕 所	la toilette; le W.C.
wèi shēng zhǐ 卫 生 纸	le papier hygiénique; le papier-toilette
xǐ shù chí 洗 漱 池	le lavabo
diàn rè shuǐ qì 电 热 水 器	le chauffe-eau électrique

huā sǎ
花 洒 — le pommeau de douche

mǎ tǒng
马 桶 — la cuvette des toiletters

shuǐ lóng tóu
水 龙 头 — le robinet

tiáo zhou
笤 帚 — le balai

sǎo dì
扫 地 — balayer le sol

tuō bǎ
拖 把 — la serpillière; le balai laveur

tuō dì
拖 地 — nettoyer le sol avec la serpillière; éponger

lā jī
垃 圾 — le déchet; les ordures

lā jī tǒng
垃 圾 桶 — la poubelle

lā jī dài
垃 圾 袋 — le sac-poubelle

shuā zi
刷 子 — la brosse

mā bù
抹 布 — le torchon; le chiffon

cā
擦 — essuyer

bò ji
簸 箕 — le ramasse-poussière; la pelle

xǐ zǎo
洗 澡 — prendre une douche

xiāng shuǐ
香 水 — le parfum

xǐ fà shuǐ 洗发水	le shampoing
hù fà sù 护发素	l'après-shampoing
mù yù lù 沐浴露	le gel douche
xǐ yī jī 洗衣机	la machine à laver
xǐ yī fu 洗衣服	faire la lessive;laver du linge
xǐ yī fěn 洗衣粉	la lessive
xǐ yī yè 洗衣液	la lessive liquide
xǐ shǒu yè 洗手液	le gel nettoyant(pour les mains)
xiāo dú yè 消毒液	le produit désinfectant
jiǔ jīng 酒精	l'alcool
xǐ jié jīng 洗洁精	le liquide vaisselle
yī jià 衣架	le cintre
liàng yī shéng 晾衣绳	la corde à linge
xǐ liǎn 洗脸	se laver la figure
xǐ miàn nǎi 洗面奶	la lotion nettoyante
xǐ shǒu 洗手	se laver les mains

xiāng zào 香 皂	le savon
féi zào 肥 皂	le savon (pour laver la linge)
máo jīn 毛 巾	la serviette
máo jīn jià 毛 巾 架	le porte-serviettes
tì xū dāo 剃 须 刀	le rasoir
zhǐ jia dāo 指 甲 刀	le coupe-ongles
jiǎn dāo 剪 刀	les ciseaux
diàn chuī fēng 电 吹 风	les sèche-cheveux
yá shuā 牙 刷	la brosse à dents
yá gāo 牙 膏	le dentifrice
shuā yá 刷 牙	se brosser les dents
jìng zi 镜 子	le miroir
zhào jìng zi 照 镜 子	se regarder dans un miroir
shū zi 梳 子	le peigne
shū zhuāng 梳 妆	faire sa toilette; se coiffer et se parer
zǒu láng 走 廊	le couloir

qǐng jià
请 假   demander un congé

xiāo jià
销 假   faire un rapport au retour d'un congé

4. 就医 La consultation
jiù yī

guà hào
挂 号   enregistrer (à l'hopital)

mén zhěn
门 诊   la consultation

jí zhěn
急 诊   la consultation urgente

zhù yuàn
住 院   être hospitalisé

chū yuàn
出 院   quitter l'hôpital

tǐ jiǎn
体 检   l'examen médical

shēn tǐ
身 体   le corps

tóu
头   la tête

liǎn
脸   le visage

bó zi
脖 子   le cou

jiān bǎng
肩 膀   l'épaule

bèi
背   le dos

xiōng 胸	la poitrine
fù 腹	le ventre
shǒu 手	la main
tuǐ 腿	la jambe
xī gài 膝盖	le genou
jiǎo 脚	le pied
jiǎo huái 脚踝	la cheville
tóu fa 头发	les cheveux
é tóu 额头	le front
méi mao 眉毛	le sourcil
yǎn jīng 眼睛	les yeux
bí zi 鼻子	le nez
zuǐ ba 嘴巴	la bouche
zuǐ chún 嘴唇	la lèvre
ěr duo 耳朵	les oreilles
xià ba 下巴	le menton

yá chǐ 牙齿	la dent
pí fū 皮肤	la peau
dà nǎo 大脑	le cerveau
qì guǎn 气管	le tube atmosphérique
fèi 肺	le poumon
xīn zàng 心脏	le cœur
gān 肝	le foie
wèi 胃	l'estomac
pí 脾	la rate
shèn 肾	les reins
lán wěi 阑尾	l'appendice
páng guāng 膀胱	la vessie
shēn gāo 身高	la taille
tǐ zhòng 体重	le poids
nèi kē 内科	le service général
wài kē 外科	la chirurgie

yá kē 牙 科	le département dentaire
yǎn kē 眼 科	l'ophtalmologie
fàng shè kē 放 射 科	la radiologie
xiōng piàn 胸 片	la radio de la poitrine
lǐ liáo 理 疗	la physiothérapie
huà yàn shì 化 验 室	le laboratoire
xuè guǎn 血 管	la veine
huà yàn 化 验	analyser
yàn xiě 验 血	l'analyse de sang
yàn niào 验 尿	l'analyse d'urines
pāi 拍 CT	CT-scanning, la scanographie
yī shēng 医 生	le médecin
jí bìng 疾 病	la maladie
bìng dú 病 毒	le virus
jié shí 结 石	le calcul; la pierre
shēng bìng 生 病	être malade

shén jīng 神　经	le nerf
cháng dào 肠　道	l'intestin
bù shū fu 不 舒 服	avoir mal à; se sentir mal
gǎn mào 感 冒	le rhume; s'enrhumer
liú gǎn 流 感	la grippe
ké sou 咳 嗽	la toux; tousser
tán 痰	le crachat
tòng 痛	avoir mal
yǎng 痒	démanger
má mù 麻 木	engourdir
zhāng kāi zuǐ ba 张　开 嘴 巴	ouvrir la bouche
hū xī 呼 吸	respirer
sǎng zi tòng 嗓　子 痛	avoir mal à la gorge
wèi tòng 胃 痛	avoir mal à l'estomac
yá tòng 牙 痛	avoir mal aux dents
bá yá 拔 牙	extraire ou arracher une dent

bǔ yá 补 牙	faire un plombage
tóu tòng 头 痛	avoir mal à la tête
dù zi tòng 肚 子 痛	avoir mal au ventre
lā dù zi 拉 肚 子	subir la diarrhée
fā shāo 发 烧	avoir de la fièvre
liú bí tì 流 鼻 涕	le nez coule
xǐng bí tì 擤 鼻 涕	moucher son nez
bí sè 鼻 塞	le nez bouché
fèi yán 肺 炎	la pneumonie
zhī qì guǎn yán 支 气 管 炎	la bronchite
guò mǐn 过 敏	l'allergie
tóu yūn 头 晕	le vertige
niǔ shāng 扭 伤	se fouler; se torder
zhǒng tòng 肿 痛	la fluxion
yū xuè 瘀 血	la congestion
liú xuè 流 血	saigner

gǔ zhé 骨折	la fracture
dǎ pēn tì 打喷嚏	éternuer
ě xin 恶心	avoir mal naussée; vouloir vomir
ǒu tù 呕吐	vomir
jìng luán 痉挛	le spasme
fā yán 发炎	s'enflammer; l'inflammation
kuì yáng 溃疡	l'ulcère
chuán rǎn 传染	infecter; contaminer
gǎn rǎn 感染	infecter；être contaminé
gé lí 隔离	le confinement
hé suān jiǎn cè 核酸检测	les tests PCR
jiē zhòng yì miáo 接种疫苗	se faire vacciner
jiàn kāng mǎ 健康码	le QR code de santé
xíng chéng mǎ 行程码	le QR code de voyage
chū shì jiàn kāng mǎ 出示健康码	présenter le QR code de santé
chū shì xíng chéng mǎ 出示行程码	présenter le QR code de voyage

sǎo mǎ 扫 码	scanner le QR Code
lǜ mǎ 绿 码	le code vert
huáng mǎ 黄 码	le code orange
hóng mǎ 红 码	le code rouge
yào wù 药 物	les médicaments
xī yào 西 药	les médicaments occidentaux
zhōng yào 中 药	les médicaments traditionnels chinois
gāo yao 膏 药	l'emplâtre
yào wán 药 丸	la pilule
yào piàn 药 片	le comprimé
yào gāo 药 膏	la pommade
kǒu fú 口 服	prendre un médicament; avaler
wài yòng 外 用	l'usage externe
chōng jì 冲 剂	la mixture à diluer dans de l'eau bouillante; une infusion
táng jiāng 糖 浆	le sirop
chuāng kě tiē 创 可 贴	le pansement

kāng fù　huī fù 康复（恢复）	guérir; se rétablir; se remettre
kàn bìng 看病	voir un médecin; consulter le médecin
liáng xuè yā 量血压	prendre la tension
liáng tǐ wēn 量体温	prendre la température
kāi yào 开药	préscrire un remède
chī yào 吃药	prendre des médicaments
dǎ zhēn 打针	faire une injection; faire une piqûre
shū yè 输液	perfuser; faire une perfusion
zuò shǒu shù 做手术	opérer
má zuì 麻醉	anesthésier
bāo zā 包扎	enballer; bander; panser
dǎ shí gāo 打石膏	mettre…dans la plâtre
zhēn jiǔ 针灸	l'acupuncture
bá huǒ guàn 拔火罐	ventouser
àn mó 按摩	le massage

5. 日常需求 Les besoins quotidiens
rì cháng xū qiú

xiū lǐ	
修理	réparer
gēng huàn	
更换	changer
yín háng	
银行	la banque
shǒu jī yín háng	
手机银行	la banque par téléphone portable
dǎo háng	
导航	la navigation
yìng yòng chéng xù	
应用程序	l'application (APP)
wǎng gòu	
网购	faire des achats en ligne
kuài dì	
快递	le colis; l'exprès
wǎng diàn	
网店	la boutique en ligne
kè fú	
客服	service client
xià dān	
下单	faire une commande
qǔ jiàn	
取件	récupérer une livraison
qǔ jiàn mǎ	
取件码	code de ramassage
jì jiàn	
寄件	expédier un colis; envoyer un colis

tuì huò 退 货	retourner des acticles
kuài dì guì 快 递 柜	armoire de colis; la consigne automatique servant à déposer le colis
cài niǎo yì zhàn 菜 鸟 驿 站	Cainiao station
wài mài 外 卖	les services de livraison de repas à domicile
měi tuán wài mài 美 团 外 卖	Meituan Waimai(plateforme de livraison à domicile)
è le me wài mài píng tái 饿 了 么（外 卖 平 台）	Ele.me (plateforme de livraison à domicile)
zhī fù bǎo 支 付 宝	Alipay
táo bǎo 淘 宝	Taobao
wēi xìn 微 信	Wechat
ā lǐ bā bā 阿 里 巴 巴	Alibaba
zhī fù 支 付	payer
èr wéi mǎ 二 维 码	le Code QR
sǎo mǎ zhī fù 扫 码 支 付	numériser le code de paiement
shuā kǎ 刷 卡	payer par carte
chōng diàn bǎo 充 电 宝	la batterie externe

bǎng dìng 绑　定	ajouter (une carte bancaire)
kāi hù 开　户	ouvrir une carte bancaire
zhèng jiàn 证　件	la pièce d'identité
xué yuán zhèng 学　员　证	la carte d'étudiant
hù zhào 护　照	le passeport
shēn fèn zhèng 身　份　证	la carte d'identité
zhàng hào 账　号	le compte
zhù cè 注　册	s'inscrire
dēng lù 登　录	se connecter
yàn zhèng mǎ 验　证　码	le code de vérification SMS
mì mǎ 密　码	le mot de passe
zhào piàn 照　片	la photo
zhào xiàng 照　相	prendre une photo
xìn yòng kǎ 信　用　卡	la carte de crédit; la carte VISA
chǔ xù kǎ 储　蓄　卡	la carte d'épargne
qǔ qián 取　钱	retirer de l'argent

cún qián 存 钱	déposer de l'argent
huì kuǎn 汇 款	envoyer de l'argent
zhuǎn zhàng 转 账	transférer de l'argent; le transfert
jīn tiē 津 贴	la subvention
gōng zī 工 资	le salaire
měi yuán 美 元	le dollar
ōu yuán 欧 元	l'euro
rén mín bì 人 民 币	le RMB; la monnaie chinoise
gù dìng diàn huà 固 定 电 话	le téléphone fixe
shǒu jī 手 机	le téléphone portable
ěr jī 耳 机	l'écouteur
hào mǎ 号 码	le numéro
shǒu jī kǎ 手 机 卡	la carte SIM
guó jì cháng tú 国 际 长 途	l'appel international
shàng wǎng liú liàng 上 网 流 量	le Trafic Internet
wú xiàn wǎng 无 线 网	le WIFI
lán yá 蓝 牙	le bleutooth

yǔ yīn tōng huà 语 音 通 话	l'appel
shì pín tōng huà 视 频 通 话	l'appel vidéo
zhōng guó yí dòng 中 国 移 动	China Mobile
zhōng guó lián tōng 中 国 联 通	China Unicom
zhōng guó diàn xìn 中 国 电 信	China Télécom
diàn huà fèi 电 话 费	le crédit; la note de téléphone
qiàn fèi 欠 费	un arriéré; n'avoir pas de crédit
jiǎo fèi 缴 费	payer le crédit
chōng zhí 充 值	recharger
duǎn xìn 短 信	le SMS
dǎ diàn huà 打 电 话	téléphoner; appeler

6. jié rì 节日 Les fêtes

yuán dàn 元 旦	le Nouvel An
chūn jié 春 节	le Nouvel An chinois; la Fête du printemps

yuán xiāo jié 元宵节	la Fête des lanternes
fù nǚ jié 妇女节	la Journée internationale des femmes
qīng míng jié 清明节	la Journée des morts; la Fête de Qingming
láo dòng jié 劳动节	la Journée internationale des travailleurs
ér tóng jié 儿童节	la Fête internationale des enfants
zhōng qiū jié 中秋节	la Fête de la lune
jiào shī jié 教师节	la Fête des professeurs
chóng yáng jié 重阳节	la Fête du Double Neuf (suivant le calendrier lunaire); la Fête Chongyang
chú xī 除夕	la veille du Nouvel An Chinois
qī xī 七夕	la Saint-Valentin chinoise (septième nuit du septième mois lunaire)
zhōng yuán jié 中元节	la Fête des fantômes (le quizième jour du septième mois lunaire)
qíng rén jié 情人节	la Saint-Valentin
fù qīn jié 父亲节	la Fête des pères
mǔ qīn jié 母亲节	la Fête des mères
guó qìng jié 国庆节	la Fête nationale

jiàn jūn jié 建军节	la Journée de l'armée
jì niàn rì 纪念日	le jour commémoratif
shèng dàn jié 圣诞节	le Noël
fù huó jié 复活节	la Fête de Pâques
gǎn ēn jié 感恩节	l'action de Grâce; Thanksgiving
zhāi yuè 斋月	le Ramadan
zǎi shēng jié 宰牲节	l'Aïd al-Adha
kāi zhāi jié 开斋节	l'Aïd al-Fitr
yù fó jié 浴佛节	l'anniversaire de Bouddha
yú lán pén jié 盂兰盆节	la Fête des fantômes (le quizième jour du septième mois lunaire)
mài jiā bǎo jiāo jié 麦加宝蕉节	la Fête religieuse de Meak Bochea
nóng gēng jié 农耕节	la Journée de labour
pō shuǐ jié sòng gàn jié 泼水节 / 宋干节	la Songkran
wáng rén jié 亡人节	le Pchum ben

四、旅游 Le voyage et le tourisme
lǚ yóu

1. 天气 Le temps
tiān qì

tiān qì yù bào 天气预报	la prévision météorologique
biàn huà 变化	le changement; changer
qì wēn 气温	la température
jiàng wēn 降温	la baisse de température
lěng kōng qì 冷空气	l'air froid
shè shì dù 摄氏度	le degré
líng shàng 零上	au-dessus de zéro
líng xià 零下	au-dessous de zéro
lěng 冷	froid, e

rè 热	chaud, e
liáng shuǎng 凉爽	frais, fraîche
gān zào 干燥	sec, sèche
cháo shī 潮湿	humide
yǔ 雨	la pluie
xuě 雪	la neige
bīng báo 冰雹	la grêle
fēng 风	le vent
wù 雾	le brouillard
mái 霾	le smog
léi 雷	la foudre；le tonnerre
shǎn diàn 闪电	l'éclaire
yún 云	les nuages
tài yáng 太阳	le soleil
yuè liang 月亮	la lune
xīng xing 星星	les étoiles

cǎi hóng
彩 虹　　　　　　　　l'arc en ciel

xià yǔ
下 雨　　　　　　　　pleuvoir

xià xuě
下 雪　　　　　　　　neiger

jié bīng
结 冰　　　　　　　　geler

guā fēng
刮 风　　　　　　　　il fait du vent

xià wù
下 雾　　　　　　　　le brouillard se lève

dǎ léi
打 雷　　　　　　　　tonner

qíng tiān
晴 天　　　　　　　　le beau temps

yīn tiān
阴 天　　　　　　　　le temps gris；le ciel couvert

duō yún
多 云　　　　　　　　nuageux

yǔ sǎn
雨 伞　　　　　　　　le parapluie

jiāo tōng
2. 交 通 Le transport

qì chē
汽 车　　　　　　　　la voiture

mó tuō chē
摩 托 车　　　　　　　la moto

zì xíng chē
自 行 车　　　　　　　le vélo

gòng xiǎng dān chē 共 享 单 车	le vélo partagé; les vélos en libre service
diàn dòng chē 电 动 车	le vélo électrique rechargeable
kǎ chē 卡 车	le camion
chū zū chē 出 租 车	le taxi
wǎng yuē chē 网 约 车	le voiture de transport avec chauffeur (VTC)
dì tiě 地 铁	le métro
gāo tiě 高 铁	le train à grande vitesse (TGV)
gōng gòng qì chē 公 共 汽 车	l'autobus
lǎn chē 缆 车	la télécabine; le télésiège
qì chē zhàn 汽 车 站	la station de bus
huǒ chē 火 车	le train
fēi jī 飞 机	l'avion
chuán 船	le bateau
huǒ chē zhàn 火 车 站	la gare
mǎi piào 买 票	acheter un billet
huǒ chē piào 火 车 票	le billet de train

chē cì 车次	le numéro de train
zuò wèi 座位	le siège; la place
wò pù 卧铺	le wagon-lit
fēi jī piào 飞机票	le billet d'avion
dān chéng piào 单程票	le billet aller simple
wǎng fǎn piào 往返票	le billet aller-retour
mén piào 门票	le billet d'entrée
sī jī 司机	le chauffeur
kōng chéng 空乘	le personnel navigant commercial
liè chē yuán 列车员	l'agent de train
jī zhǎng 机长	le chef de bord
jiǎn piào yuán 检票员	le contrôleur; la contrôleuse
zhí jī 值机	check-in
tuō yùn 托运	faire enregistrer (des bagages)
ān jiǎn 安检	le contrôle de sécurité
dēng jī 登机	embarquer

dēng jī kǒu 登 机 口	la porte d'embarquement
dēng jī pái 登 机 牌	la carte d'embarquement
jiǎn piào 检 票	le contrôle des billets
qiān zhèng 签 证	le visa
shòu piào chù 售 票 处	le guichet; la billetterie
shòu piào yuán 售 票 员	le receveur; la receveuse
gāo fēng shí jiān 高 峰 时 间	les heures de pointe
dǔ chē 堵 车	l'embouteillage
shàng chē 上 车	monter
xià chē 下 车	descendre
zhí dá 直 达	direct
huàn chéng 换 乘	changer
hóng lǜ dēng 红 绿 灯	les feux de circulation
bān mǎ xiàn 斑 马 线	les zébrures sur la chaussée
rén xíng dào 人 行 道	le trottoir
máng dào 盲 道	la voie pour aveugles et mal voyants

lù kǒu
路 口　　　　　　　le carrefour

gōng lù
公　路　　　　　　la rue; l'avenue

mǎ lù
马 路　　　　　　　la route; la grand route

jiāo tōng biāo zhì
交 通 标 志　　　　les panneaux de signalisation routière

lù pái
路 牌　　　　　　　le poteau indicateur

shí jiān
3. 时 间 Le temps

jì jié
季 节　　　　　　　la saison

chūn tiān
春　天　　　　　　le printemps

xià tiān
夏　天　　　　　　l'été

qiū tiān
秋　天　　　　　　l'automne

dōng tiān
冬　天　　　　　　l'hiver

hàn jì
旱 季　　　　　　　la saison sèche

yǔ jì
雨 季　　　　　　　la saison de pluie

jià qī
假 期　　　　　　　les vacances

shǔ jià
暑 假　　　　　　　les vacances d'été

hán jià 寒 假	les vacances d'hiver
rì qī 日 期	la date
yuè 月	le mois
yī yuè 一 月	janvier
èr yuè 二 月	février
sān yuè 三 月	mars
sì yuè 四 月	avril
wǔ yuè 五 月	mai
liù yuè 六 月	juin
qī yuè 七 月	juillet
bā yuè 八 月	août
jiǔ yuè 九 月	septembre
shí yuè 十 月	octobre
shí yī yuè 十 一 月	novembre
shí èr yuè 十 二 月	décembre
xīng qī 星 期	la semaine

xīng qī yī 星 期 一	lundi
xīng qī èr 星 期 二	mardi
xīng qī sān 星 期 三	mercredi
xīng qī sì 星 期 四	jeudi
xīng qī wǔ 星 期 五	vendredi
xīng qī liù 星 期 六	samedi
xīng qī rì tiān 星 期 日（天）	dimanche
zhōu mò 周 末	le week-end
xiàn zài 现 在	maintenant
qián tiān 前 天	avant-hier
zuó tiān 昨 天	hier
jīn tiān 今 天	aujourd'hui
míng tiān 明 天	demain
hòu tiān 后 天	après-demain
qù nián 去 年	l'année dernière
jīn nián 今 年	cette année

míng nián	明年	l'année prochaine
líng chén	凌晨	l' aube
zǎo shang	早上	le matin
shàng wǔ	上午	la matinée
zhōng wǔ	中午	le midi
xià wǔ	下午	l'après-midi
bàng wǎn	傍晚	à la nuit tombante; à l'approche du soir
wǎn shang	晚上	le soir
bái tiān	白天	le jour
zǎo fàn cān	早饭（餐）	le petit-déjeuner
wǔ fàn cān	午饭（餐）	le déjeuner
wǎn fàn cān	晚饭（餐）	le dîner
yè xiāo	夜宵	le souper
xiǎo shí	小时	l'heure
kè	刻	le quart
fēn	分	la minute

miǎo 秒		la seconde
wǎn diǎn 晚 点		être en retard
zhǔn shí 准 时		être à l'heure；ponctuel, elle
tuī chí 推 迟		retarder
tí qián 提 前		être à l'avance
chí dào 迟 到		être en retard

4. fāng xiàng 方 向 La direction

nǎ lǐ 哪 里		où
nà lǐ 那 里		là
zhè lǐ 这 里		ici
shàng 上		en-haut; au-dessus
zhōng 中		le centre; le milieu
xià 下		en-bas; au-dessous
qián 前		avant; devant
hòu 后		arrière; dernière

zuǒ
左　　　　　　　　　la gauche
yòu
右　　　　　　　　　la droite
dōng
东　　　　　　　　　l'est
xī
西　　　　　　　　　l'ouest
nán
南　　　　　　　　　le sud
běi
北　　　　　　　　　le nord
lǐ
里　　　　　　　　　l'intérieur
wài
外　　　　　　　　　l'extérieur
páng biān
旁　边　　　　　　　à côté de; près de

5. 地点 Les endroits

gōng yuán
公　园　　　　　　　le parc
yóu lè chǎng
游 乐 场　　　　　　le terrain de jeux
dòng wù yuán
动　物　园　　　　　le zoo
zhí wù yuán
植　物　园　　　　　le jardin botanique
bó wù guǎn
博　物　馆　　　　　le musée

kē jì guǎn 科技馆	le musée de sciences et technologies
cān guān 参观	visiter
fàn diàn 饭店	le restaurant
cài dān 菜单	le menu
diǎn cài 点菜	commander les plats
mǎi dān 买单	l'addition; payer la facture
dǎ bāo 打包	emballer
jiǔ diàn 酒店	l'hôtel
dēng jì 登记	s'inscrire
yā jīn 押金	l'argent déposé à titre de gage; la consigne
tuì fáng 退房	libérer la chambre; faire le check-out
bīn guǎn 宾馆	l'hôtel
yù dìng 预定	réserver
fáng jiān 房间	la chambre
lǚ guǎn 旅馆	l'hôtel; l'auberge
mín sù 民宿	le minshuku; la maison familiale

法 语 篇

旅游 lǚ yóu	voyager
省 shěng	la province
自治区 zì zhì qū	la région autonome
直辖市 zhí xiá shì	la municipalité relevant directement du pouvoir central
首都 shǒu dū	la capitale
城市 chéng shì	la ville
农村 nóng cūn	la campagne
海滨城市 hǎi bīn chéng shì	la ville côtière
风景 fēng jǐng	le paysage
景区 jǐng qū	la zone touristique
山 shān	la montagne
大海 dà hǎi	la mer
沙滩 shā tān	la plage de sable
河 hé	le fleuve
湖 hú	le lac
草原 cǎo yuán	la prairie

shā mò 沙漠	le désert
sēn lín 森林	la forêt
yà zhōu 亚洲	l'Asie
ōu zhōu 欧洲	l'Europe
fēi zhōu 非洲	l'Afrique
nán měi zhōu 南美洲	l'Amérique du Sud
běi měi zhōu 北美洲	l'Amérique du Nord
dà yáng zhōu 大洋洲	l'Océanie
nán jí zhōu 南极洲	l'Antarctique
tài píng yáng 太平洋	l'océan Pacifique
dà xī yáng 大西洋	l'océan Atlantique
yìn dù yáng 印度洋	l'océan Indien
běi bīng yáng 北冰洋	l'océan Arctique

五、娱乐与运动 Les loisirs et les sports

1. 娱乐 Les loisirs

pái 牌	les cartes
dǎ pái 打牌	jouer aux cartes
qí 棋	les échecs
xià qí 下棋	jouer aux échecs
dǎ má jiàng 打麻将	jouer au mahjong
fàng fēng zheng 放风筝	jouer au cerf-volant
xiǎo shuō 小说	le roman
zuò zhě 作者	l'auteur
dú zhě 读者	le lecteur

diàn zǐ shū 电子书	le livre électronique; e-book
dòng màn 动漫	le BD; les dessins animés
diàn yǐng 电影	le film
kàn diàn yǐng 看电影	voir un film
diàn yǐng yuàn 电影院	le cinéma
diàn shì 电视	la télévision
kàn diàn shì 看电视	regarder la télévision
yīn yuè 音乐	la musique
tīng yīn yuè 听音乐	écouter de la musique
gāng qín 钢琴	le piano
tán gāng qín 弹钢琴	jouer du piano
jí tā 吉他	la guitare
tán jí tā 弹吉他	jouer de la guitare
dí zi 笛子	la flûte
diàn zǐ qín 电子琴	le clavier électronique
gǔ zhēng 古筝	le guzheng

èr hú 二 胡	l'erhu chinois
jīng jù 京 剧	l'opéra de Beijing
wǎn huì 晚 会	la soirée
jù huì 聚 会	la rencontre; la réunion; s'assembler
wǔ dǎo 舞 蹈	la danse
tiào wǔ 跳 舞	danser
gē qǔ 歌 曲	la chanson
chàng gē 唱 歌	chanter
yóu xì 游 戏	les jeux
wán yóu xì 玩 游 戏	jouer aux jeux
shǒu yóu 手 游	les jeux mobiles
wǎng yóu 网 游	les jeux PC
lā gē 拉 歌	chanter à l'unisson
mín gē 民 歌	chant floklorique; le folksong
yáo gǔn 摇 滚	le rock
gē tīng 歌 厅	la salle de spectacles de variétés

jiǔ bā 酒 吧	le bar; le bistrot
wǎng bā 网 吧	le cybercafé
chá guǎn 茶 馆	la maison de thé; le salon de thé
míng xīng 明 星	la star; la vedette
qiú xīng 球 星	la star d'un jeu de ballon en équipe
gē xīng 歌 星	la vedette de la chanson
yǐng xīng 影 星	la vedette du cinéma
yǎn yuán 演 员	l'acteur; l'actrice
gē shǒu 歌 手	le chanteur; la chanteuse
zhǔ jué 主 角	le rôle principal
pèi jué 配 角	le rôle secondaire
dǎo yǎn 导 演	le réalisateur; la réalisatrice
jì zhě 记 者	le/la journaliste

2. yùn dòng 运动 Les sports

tǐ yù chǎng 体育场	le stade
zú qiú 足球	le football
lán qiú 篮球	le basketball
pái qiú 排球	le volleyball
tái qiú 台球	le billard
pīng pāng qiú 乒乓球	le ping-pong
yǔ máo qiú 羽毛球	le badminton; le volant
wǎng qiú 网球	le tennis
bàng qiú 棒球	le base-balle
bǎo líng qiú 保龄球	le bowling
gāo ěr fū qiú 高尔夫球	le golf
bǎn qiú 板球	le cricket
yóu yǒng 游泳	la natation; nager
pá shān 爬山	grimper la montagne

169

pān yán 攀 岩	la varappe; faire de la varappe
bèng jí 蹦 极	le saut à l'élastique
tiào sǎn 跳 伞	le saut en parachute; le parachutage
pǎo bù 跑 步	courir; faire de la course
pǎo kù 跑 酷	le Parkour
mǎ lā sōng 马 拉 松	le marathon
duǎn pǎo 短 跑	la course de vitesse
quán jī 拳 击	la boxe
shè jī 射 击	tirer; faire feu
gōng fu 功 夫	le kung-fu
tài jí quán 太 极 拳	le Taï chi
tái quán dào 跆 拳 道	le taekwondo
shuāi jiāo 摔 跤	la lutte
qì gōng 气 功	le qigong (pratique d'exercices respiratoires)
wǔ shù 武 术	l'art martial
diàn jìng 电 竞	l'E-sport

tiào gāo 跳高	le saut en hauteur
tiào yuǎn 跳远	le saut en longueur
huá bīng 滑冰	le patinage; patiner
huá xuě 滑雪	le ski; faire du ski
xùn liàn 训练	l'entraînement; entraîner
jiào liàn 教练	le coach; l'entraîneur
yùn dòng yuán 运动员	le sportif
rè shēn 热身	faire des exercices d'échauffement; l'échauffement
bǐ sài 比赛	le match; la compétition
sài chē 赛车	la course d'autos; la course de bicyclette; la course de motos
sài mǎ 赛马	la course de chevaux
cái pàn 裁判	l'arbitre
shū 输	perdre
yíng 赢	gagner
píng jú 平局	le match nul
bǐ fēn 比分	le score

qì quán 弃权	abandonner les droite à jouer
guàn jūn 冠军	le champion
yà jūn 亚军	le second dans un championnat
jì jūn 季军	le troisième dans un championnat
yōu xiù 优秀	excellent, e
jǐn biāo sài 锦标赛	le championnat
shì jiè bēi 世界杯	la Coupe du monde de la FIFA
lián sài 联赛	la ligue
jù lè bù 俱乐部	le club
qiú duì 球队	l'équipe
fàn guī 犯规	la faute; le penalty
hóng pái 红牌	le carton rouge
huáng pái 黄牌	le carton jaune
jiǎng bēi 奖杯	la coupe
jiǎng pái 奖牌	les médailles
jīn pái 金牌	la médaille d'or

yín pái 银 牌	la médaille d'argent
tóng pái 铜 牌	la médaille de bronze
ào yùn huì 奥运会	les Jeux Olympiques
yà yùn huì 亚运会	les Jeux Asiatiques
dōng yùn huì 冬 运 会	les Jeux d'hiver

六、xué xí 学习 Les études

1. jiào shī yòng yǔ 教师用语 Les termes utilisés par le professeur

fù xí 复 习	réviser
yù xí 预 习	préparer
bèi sòng 背 诵	réciter de mémoire; la récitation
chóng fù 重 复	répéter

biǎo yǎn 表 演	jouer; faire une démonstration
tīng xiě 听 写	la dictée
zuò yè 作 业	les devoirs
zuò zuò yè 做 作 业	faire les devoirs
zuò liàn xí 做 练 习	faire des exercices
pǔ tōng huà 普 通 话	le mandarin
fāng yán 方 言	le dialecte
fā yīn 发 音	prononcer; la prononciation
pīn yīn 拼 音	la transcription phonétique des caractères chinois
yǔ diào 语 调	le ton; l'accent
yǔ fǎ 语 法	la grammaire
zì mǔ 字 母	les lettres; l'alphabet
zì 字	le caractère
xiě 写	écrire
xiě zì 写 字	écrire les caractères
bǐ huà 笔 画	les traits d'un caractère chinois

法　语　篇

piān páng 偏　旁	la partie pictographique d'un caractère chinois
bù shǒu 部　首	les radicaux des caractères chinois par lesquels les mots sont arrangés dans un dictionnaire chinois traditionnel clé des caractères chinois
bǐ shùn 笔　顺	l'ordre à observer pour tracer les traits d'un caractère
jié gòu 结　构	la structure; la composition
cí 词	le mot
zǔ cí 组　词	compléter un mot
duǎn yǔ 短　语	la locution
jù zi 句　子	la phrase
zào jù 造　句	construire une phrase
duàn luò 段　落	le paragraphe
kè wén 课　文	le texte
tīng lì 听　力	la compréhension orale
yuè dú 阅　读	la lecture
shū xiě 书　写	l'écriture

xuǎn zé 选 择	choisir; le choix
zuò wén 作 文	la rédaction; la composition
hēi bǎn 黑 板	le tableau
fěn bǐ 粉 笔	la craie
hēi bǎn cā 黑 板 擦	l'éponge; le chiffon pour effacer le tableau
cā hēi bǎn 擦 黑 板	effacer le tableau
huàn dēng piàn 幻 灯 片	la diapositive
jiào àn 教 案	le plan d'enseignement
jiǎng tái 讲 台	l'estrade
shàng kè 上 课	faire la classe; donner un cours; suivre un cours; aller en classe
xià kè 下 课	sortir de classe; terminer un cours
jiǎng kè 讲 课	enseigner; faire des cours; donner des leçons
kāi shǐ 开 始	commencer
jié shù 结 束	finir; terminer
qǐng zuò 请 坐	Asseyez-vous!

bǔ kè 补课	donner des cours individuels à celui qui a manqué des leçons
nán diǎn 难　点	les points difficiles
zhòng diǎn 重　点	les points importants
kǎo shì 考　试	l'examen; le test; l'épreuve
mó nǐ kǎo shì 模拟考试	l'examen blanc
shì juàn 试　卷	les feuilles (les copies) d'examen
dá tí kǎ 答题卡	la carte réponse
dá tí 答　题	répondre à la question posée; donner sa réponse
dá àn 答　案	la réponse; le corrigé
hàn yǔ shuǐ píng kǎo shì 汉语水平考试	test de compétence en chinois (HSK)
chéng jì 成　绩	le résultat; la note
fēn shù 分　数	la note; les points
mǎn fēn 满　分	la note satisfaite
yōu xiù 优　秀	excellent; très bien
liáng hǎo 良　好	bien
jí gé 及　格	assez bien

177

biǎo yáng 表 扬	célébrer; faire l'éloge de
pī píng 批 评	critiquer
nǔ lì 努 力	faire des efforts; s'efforcer de
jiā yóu 加 油	déployer plus d'efforts; Bon courage!
rèn zhēn 认 真	être sérieux; être consciencieux
kàn hēi bǎn 看 黑 板	regarder le tableau
dú 读	lire
gēn wǒ dú 跟 我 读	Répétez après moi; Lisez avec moi.
dú kè wén 读 课 文	lire le texte
gēn wǒ xiě 跟 我 写	Ecrivez après moi.
huí dá 回 答	répondre; la réponse
wèn tí 问 题	la question
tí wèn 提 问	poser une question
qǐng jǔ shǒu 请 举 手	Levez la main, S.V.P.
qǐng jìn 请 进	Entrez, S.V.P.
qǐng dǎ kāi shū 请 打 开 书	Ouvrez votre livre, S.V.P.

dào yè 到……页	Tournez à la page …
tīng 听	écouter
tīng lù yīn 听 录 音	écouter l'enregistrement
kàn shì pín 看 视 频	regarder la vidéo
tú piàn 图 片	l' image; le tableau
zhèng què 正 确	correct, e
cuò wù 错 误	faux, sse
zhǔn bèi 准 备	préparer

2. 学生用语 Les termes utilisés par l'étudiant

lǎo shī jiào yuán 老师（教员）	le maître; le professeur; l'enseignant
qǐng wèn 请 问	Excusez-moi, est-ce que …
nán 难	difficile
tài nán le 太 难 了	très difficile
róng yì 容 易	facile

wǒ tīng bù dǒng 我 听 不 懂	Je ne comprends pas
wǒ míng bai le 我 明 白 了	J'ai compris
wǒ méi tīng míng bai 我 没 听 明 白	Je n'ai pas compris
qǐng zài shuō yí cì 请 再 说 一 次	Répétez encore une fois, S.V.P.
bāng zhù 帮 助	aider；l'aide
fān yì 翻 译	traduire, interprèter; traducteur; interprète
tí mù 题 目	le sujet
chí dào 迟 到	être en retard
duì bù qǐ 对 不 起	Je suis desolé; Pardon.
shuō 说	parler
shuō hàn yǔ 说 汉 语	parler chinois
shuō é yǔ 说 俄 语	parler russe
shuō yīng yǔ 说 英 语	parler anglais
shuō fǎ yǔ 说 法 语	parler français
shuō jiǎn pǔ zhài yǔ 说 柬 埔 寨 语	parler cambodgien
shuō xī bān yá yǔ 说 西 班 牙 语	parler espagnol

shuō tài yǔ 说　泰语	parler thaï
zhè ge 这　个	ce; cette
nà ge 那　个	celui; cela
qǐng jià 请　假	demander un congé
xiāo jià 销　假	achever son temps de congé
lǎo shī hǎo 老 师 好	Bonjour, professeur!

3. xué xí yòng jù 学习用具 Les objets d'études

shū 书	le livre
liàn xí běn 练 习 本	le cahier d'exercices
tián zì gé běn 田 字 格 本	le cahier pour écrire les caractères chinois
pīn yīn běn 拼 音 本	le cahier pour le pinyin
bǐ jì běn 笔 记 本	le cahier; le carnet de note
zuò yè běn 作 业 本	le cahier de travail
qiān bǐ 铅　笔	le crayon

juǎn bǐ dāo 卷笔刀	le taille-crayon
zhōng xìng bǐ　shuǐ bǐ 中性笔（水笔）	le stylo roller
mò shuǐ 墨水	l'encre à stylo
mò zhī 墨汁	l'encre de Chine liquide
gāng bǐ 钢笔	le stylo
máo bǐ 毛笔	le pinceau
yàn tái 砚台	l'encrier chinois; la pierre sur laquelle on délaie l'encre de Chine
xuān zhǐ 宣纸	le papier de qualité fabriqué dans la ville Xuancheng
wén jù hé 文具盒	le plumier
bǐ dài 笔袋	le sac de stylos
zhí chǐ 直尺	la règle
sān jiǎo chǐ 三角尺	l'équerre à dessiner
liáng jiǎo qì 量角器	le goniasmomètre
yuán guī 圆规	le compas
huì tú bǎn 绘图板	la planche à dessin
xiàng pí 橡皮	la gomme

法 语 篇

kè zhuō
课 桌　　　　　　　　　le bureau; la table

yǐ zi
椅 子　　　　　　　　　la chaise

shū bāo
书 包　　　　　　　　　le cartable

xiǎo dāo
小 刀　　　　　　　　　le canif

cí diǎn
词 典　　　　　　　　　le dictionnaire

jiāo shuǐ
胶 水　　　　　　　　　la colle liquide

jiǎn dāo
剪 刀　　　　　　　　　les ciseaux

qū bié zhēn　　huí xíng zhēn
曲 别 针（回 形 针）　　le trombone

zhǐ
纸　　　　　　　　　　 la papier

mài kè fēng
麦 克 风　　　　　　　　le microphone

yōu pán
优 盘　　　　　　　　　la clé USB

guāng pán
光 盘　　　　　　　　　le disque; CD

píng bǎn diàn nǎo
平 板 电 脑　　　　　　　la tablette PC; la tablette tactile

wén jiàn jiā
文 件 夹　　　　　　　　le dossier

yīn xiāng
音 箱　　　　　　　　　la boîte de haut-parleur

4. 专业与课程　Les spécialités et les cours

zhuān yè

zhuān yè 专业	la spécialité
kè chéng 课程	le cours
kè chéng biǎo 课程表	les emplois du temps
kǒu yǔ 口语	production orale
yuè dú 阅读	compréhension écrite
tīng lì 听力	compréhension orale
tīng shuō 听说	cours d'écoute et d'expression orale
zōng hé 综合	cours compréhensif
chū jí jūn shì hàn yǔ 初级军事汉语	langue chinoise militaire élémentaire
gāo děng shù xué 高等数学	mathématiques supérieures
dà xué wù lǐ 大学物理	physique universitaire
dà xué wù lǐ shí yàn 大学物理实验	expérimentations de physique universitaire

法语篇

zhōng guó chuán tǒng wén huà
中　国　传　统　文　化　　　culture traditionnelle chinoise

zhōng guó lì shǐ
中　国　历　史　　　　　　　histoire chinoise

dà xué jì suàn jī jī chǔ
大　学　计　算　机　基　础　informatique élémentaire

zhōng jí hàn yǔ
中　级　汉　语　　　　　　　chinois intermédiaire

gāo jí hàn yǔ
高　级　汉　语　　　　　　　chinois supérieur

jūn shì lì shǐ
军　事　历　史　　　　　　　histoire militaire

máo zé dōng jūn shì sī xiǎng
毛　泽　东　军　事　思　想　pensée militaire de Mao Zedong

sūn zǐ bīng fǎ
孙　子　兵　法　　　　　　　Art de la guerre

pào bīng jūn shì tōng xìn
炮　兵　军　事　通　信　　　communication militaire d'artillerie

qīng wǔ qì cāo zuò
轻　武　器　操　作　　　　　opération des armes légères

yǎn tǐ gòu zhù yǔ wěi zhuāng
掩　体　构　筑　与　伪　装　construction de bunker et camouflage

jūn shì dì xíng xué
军　事　地　形　学　　　　　topographie militaire

jūn shì tǐ yù
军　事　体　育　　　　　　　sport militaire

pào bīng bīng qì jì shù jī chǔ
炮　兵　兵　器　技　术　基　础　technologie élémentaire des armes d'artillerie

dàn yào jì shù jī chǔ
弹　药　技　术　基　础　　　technologie élémentaire des munitions

pào bīng shè jī xué jī chǔ
炮　兵　射　击　学　基　础　science élémentaire du tir d'artillerie

pào bīng zhàn shù jī chǔ
炮兵战术基础　　tactique élémentaire d'artillerie

cān guān jiàn xué
参观见学　　apprendissage dans la visite

jūn shì yòng yǔ
七、军事用语 Les termes militaires

jī chǔ cí huì
1. 基础词汇 Le vocabulaire élémentaire

zhōng guó
中国　　la Chine

guó qí
国旗　　le drapeau

guó gē
国歌　　l'hymne national

zhōng guó rén mín jiě fàng jūn
中国人民解放军　　l'Armée Populaire de Libération de Chine(APL)

jūn zhǒng
军种　　les armées

lù jūn
陆军　　l'armée de terre

kōng jūn 空 军	l'armée de l'air
hǎi jūn 海 军	la marine
huǒ jiàn jūn 火 箭 军	les forces balistiques
zhàn lüè zhī yuán bù duì 战 略 支 援 部 队	les forces de soutien stratégique
mín bīng 民 兵	le milicien; la milicienne
yù bèi yì 预 备 役	le réserviste
zhàn qū 战 区	la zone de commandement
bīng zhǒng 兵 种	les armes
bù bīng 步 兵	l'infanterie
pào bīng 炮 兵	l'artillerie
fáng kōng bīng 防 空 兵	la défense aérienne
zhuāng jiǎ bīng 装 甲 兵	le corps blindé
gōng chéng bīng 工 程 兵	le génie
fáng huà bīng 防 化 兵	le corps de défense chimique
háng kōng bīng 航 空 兵	l'aviation légère
tè zhǒng bīng 特 种 兵	les forces spéciales

kōng jiàng bīng 空 降 兵	les forces parachutiste
hǎi jūn lù zhàn duì 海 军 陆 战 队	l'infanterie de marine
jūn 军	le corps d'armée
shī 师	la division
lǚ 旅	la brigade
tuán 团	le régiment
yíng 营	le bataillon
lián 连	la compagnie
pái 排	la section
bān 班	l'escouade
jiāng jūn 将 军	le général
dà xiào 大 校	le colonel supérieur
shàng xiào 上 校	le colonel
zhōng xiào 中 校	le lieutenant colonel
shào xiào 少 校	le commandant
shàng wèi 上 尉	le capitaine

zhōng wèi 中　尉	le lieutenant
shào wèi 少　尉	le sous-lieutenant
zhǔn wèi 准　尉	l'aspirant
shì guān 士　官	le sergent
jūn shì zhǎng 军 士 长	l'adjudant-chef
jūn guān 军　官	l' officer
wén zhí gàn bù 文 职 干 部	le cadre civil
wén zhí rén yuán 文 职 人 员	la personne civile
guó fáng bù 国 防 部	le Ministère de la Défense nationale
guó jì jūn shì hé zuò bàn gōng shì 国 际 军 事 合 作 办 公 室	le Bureau de coopération militaire internationale
jìn gōng 进　攻	attaquer; offenser; l'attaque
fáng yù 防　御	défenser; la défense
zhàn lüè 战　略	la stratégie
zhàn yì 战　役	la bataille; la campagne
zhàn shù 战　术	la tactique

2. duì liè yòng yǔ 队列用语 L'ordre serré

zhǐ huī yuán 指挥员	le commandant
jí hé 集合	Rassemblement!
jiě sàn 解散	Rompez!
lì zhèng 立正	Garde à vous!
shào xī 稍息	Repos!
xiàng yòu kàn qí 向右看齐	Coude à coude à droite, alignement!
xiàng zuǒ kàn qí 向左看齐	Coude à coude à gauche, alignement!
xiàng zhōng kàn qí 向中看齐	Coude à coude au centre, alignement!
xiàng qián kàn 向前看	Fixe!
xiàng zuǒ zhuǎn 向左转	A gauche … gauche!
xiàng yòu zhuǎn 向右转	A droite … droite!
xiàng hòu zhuǎn 向后转	Demi-tour, droite!
zuǒ zhuǎn wān 左转弯	Tournez à gauche!
yòu zhuǎn wān 右转弯	Tournez à droite!

xiàng qián duì zhèng 向 前 对 正	Orientez bien en avant!
zòng duì 纵 队	la colonne; la file
héng duì 横 队	le rang; la troupe disposée en ligne
liè 列	le rang
qí bù zǒu 齐步走	En avant … marche!
pǎo bù zǒu 跑 步 走	En petite foulée … marche!
zhèng bù zǒu 正 步 走	Pas de parade … marche!
lì dìng 立 定	Halte!
yuán dì tà bù zǒu 原 地 踏 步 走	Marquez le pas!
jìng lǐ 敬 礼	Saluez! (salut militaire)
lǐ bì 礼 毕	Repos!
bào shù 报 数	Numérotez-vous!
dūn xià 蹲 下	Accroupissez-vous!
qǐ lì 起 立	Debout!
tuō mào 脱 帽	Décoiffez-vous!
dài mào 戴 帽	Coiffez-vous!

3. wǔ qì zhuāng bèi 武器装备 Les armements

dān bīng wǔ qì 单兵武器	l'arme individuelle
qiāng 枪	le fusil
shǒu qiāng 手枪	le pistolet
xiàn dàn qiāng 霰弹枪	le fusil de mitraille
bù qiāng 步枪	le fusil
chōng fēng qiāng 冲锋枪	le fusil d'assaut
jū jī qiāng 狙击枪	le fusil de précision
miáo zhǔn jìng 瞄准镜	le sniperscope; la lunette
yè shì yí 夜视仪	l'appareil de noctovision
qīng jī qiāng 轻机枪	la mitrailleuse légère
zhòng jī qiāng 重机枪	la mitrailleuse lourde
gāo shè jī qiāng 高射机枪	la mitrailleuse anti-aérienne
pǎi jī pào 迫击炮	le mortier; le mortier canon
wú hòu zuò lì pào 无后坐力炮	le canon sans recul

huǒ jiàn tǒng	
火箭筒	la roquette
zǐ dàn	
子弹	la balle
shǒu liú dàn	
手榴弹	la grenade; la grenade à main
liú dàn fā shè qì	
榴弹发射器	le lance-grenades
jiān káng shì fáng kōng dǎo dàn	
肩扛式防空导弹	les missiles antiaériens tirés à l'paule
fǎn tǎn kè dǎo dàn	
反坦克导弹	la missile antichar
dì léi	
地雷	la mine
dān bīng zhuāng bèi	
单兵装备	l'équipement individuel
tóu kuī	
头盔	le casque intégrale
fáng dàn yī	
防弹衣	le gilet pare-balles
fáng dú miàn jù	
防毒面具	le masque antigaz
fáng huà fú	
防化服	es vêtements de protection chimique; des vêtements de denfense contre les armes chimiques
jiàng luò sǎn	
降落伞	le parachute
bǐ shǒu	
匕首	le poignard
wàng yuǎn jìng	
望远镜	le télescope; les jumelles
bǎ	
靶	la cible

pào 炮	le canon; la pièce d'artillerie
jiā nóng pào 加农炮	le canon
liú dàn pào 榴弹炮	l'obusier
huá táng pào 滑膛炮	le canon à âme lisse
xiàn táng pào 线膛炮	le canon à âme rayée
zì xíng huǒ pào 自行火炮	le canon automoteur
qiān yǐn huǒ pào 牵引火炮	le canon tracté
gāo shè pào 高射炮	le canon antiaérien
yuǎn chéng huǒ jiàn pào 远程火箭炮	le canon lance-fusées à longue portée
pào dàn 炮弹	l'obus; le projectile d'artillerie
dǎo dàn 导弹	le missile téléguidé
zhōu jì dǎo dàn 洲际导弹	le missile intercontinental
xún háng dǎo dàn 巡航导弹	le missile de croisière
dàn dào dǎo dàn 弹道导弹	le missile balistique
yuán zǐ dàn 原子弹	la bombe atomique
qīng dàn 氢弹	la bombe à hydrogène

hé dàn 核弹	la bombe nucléaire
hé wǔ qì 核武器	les armes nucléaires
shēng huà wǔ qì 生化武器	les armes chimiques et biologiques
léi dá 雷达	le radar
wú rén jī 无人机	le drone
tǎn kè 坦克	le tank; le char
zhǔ zhàn tǎn kè 主战坦克	le char de bataille
zhuāng jiǎ chē 装甲车	le char/engin/véhicule blindé
háng kōng mǔ jiàn 航空母舰	le porte-avions
xún yáng jiàn 巡洋舰	le croiseur
qū zhú jiàn 驱逐舰	le contre-torpilleur; le destroyer
hù wèi jiàn 护卫舰	l'aviso; l'escorteur
qián tǐng 潜艇	le navire (sous-marin, submersible)
yú léi 鱼雷	la torpille
dēng lù jiàn 登陆舰	le bateau/navire de débarquement
bǔ jǐ jiàn 补给舰	le navire de ravitaillement

jiàn zài jī 舰载机	l'avion embarqué/de bord
zhàn dòu jī 战斗机	le chasseur
hōng zhà jī 轰炸机	le bombardier
yùn shū jī 运输机	l'avion de transport; l'avion-cargo
yù jǐng jī 预警机	l'avion-radar
bù bīng zhàn chē 步兵战车	le véhicule de combat d'infanterie
zhuāng jiǎ yùn bīng chē 装甲运兵车	le véhicule blindé de transport de troupes

俄 语 篇

Русский

一、chuān zhuó 穿着 Одежда и аксессуары

1. fú zhuāng 服装 Одежда

táng zhuāng 唐装	одежда китайского покроя
hàn fú 汉服	ханьская национальная одежда
qí páo 旗袍	китайский дамский халат
zhōng shān zhuāng 中山装	костюм чжуншанфу
zhì fú 制服	форма
gōng zuò fú 工作服	рабочая одежда
tǐ néng xùn liàn fú 体能训练服	полевая форма одежды
yùn dòng fú 运动服	тренировочный костюм

mí cǎi fú 迷 彩 服	камуфляж
lǐ fú 礼 服	парадная форма одежды
cháng fú 常 服	повседневная форма одежды
duǎn xiù 短 袖	короткий рукав
cháng xiù 长 袖	длинный рукав
xī fú xī zhuāng 西 服（西 装 ）	костюм
duǎn wài tào 短 外 套	куртка
jiā kè 夹 克	жакет
pí yī 皮 衣	кожаная одежда
wèi yī 卫 衣	толстовка
chōng fēng yī 冲 锋 衣	ветровка
mǎ jiǎ 马 甲	жилет
biàn zhuāng 便 装	штатский костюм
xù T 恤	футболка
kù zi 裤 子	брюки
niú zǎi kù 牛 仔 裤	джинсы

qún zi 裙 子	платье
chèn shān 衬 衫	рубашка
máo yī 毛 衣	свитер
máo kù 毛 裤	шерстяные рейтузы
mián ǎo 棉 袄	ватник
yǔ róng fú 羽 绒 服	пуховик
dà yī 大 衣	пальто
yǔ yī 雨 衣	дождевик
qiū yī 秋 衣	бельё
qiū kù 秋 裤	подштанники
nèi yī 内 衣	нижнее бельё
nèi kù 内 裤	трусы
bèi xīn 背 心	безрукавка
shuì yī 睡 衣	пижама
wà zi 袜 子	носок

2. xié mào 鞋帽　Обуви и головные уборы

mào zi 帽子	шапка
bàng qiú mào 棒球帽	бейсболка
dà yán mào 大檐帽	фуражка
tóu kuī 头盔	шлем
xuē zi 靴子	походные ботинки
zuò zhàn xuē 作战靴	ботинки с высоким берцем
zuò xùn xié 作训鞋	кеды военного образца
yùn dòng xié 运动鞋	кроссовки
pí xié 皮鞋	ботинки
bù xié 布鞋	туфли
mián xié 棉鞋	ватные туфли
tuō xié 拖鞋	шлёпанцы
liáng xié 凉鞋	сандалия

3. pèi shì 配饰 Аксессуары

lǐng dài 领带	галстук
lǐng dài jiā 领带夹	булавка для галстука
pí dài 皮带	ремень
wài yāo dài 外腰带	внешний пояс
kòu zi 扣子	пуговица
wéi jīn 围巾	шарф
kǒu zhào 口罩	маска
shǒu tào 手套	перчатка
yǎn jìng 眼镜	очки
yǐn xíng yǎn jìng 隐形眼镜	контактные линзы
mò jìng 墨镜	солнечные очки
jiè zhi 戒指	кольцо
xiàng liàn 项链	бусы
shǒu liàn 手链	цепочка на запястье

shǒu biǎo 手　表	часы
shǒu huán 手　环	смарт-браслет
ěr huán 耳 环	серёжка
jiān zhāng 肩　章	погоны
mào huī 帽　徽	кокарда
xiào huī 校　徽	значок учебного заведения
xìng míng pái 姓　名　牌	карточка Ф.И.О.
zī lì zhāng 资 历 章	орденская лента
bì zhāng 臂　章	шеврон
xiōng biāo 胸　标	нагрудный знак принадлежности
lǐng zhāng 领　章	петлицы
jiǎng zhāng 奖　章	медаль
qián bāo 钱　包	бумажник
shuāng jiān bāo 双　肩　包	рюкзак
bēi náng 背　囊	ранец
lǚ xíng bāo 旅 行 包	дорожная сумка

xíng lǐ xiāng
行 李 箱　　　чемодан
kuà bāo
挎 包　　　сумочка
shǒu tí bāo
手 提 包　　　дипломат

4. yán sè 颜 色 Цвет

chéng sè
橙 色　　　оранжевый
hóng sè
红 色　　　красный
huáng sè
黄 色　　　жёлтый
lǜ sè
绿 色　　　зелёный
lán sè
蓝 色　　　синий
zǐ sè
紫 色　　　фиолетовый
hēi sè
黑 色　　　чёрный
zōng sè
棕 色　　　бурый
bái sè
白 色　　　белый
fěn hóng sè
粉 红 色　　　розовый
huī sè
灰 色　　　серый

jīn sè 金 色	золотой
yín sè 银 色	серебристый
chún sè 纯 色	одноцветный
cǎi sè 彩 色	разноцветный
shēn sè 深 色	тёмный
qiǎn sè 浅 色	светлый
wǔ yán liù sè 五 颜 六 色	разноцветный

二、yǐn shí 饮食 Еда и напитки

1. zhǔ shí 主食 Основной продукт питания

mǐ fàn 米 饭	рис
miàn tiáo 面 条	лапша
miàn bāo 面 包	хлеб

zhōu 粥	каша
bāo zi 包子	пирожка
mán tou 馒头	пампушка
jiǎo zi 饺子	пельмени
dàn gāo 蛋糕	торт
hàn bǎo bāo 汉堡包	гамбургер
sān míng zhì 三明治	сэндвич
pī sà 披萨	пицца
náng 馕	жареная лепёшка
bǐng 饼	лепёшка
chǎo fàn 炒饭	жареный рис
chǎo miàn 炒面	жареная лапша
fāng biàn miàn 方便面	лапша быстрого приготовления
mǐ xiàn 米线	рисовая лапша
yì dà lì miàn 意大利面	спагетти
hún tun 馄饨	вонтоны

| jī dàn 鸡蛋 | яйцо |
| shǔ tiáo 薯条 | картошка-фри |

2. shuǐ guǒ 水果 Фрукты

píng guǒ 苹果	яблоко
xiāng jiāo 香蕉	банан
lí 梨	груша
xī guā 西瓜	арбуз
máng guǒ 芒果	манго
pú tao 葡萄	виноград
bō luó 菠萝	ананас
jú zi 橘子	мандарин
jīn jú 金橘	кумкват
chéng zi 橙子	апельсин
yòu zi 柚子	помелло
lǐ zi 李子	слива

xìng zi 杏　子	абрикос
cǎo méi 草　莓	клубника
shèng nǚ guǒ 圣　女果	помидор-черри
hā mì guā 哈　密瓜	медовая дыня
táo zi 桃　子	персик
mí hóu táo 猕　猴　桃	киви
mù guā 木　瓜	папайя
yē zi 椰　子	кокосовый орех
lì zhī 荔　枝	личжи
níng méng 柠　檬	лимон
xiāng guā 香　瓜	дыня
liú lián 榴　莲	дуриан
lóng yǎn 龙　眼	лонган
huǒ lóng guǒ 火　龙　果	питахайя
yīng tao 樱　桃	вишня
shān zhú 山　竹	мангустан

niú yóu guǒ
牛油果　　　　　　авокадо

fān shí liu
番石榴　　　　　　гуава

shí liu
石榴　　　　　　　гранат

3. shū cài 蔬菜 Овощи

bái cài
白菜　　　　　　　китайская капуста

luó bo
萝卜　　　　　　　белая редиска

hú luó bo
胡萝卜　　　　　　морковь

juǎn xīn cài
卷心菜　　　　　　капуста

kōng xīn cài
空心菜　　　　　　водяной шпинат

bō cài
菠菜　　　　　　　шпинат

jiǔ cài
韭菜　　　　　　　черемша

sǔn
笋　　　　　　　　бамбуковые побеги

huā cài
花菜　　　　　　　цветная капуста

wō jù
莴苣　　　　　　　латук

xī lán huā
西兰花　　　　　　брокколи

qín cài 芹菜	сельдерей
shēng cài 生菜	кочанный салат
nán guā 南瓜	тыква
dōng guā 冬瓜	восковая тыква
huáng guā 黄瓜	огурец
xī hóng shì 西红柿	помидор
qié zi 茄子	баклажан
yù mǐ 玉米	кукуруза
wān dòu 豌豆	горох
hé lán dòu 荷兰豆	сахарный горошек
dòu jiǎo 豆角	зелёный боб
dòu yá 豆芽	бобовые ростки
huā shēng 花生	арахис
tǔ dòu 土豆	картофель
hóng shǔ 红薯	батат
dòu fu 豆腐	соевый творог

mó gu 蘑菇	грибы
ǒu 藕	корень лотоса
yáng cōng 洋葱	репчатый лук
shān yào 山药	китайский ямс
sī guā 丝瓜	люфа
qiū kuí 秋葵	окра

4. 肉类 ròu lèi Мясо

jī ròu 鸡肉	курица
zhá jī 炸鸡	жареная курица
jī tuǐ 鸡腿	куриная ножка
jī chì 鸡翅	крылышко
jī xiōng ròu 鸡胸肉	грудка
yā ròu 鸭肉	утятина
kǎo yā 烤鸭	жареная утка
niú ròu 牛肉	говядина

yáng ròu 羊 肉	баранина
zhū ròu 猪 肉	свинина
là ròu 腊 肉	солонина
xiā 虾	рак
páng xiè 螃 蟹	краб
lóng xiā 龙 虾	лангуст
jiǎ yú 甲 鱼	дальневосточная черепаха
yú 鱼	рыба
xiāng cháng 香 肠	сосиска
huǒ tuǐ cháng 火 腿 肠	ветчинная сосиска
huǒ jī ròu 火 鸡 肉	индюшатина
niú pái 牛 排	стейк
péi gēn 培 根	бекон
ròu chuàn 肉 串	шашлык
shāo kǎo 烧 烤	барбекю

5. 酒水 jiǔ shuǐ Напитки

bái jiǔ 白酒		вино (китайская водка)
pí jiǔ 啤酒		пиво
hóng jiǔ 红酒		красное вино
mǐ jiǔ 米酒		рисовое вино
guǒ zhī 果汁		сок
chéng zhī 橙汁		апельсиновый сок
suān nǎi 酸奶		йогурт
niú nǎi 牛奶		молоко
bīng shuǐ 冰水		прохладная вода
chún jìng shuǐ 纯净水		столовая вода
kuàng quán shuǐ 矿泉水		минеральная вода
tǒng zhuāng shuǐ 桶装水		бутилированная вода
lǜ chá 绿茶		зелёный чай
hóng chá 红茶		красный чай

huā chá
花 茶　　　цветочный чай

nǎi chá
奶 茶　　　чай с молоком

kā fēi
咖 啡　　　кофе

qì shuǐ
汽 水　　　газировка

kě lè
可 乐　　　кола

xuě bì
雪 碧　　　спрайт

bīng qí lín
冰 淇 淋　　мороженое

xuě gāo
雪 糕　　　мороженое

bīng gùn
冰 棍　　　мороженое на палочке

nǎi xī
奶 昔　　　молочный коктейль

6. tiáo wèi pǐn 调 味 品 Приправы и специи

yóu
油　　　масло

yán
盐　　　соль

jiàng yóu
酱 油　　соевый соус

cù
醋　　　уксус

táng 糖	сахар
cōng 葱	лук
jiāng 姜	имбирь
suàn 蒜	чеснок
hú jiāo fěn 胡椒粉	перец
huā jiāo 花椒	душистый перец
bā jiǎo 八角	бадьян настоящий
guì pí 桂皮	корица
jiàng 酱	соевая подлива
shā lā jiàng 沙拉酱	заправка к салату
fān qié jiàng 番茄酱	кетчуп
jiè mo jiàng 芥末酱	горчица
gā lí 咖喱	карри
jī jīng 鸡精	куриный экстракт
háo yóu 蚝油	устричный соус
là jiāo 辣椒	перец чили

suān 酸	кислый
tián 甜	сладкий
kǔ 苦	горький
là 辣	острый
xián 咸	солёный
má 麻	острый
sè 涩	вяжущий
xiāng 香	душистый
chòu 臭	вонючий
xiān 鲜	вкусный

7. 餐具 cān jù Столовая посуда

dāo 刀	нож
chā 叉	вилка
kuài zi 筷子	палочки
sháo zi 勺子	ложка

俄 语 篇

pán zi　　dié zi
盘 子（碟 子）　　　　тарелка
píng zi
瓶 子　　　　　　　　бутылка
wǎn
碗　　　　　　　　　глубокая тарелка
cān jīn zhǐ
餐 巾 纸　　　　　　салфетка
yá qiān
牙 签　　　　　　　　зубочистка
bēi zi
杯 子　　　　　　　　стакан
chá bēi
茶 杯　　　　　　　　чашка
jiǔ bēi
酒 杯　　　　　　　　винный бокал
zhǐ bēi
纸 杯　　　　　　　　бумажный стаканчик

　　　　　shēng huó
三、生　活 Жизнь

　　chéng yuán
1. 成　员 Член

fù mǔ
父 母　　　　　　　　родители

fù qīn 父亲	отец
bà ba 爸爸	папа
mǔ qīn 母亲	мать
mā ma 妈妈	мама
yuè fù 岳父	тесть
yuè mǔ 岳母	тёща
zhàng fu 丈夫	муж
qī zi 妻子	жена
wèi hūn fū 未婚夫	жених
wèi hūn qī 未婚妻	невеста
nán péng you 男朋友	друг
nǚ péng you 女朋友	подруга
gē ge 哥哥	старщий брат
sǎo zi 嫂子	жена старшего брата
dì di 弟弟	младший брат
dì xí 弟媳	жена младшего брата

jiě jie 姐 姐	старшая сестра
jiě fu 姐 夫	муж старшей сестры
mèi mei 妹 妹	младшая сестра
mèi fu 妹 夫	муж младшей сестры
bó bo 伯 伯	дядя (старший брат отца)
bó mǔ 伯 母	тётка (жена старшего брата отца)
shū shu 叔 叔	дядя (младший брат отца)
shěn shen 婶 婶	тётка (жена младшего брата отца)
ā yí 阿 姨	тётя
yí fu 姨 父	муж тетки
jiù jiu 舅 舅	дядя (брат матери)
jiù mā 舅 妈	тётя (жена брата матери)
gū gu 姑 姑	тётка (по отцу)
gū fu 姑 父	дядя (муж тётки по отцу)
hái zi 孩 子	дети
ér zi 儿 子	сын

ér xí 儿媳	жена сына
nǚ ér 女儿	дочь
nǚ xu 女婿	зять
zǔ fù yé ye 祖父（爷爷）	дедушка
wài gōng lǎo ye 外公（姥爷）	дедушка (по матери)
zǔ mǔ nǎi nai 祖母（奶奶）	бабушка
wài pó lǎo lao 外婆（姥姥）	бабушка (по матери)
sūn zi wài sūn 孙子（外孙）	внук
sūn nǚ wài sūn nǚ 孙女（外孙女）	внучка
zēng zǔ fù 曾祖父	прадед
zēng zǔ mǔ 曾祖母	прабабушка
jiā tíng 家庭	семья
nán 男	мужчина
nǚ 女	женщина
yuàn zhǎng 院长	начальник академии
zhèng wěi 政委	комиссар

dà duì zhǎng 大队长	командир полка
fù dà duì zhǎng 副大队长	заместитель командира полка
zhǔ rèn 主任	начальник
fù zhǔ rèn 副主任	заместитель начальника
yì yuán 译员	переводчик
jiào yuán 教员	преподаватель
cān móu 参谋	офицер штаба
gàn shi 干事	ответственный
duì zhǎng 队长	командир батальона
jiào dǎo yuán 教导员	политрук батальона
xué yuán 学员	курсант
tóng zhuō 同桌	сосед
shì yǒu 室友	сожитель
lǎo shī 老师	учитель
tóng xué 同学	одноклассник；однокурсник
péng you 朋友	друг

tóng bāo 同 胞	соотечественник
xué zhǎng 学 长	старшекурсник
xué dì 学 弟	курсант младших курсов
zhí bān yuán 值 班 员	дежурный
bān zhǎng 班 长	староста；командир отделения
pái zhǎng 排 长	командир взвода
lián zhǎng 连 长	командир роты
yíng zhǎng 营 长	командир батальона

2. jū zhù huán jìng 居住环境 Среда

yóu jú 邮 局	почта
jiào xué lóu 教 学 楼	учебные здания
tú shū guǎn 图 书 馆	библиотека
chāo shì 超 市	супермаркет
xué kē lóu 学 科 楼	здания дисциплины
jī guān lóu 机 关 楼	служебные здания

俄 语 篇

wén tǐ huó dòng zhōng xīn 文 体 活 动 中 心	литературный и спортивный центр
dōng mén 东 门	восточные ворота
běi mén 北 门	северные ворота
chuán dá shì 传 达 室	бюро пропусков
bǎo ān 保 安	охранник
bǎo jié yuán 保 洁 员	уборщица
shào bīng 哨 兵	часовой
nán hú 南 湖	озеро Наньху
jiā shǔ qū 家 属 区	район жизни
jiào xué xíng zhèng qū 教 学 行 政 区	военный административный район
wài xùn lóu 外 训 楼	здания международного образования
mén zhěn bù 门 诊 部	поликлиника
cāo chǎng 操 场	площадка
lán qiú chǎng 篮 球 场	баскетбольная площадка
zú qiú chǎng 足 球 场	футбольная площадка
yuàn shǐ guǎn 院 史 馆	исторический музей академии

shí yàn shì 实 验 室	лаборатория
jiào shì 教 室	класс
shí táng 食 堂	столовая
chú shī 厨 师	повар
lǐ fà diàn 理 发 店	парикмахерская
lǐ fà jiǎn 理 发 剪	парикмахерские ножницы
yuè lǎn shì 阅 览 室	читательный зал
yóu yǒng guǎn 游 泳 馆	плавательный бассейн
jiàn shēn fáng 健 身 房	зал физкультуры
huó dòng shì 活 动 室	спортивный зал
liàng yī jiān 晾 衣 间	стиральная комната
chū kǒu 出 口	выход
rù kǒu 入 口	вход

3. nèi wù 内务 Порядок и гигиена

fáng jiān 房 间	комната

diàn shì 电 视	телевизор
kàn diàn shì 看 电 视	смотреть телевизор
kōng tiáo 空 调	кондиционер
yáo kòng qì 遥 控 器	пульт
diàn fēng shàn 电 风 扇	вентилятор
diàn shuǐ hú 电 水 壶	электрочайник
yǐn shuǐ jī 饮 水 机	кулер для воды
wēi bō lú 微 波 炉	микроволновка
yùn dǒu 熨 斗	утюг
yùn yī bǎn 熨 衣 板	гладильная доска
chōng diàn qì 充 电 器	зарядник
chōng diàn 充 电	заряжать
diàn nǎo 电 脑	компьютер
chā zuò 插 座	розетка
chā tóu 插 头	штепсельная вилка
jiē xiàn bǎn 接 线 板	клеммник

chā shàng chā tóu 插上插头	вставить вилку
bá xià chā tóu 拔下插头	выставить вилку
dēng 灯	свет
kāi guān 开关	переключатель
kāi dēng 开灯	включить свет
tái dēng 台灯	настольная лампа
zhuō zi 桌子	стол
yǐ zi 椅子	стул
chuāng hu 窗户	окно
chuāng lián 窗帘	занавеска
dì bǎn 地板	пол
mén 门	дверь
qiáng 墙	стена
chǔ wù guì 储物柜	шкаф
bǎo mì guì 保密柜	секретный шкаф；сейф
shū guì 书柜	книжный шкаф

chōu ti 抽屉	ящик
mén kǎ 门卡	карточка двери
yào shi 钥匙	ключ
chuáng 床	постель；кровать
shàng pù 上铺	верхнее место
xià pù 下铺	нижнее место
chuáng diàn 床垫	матрац
wén zhàng 蚊帐	комарник
liáng xí 凉席	цыновка
bèi zi 被子	одеяло
shài bèi zi 晒被子	сушить одеяло
dié bèi zi 叠被子	сложить одеяло
zhěng qí 整齐	ровный
chuáng dān 床单	простыня
zhěn tou 枕头	подушка
huàn chuáng dān 换床单	сменять простыню

tōng fēng	通风	проветрить
shuì jiào	睡觉	спать
xī dēng	熄灯	выключить свет
qǐ chuáng	起床	встать с постели；подъём
jí hé	集合	сбор
shào shēng	哨声	свисток
jiǎn chá	检查	проверить
dǎ sǎo	打扫	подметать
wèi shēng	卫生	гигиена
yù shì	浴室	ванная
cè suǒ	厕所	туалет
shǒu zhǐ	手纸	туалетная бумага
xǐ shù chí	洗漱池	раковина
diàn rè shuǐ qì	电热水器	электрический водонагреватель
huā sǎ	花洒	душевая лейка
mǎ tǒng	马桶	туалет

shuǐ lóng tóu 水 龙 头	кран
tiáo zhou 笤 帚	веник
sǎo dì 扫 地	подметать пол
tuō bǎ 拖 把	швабра
tuō dì 拖 地	мыть пол
lā jī 垃 圾	мусор
lā jī tǒng 垃 圾 桶	мусорное ведро
lā jī dài 垃 圾 袋	пакет для мусора
shuā zi 刷 子	щётка
mā bù 抹 布	тряпка
cā 擦	вытирать
bò ji 簸 箕	совок
xǐ zǎo 洗 澡	купаться
xǐ fà shuǐ 洗 发 水	шампунь
hù fà sù 护 发 素	кондиционер
mù yù lù 沐 浴 露	гель для душа

xǐ yī jī 洗衣机	стиральная машина
xǐ yī fu 洗衣服	стирать одежду
xǐ yī fěn 洗衣粉	стиральный порошок
xǐ yī yè 洗衣液	жидкий стиральный порошок
xǐ shǒu yè 洗手液	жидкое мыло для рук
xiāo dú yè 消毒液	дезинфицирующий раствор
jiǔ jīng 酒精	алкоголь
xǐ jié jīng 洗洁精	посудомоечное средство
yī jià 衣架	плечики
liàng yī shéng 晾衣绳	бельевая верёвка
xǐ liǎn 洗脸	умывать лицо
xǐ miàn nǎi 洗面奶	гель для очистки лица
xǐ shǒu 洗手	умывать руки
xiāng zào 香皂	мыло
féi zào 肥皂	мыло
máo jīn 毛巾	полотенце

máo jīn jià 毛 巾 架	вешалка для полотенец
tì xū dāo 剃 须 刀	бритва
zhǐ jia dāo 指 甲 刀	маникюрные щипчики
jiǎn dāo 剪 刀	ножницы
diàn chuī fēng 电 吹 风	фен
yá shuā 牙 刷	зубная щётка
yá gāo 牙 膏	зубная паста
shuā yá 刷 牙	чистить зубы
jìng zi 镜 子	зеркало
zhào jìng zi 照 镜 子	смотреть в зеркало
shū zi 梳 子	расчёска
shū zhuāng 梳 妆	освежаться и делать макияж
zǒu láng 走 廊	коридор
qǐng jià 请 假	спроситься; доклат
xiāo jià 销 假	отпроситься

4. jiù yī 就医 Обратиться к врачу

guà hào 挂号	записаться
mén zhěn 门诊	амбулаторный приём
jí zhěn 急诊	срочный врачебный осмотр
zhù yuàn 住院	быть принятым
chū yuàn 出院	быть выписанным
tǐ jiǎn 体检	медицниский осмотр
shēn tǐ 身体	тело
tóu 头	голова
liǎn 脸	лицо
bó zi 脖子	шея
jiān bǎng 肩膀	плечо
bèi 背	спина
xiōng 胸	груди
fù 腹	живот

shǒu 手	рука
tuǐ 腿	нога
xī gài 膝盖	колено
jiǎo 脚	стопа
jiǎo huái 脚踝	лодышка
tóu fa 头发	волосы
é tóu 额头	лоб
méi mao 眉毛	бровь
yǎn jing 眼睛	глаза
bí zi 鼻子	нос
zuǐ ba 嘴巴	рот
zuǐ chún 嘴唇	губа
ěr duo 耳朵	ухо
xià ba 下巴	подбородок
yá chǐ 牙齿	зуб
pí fū 皮肤	кожа

dà nǎo 大脑	мозг
qì guǎn 气管	трахея
fèi 肺	лёгкое
xīn zàng 心脏	сердце
gān 肝	печень
wèi 胃	желудок
pí 脾	селезёнка
shèn 肾	почка
páng guāng 膀胱	мочевой пузырь
shēn gāo 身高	рост
tǐ zhòng 体重	вес
nèi kē 内科	терапевтическое отделение
wài kē 外科	хирургическое отделение
yá kē 牙科	зуболечебное отделение
yǎn kē 眼科	отделение офтальмологии
fàng shè kē 放射科	радиологическое отделение

xiōng piàn	胸片	рентгенограмма груди
lǐ liáo	理疗	физиотерапия
huà yàn shì	化验室	лаборатория
xuè guǎn	血管	кровеносный сосуд
huà yàn	化验	анализировать
yàn xiě	验血	анализ крови
yàn niào	验尿	анализ мочи
pāi	拍 CT	делать рентген
yī shēng	医生	врач
jí bìng	疾病	болезнь
jié shí	结石	конкремент, камень
shēng bìng	生病	заболеть
lán wěi	阑尾	аппендикс
shén jīng	神经	нерв
cháng dào	肠道	кишка
bù shū fu	不舒服	нездоровиться

235

gǎn mào 感 冒		простуда
liú gǎn 流 感		грипп
bìng dú 病 毒		вирус
ké sou 咳 嗽		кашель
fā shāo 发 烧		жар
liú bí tì 流 鼻 涕		из носа течёт
xǐng bí tì 擤 鼻 涕		сморкать
bí sè 鼻 塞		нос заложило
dǎ pēn tì 打 喷 嚏		чихание
tán 痰		мокрота
tòng 痛		боль
yǎng 痒		чесаться
má mù 麻 木		онемение
zhāng kāi zuǐ ba 张 开 嘴 巴		откройте рот
hū xī 呼 吸		дыхание
sǎng zi tòng 嗓 子 痛		боль в горле

wèi tòng 胃痛	боль в желудке
yá tòng 牙痛	зубная боль
bá yá 拔牙	вырвать зуб
bǔ yá 补牙	пломбировать зуб
tóu tòng 头痛	головная боль
dù zi tòng 肚子痛	боль в животе
lā dù zi 拉肚子	диарея
fèi yán 肺炎	воспаление лёгких
zhī qì guǎn yán 支气管炎	бронхит
guò mǐn 过敏	аллергия
tóu yūn 头晕	головокружение
yūn dǎo 晕倒	потерять сознание
niǔ shāng 扭伤	растяжение
tàng shāng 烫伤	ожог
gē shāng 割伤	порез
cā shāng 擦伤	ссадина

zhǒng tòng 肿 痛	опухать
yū xuè 瘀 血	кровоподтёк
liú xuè 流 血	кровотечение
gǔ zhé 骨 折	перелом
ě xin 恶 心	тошнота；тошнить
ǒu tù 呕 吐	рвота
jìng luán 痉 挛	судорога
fā yán 发 炎	воспаление
kuì yáng 溃 疡	язва
chuán rǎn 传 染	заразить
gǎn rǎn 感 染	инфекция
gé lí 隔 离	карантин
hé suān jiǎn cè 核 酸 检 测	ПЦР-анализ
jiē zhòng yì miáo 接 种 疫 苗	прививка
jiàn kāng mǎ 健 康 码	код здоровья
xíng chéng mǎ 行 程 码	код перемещений

chū shì jiàn kāng mǎ 出 示 健 康 码	показать код здоровья
chū shì xíng chéng mǎ 出 示 行 程 码	показать код перемещений
sǎo mǎ 扫 码	(от)сканировать код
lǜ mǎ 绿 码	зелёный код
huáng mǎ 黄 码	жёлтый код
hóng mǎ 红 码	красный код
yào wù 药 物	лекарство
xī yào 西 药	лекарства европейской медицины
zhōng yào 中 药	лекарства катайской медицины
gāo yao 膏 药	пластырь
yào wán 药 丸	пилюля
yào piàn 药 片	таблетка
yào gāo 药 膏	мазь
jiāo náng 胶 囊	капсула
kǒu fú 口 服	лекарство для приема внутрь
wài yòng 外 用	лекарство для наружного употребления

chōng jì 冲 剂	инфузия
táng jiāng 糖 浆	сироп
chuāng kě tiē 创 可 贴	бинт
tǐ wēn jì 体 温 计	градусник
kāng fù 康 复	вздоровиться
kàn bìng 看 病	обратиться к врачу
liáng xuè yā 量 血 压	мерить кровяное давление
liáng tǐ wēn 量 体 温	мерить температуру
kāi yào 开 药	прописать лекарство
chī yào 吃 药	съесть лекарство
dǎ zhēn 打 针	сделать укол
shū yè 输 液	вливание
zuò shǒu shù 做 手 术	сделать операцию
má zuì 麻 醉	анестезия
bāo zā 包 扎	перевязывать
dǎ shí gāo 打 石 膏	наложить гипс

zhēn jiǔ
针 灸　　　　　　　акупунктура

bá huǒ guàn
拔 火 罐　　　　　　ставить банки

àn mó
按 摩　　　　　　　массаж

5. 日常需求 Требование

xiū lǐ
修 理　　　　　　　ремонтировать

gēng huàn
更 换　　　　　　　переменять

yín háng
银 行　　　　　　　банк

shǒu jī yín háng
手 机 银 行　　　　　мобильный банк

dǎo háng
导 航　　　　　　　навигация

yìng yòng chéng xù
应 用 程 序　　　　　Ватсап

wǎng gòu
网 购　　　　　　　онлайн-покупка

kuài dì
快 递　　　　　　　быстрая доставка

bāo guǒ
包 裹　　　　　　　посылка

qiān shōu
签 收　　　　　　　расписаться в получении

wǎng diàn 网 店	интернет-магазин
kè fú 客 服	служащая с клиентами
xià dān 下 单	сделать заказ
qǔ jiàn 取 件	получение почты
qǔ jiàn mǎ 取 件 码	код для получения почты
jì jiàn 寄 件	отправление почты
tuì huò 退 货	возврат товара
kuài dì guì 快 递 柜	постамат
cài niǎo yì zhàn 菜 鸟 驿 站	почтовая станция
wài mài 外 卖	еда на вынос
měi tuán wài mài 美 团 外 卖	платформа для доставки еды (Мэй Туань)
è le me wài mài píng tái 饿 了 么（外 卖 平 台）	Э Лэ Ма (платформа для доставки еды)
zhī fù bǎo 支 付 宝	Алипэй (электронная платежная система Китая)
táo bǎo 淘 宝	Таобао (китайский интернет-магазин)
wēi xìn 微 信	Вичат; Вэйсинь

ā lǐ bā bā 阿里巴巴	Али-Баба (имя собственное)
zhī fù 支 付	платёж
èr wéi mǎ 二 维 码	QR-код
sǎo mǎ zhī fù 扫 码 支 付	плата за сканирование QR-код
shuā kǎ 刷 卡	использовать карту
chōng diàn bǎo 充 电 宝	пауэрбанк
bǎng dìng 绑 定	привязка
kāi hù 开 户	открыть счёт
zhèng jiàn 证 件	документ
xué yuán zhèng 学 员 证	курсантский билет
hù zhào 护 照	паспорт
shēn fèn zhèng 身 份 证	удостоверение личности
zhàng hào 账 号	номер счёта
zhù cè 注 册	зарегистрировать
dēng lù 登 录	вход в систему
yàn zhèng mǎ 验 证 码	код подтверждения, проверочный код

mì mǎ 密码	шифр
zhào piàn 照片	фотография
zhào xiàng 照相	фотографировать
xìn yòng kǎ 信用卡	кредитная карточка
chǔ xù kǎ 储蓄卡	сберегательная карточка
qǔ qián 取钱	взять деньги
cún qián 存钱	хранить деньги
huì kuǎn 汇款	перевести деньги
zhuǎn zhàng 转账	перечисление на счет
jīn tiē 津贴	пособие
gōng zī 工资	зарплата
měi yuán 美元	доллар
ōu yuán 欧元	евро (валюта)
rén mín bì 人民币	жэньминьби; юань
gù dìng diàn huà 固定电话	служебный телефон
shǒu jī 手机	мобильный телефон

俄 语 篇

ěr jī 耳机	наушники
hào mǎ 号码	номер
shǒu jī kǎ 手机卡	SIN-карта (SIM)
guó jì cháng tú 国际长途	международный телефонный звонок
wú xiàn wǎng 无线网	вайфай (WIFI)
lán yá 蓝牙	блютуз
yǔ yīn tōng huà 语音通话	голос
shì pín tōng huà 视频通话	видео
zhōng guó yí dòng 中国移动	China Mobile
zhōng guó lián tōng 中国联通	China Unicom
zhōng guó diàn xìn 中国电信	Китайский телеком
diàn huà fèi 电话费	расходы по телефону
qiàn fèi 欠费	не хватит деньги
jiāo fèi 缴费	внести платы
duǎn xìn 短信	подписка
dǎ diàn huà 打电话	звонить

6. jié rì 节日 Праздник

yuán dàn 元旦	новый год
chūn jié 春节	праздник весны
yuán xiāo jié 元宵节	праздник фонарей
fù nǔ jié 妇女节	Международный женский день
qīng míng jié 清明节	праздник Цинмин
láo dòng jié 劳动节	праздник труда (1 Мая)
ér tóng jié 儿童节	Международный день защиты детей
zhōng qiū jié 中秋节	праздник луны
jiào shī jié 教师节	день учителя
chóng yáng jié 重阳节	праздник двойной девятки
chú xī 除夕	канун Нового года
qī xī 七夕	Цисицзе "китайским Днём всех влюблённых
qíng rén jié 情人节	День влюблённых

fù qīn jié 父亲节	День отца
mǔ qīn jié 母亲节	День матери
guó qìng jié 国庆节	национальный праздник
jiàn jūn jié 建军节	день создания армии
jì niàn rì 纪念日	юбилей
shèng dàn jié 圣诞节	Рождество (христианский праздник)
fù huó jié 复活节	Воскресение Христово
gǎn ēn jié 感恩节	День благодарения
zhāi yuè 斋月	месяц поста
zǎi shēng jié 宰牲节	курбан-байрам
kāi zhāi jié 开斋节	праздник разговления
pō shuǐ jié sòng gàn jié 泼水节 / 宋干节	праздник воды

四、旅游 Путешествование
lǚ yóu

1. 天气 Погода
tiān qì

天气预报 tiān qì yù bào	прогноз погоды
变化 biàn huà	изменение
气温 qì wēn	температура
降温 jiàng wēn	понижать (снижать) температуру
冷空气 lěng kōng qì	холодный воздух
摄氏度 shè shì dù	градус
零上 líng shàng	плюс
零下 líng xià	минус
冷 lěng	холодно
热 rè	горячий

wēn nuǎn 温 暖	тепло
liáng shuǎng 凉 爽	прохладно
gān zào 干 燥	сухой
cháo shī 潮 湿	сырой
yǔ 雨	дождь
xuě 雪	снег
bīng 冰	лёд
fēng 风	ветер
wù 雾	туман
mái 霾	смог
léi 雷	гром
shǎn diàn 闪 电	молния
yún 云	облако
tài yáng 太 阳	солнце
yuè liang 月 亮	луна
xīng xing 星 星	звезда

cǎi hóng 彩 虹	радуга
xià yǔ 下 雨	идёт дождь
xià xuě 下 雪	идёт снег
jié bīng 结 冰	замёрзнуть
guā fēng 刮 风	ветры дуют
xià wù 下 雾	поднялся туман
dǎ léi 打 雷	гром гремит
qíng tiān 晴 天	солнечный；ясное небо
yīn tiān 阴 天	пасмурный
duō yún 多 云	облачный
yǔ sǎn 雨 伞	зонтик

2. jiāo tōng 交 通 Транспорт

qì chē 汽 车	машина
mó tuō chē 摩 托 车	мотоцикл
zì xíng chē 自 行 车	велосипед

gòng xiǎng dān chē 共 享 单 车	байкшеринг
diàn dòng chē 电 动 车	электроскутер
kǎ chē 卡 车	грузовик
chū zū chē 出 租 车	такси
wǎng yuē chē 网 约 车	такси; заказанное по интернету
dì tiě 地 铁	метро
gāo tiě 高 铁	высокоскоростная железная дорога
gōng gòng qì chē 公 共 汽 车	автобус
qì chē zhàn 汽 车 站	остановка
huǒ chē 火 车	поезд
lǎn chē 缆 车	фуникулёр
fēi jī 飞 机	самолёт
háng bān 航 班	рейс
chuán 船	лодка
huǒ chē zhàn 火 车 站	станция; вокзал
mǎi piào 买 票	купить билет

huǒ chē piào 火车票	билет на поезд
chē cì 车次	номер поезда
zuò wèi 座位	место
wò pù 卧铺	плацкартное место
fēi jī piào 飞机票	билет на самолёт
fēi jī chǎng 飞机场	аэропорт
dān chéng piào 单程票	разовый билет
wǎng fǎn piào 往返票	билет туда и обратно
mén piào 门票	входной билет
sī jī 司机	шофёр
kōng chéng 空乘	стюардесса
liè chē yuán 列车员	контролёр-проводник
jī zhǎng 机长	командир самолёта
jiǎn piào yuán 检票员	контролёр билета
zhí jī 值机	регистрация
tuō yùn 托运	оформить багаж

ān jiǎn 安 检	предполётный контроль
dēng jī 登 机	посадка
dēng jī kǒu 登 机 口	выход на посадку
dēng jī pái 登 机 牌	посадочный талон
jiǎn piào 检 票	проверка билетов
qiān zhèng 签 证	виза
shòu piào chù 售 票 处	билетная касса
shòu piào yuán 售 票 员	кассир
gāo fēng shí jiān 高 峰 时 间	час-пик
dǔ chē 堵 车	пробка
shàng chē 上 车	на машину
xià chē 下 车	выходить из машины
zhí dá 直 达	ехать без пересадок；прямо
huàn chéng 换 乘	пересадка
hóng lǜ dēng 红 绿 灯	светофор
bān mǎ xiàn 斑 马 线	зебра(пешеходный переход)

rén xíng dào
人 行 道　　　　　　тротуар

máng dào
盲　道　　　　　　　тротуар со специальной разметкой
　　　　　　　　　　для незрячих людей

lù kǒu
路 口　　　　　　　перекрёсток

gōng lù　mǎ lù
公　路 / 马　路　　　проспект

jiāo tōng biāo zhì
交　通　标　志　　　дорожные знаки

lù pái
路 牌　　　　　　　дорожный указатель

3. shí jiān 时间 Время

jì jié
季 节　　　　　　　сезон

chūn tiān
春　天　　　　　　　весна

xià tiān
夏 天　　　　　　　лето

qiū tiān
秋 天　　　　　　　осень

dōng tiān
冬　天　　　　　　　зима

hàn jì
旱 季　　　　　　　засушливый сезон

yǔ jì
雨 季　　　　　　　дождливый сезон

jià qī 假 期	отпуск；каникулы
hán jià 寒 假	зимние каникулы
shǔ jià 暑 假	летние каникулы
rì qī 日 期	дата
yuè 月	месяц
yī yuè 一 月	январь
èr yuè 二 月	февраль
sān yuè 三 月	март
sì yuè 四 月	апрель
wǔ yuè 五 月	май
liù yuè 六 月	июнь
qī yuè 七 月	июль
bā yuè 八 月	август
jiǔ yuè 九 月	сентябрь
shí yuè 十 月	октябрь
shí yī yuè 十 一 月	ноябрь

shí èr yuè 十二月	декабрь
xīng qī 星期	неделя
xīng qī yī 星期一	понедельник
xīng qī èr 星期二	вторник
xīng qī sān 星期三	среда
xīng qī sì 星期四	четверг
xīng qī wǔ 星期五	пятница
xīng qī liù 星期六	суббота
xīng qī rì tiān 星期日（天）	воскресенье
zhōu mò 周末	выходные
xiàn zài 现在	сейчас
qián tiān 前天	позавчера
zuó tiān 昨天	вчера
jīn tiān 今天	сегодня
míng tiān 明天	завтра
hòu tiān 后天	послезавтра

qù nián 去 年	прошлый год
jīn nián 今 年	этот год
míng nián 明 年	будущий год
líng chén 凌 晨	перед рассветом
zǎo shang 早 上	утром
shàng wǔ 上 午	до полудня
zhōng wǔ 中 午	полдень
xià wǔ 下 午	после обеда
bàng wǎn 傍 晚	к вечеру
wǎn shang 晚 上	вечером
bái tiān 白 天	днём
zǎo fàn cān 早 饭（餐）	завтрак
wǔ fàn cān 午 饭（餐）	обед
wǎn fàn cān 晚 饭（餐）	ужин
yè xiāo 夜 宵	лёгкая закуска перед сном
shǒu biǎo 手 表	часы

xiǎo shí 小 时	час
kè 刻	четверть
fēn 分	минута
miǎo 秒	секунда
wǎn diǎn 晚 点	поздно
zhǔn shí 准 时	вовремя
tuī chí 推 迟	отложить；отодвинуть
tí qián 提 前	досрочно
chí dào 迟 到	опаздать

4. fāng xiàng 方向 Сторона

nǎ lǐ 哪 里	где
nà lǐ 那 里	там
zhè lǐ 这 里	здесь
shàng 上	верхний
zhōng 中	средний

xià 下	нижний
qián 前	передний
hòu 后	задний
zuǒ 左	левый
yòu 右	правый
dōng 东	восток
xī 西	запад
nán 南	юг
běi 北	север
lǐ 里	внутри
wài 外	снаружи
páng biān 旁 边	рядом

5. dì diǎn 地点 Место

gōng yuán 公 园	парк
yóu lè chǎng 游 乐 场	детская площадка

dòng wù yuán 动 物 园	зоопарк
zhí wù yuán 植 物 园	ботанический сад
bó wù guǎn 博 物 馆	музей
kē jì guǎn 科 技 馆	научно-технический музей
cān guān 参 观	посещать
fàn diàn 饭 店	ресторан
cài dān 菜 单	меню
diǎn cài 点 菜	заказ
mǎi dān 买 单	счёт, пожалуйста
dǎ bāo 打 包	забрать с собой
jiǔ diàn 酒 店	гостиница
dēng jì 登 记	регистрироваться
yā jīn 押 金	денежный залог
tuì fáng 退 房	выписываться
bīn guǎn 宾 馆	гостиница
lǚ guǎn 旅 馆	гостиница (небольшая)

mín sù
民 宿　　　　　　　проживание в частном доме
yù dìng
预 订　　　　　　　забронировать
fáng jiān
房 间　　　　　　　номер
lǚ yóu
旅 游　　　　　　　путешествовать
shěng
省　　　　　　　　провинция
zì zhì qū
自 治 区　　　　　　автономный район
zhí xiá shì
直 辖 市　　　　　　город центрального подчинения
shǒu dū
首 都　　　　　　　столица
chéng shì
城 市　　　　　　　город
nóng cūn
农 村　　　　　　　деревня；село
hǎi bīn chéng shì
海 滨 城 市　　　　　прибрежный город
fēng jǐng
风 景　　　　　　　пейзаж
jǐng qū
景 区　　　　　　　живописный район
shān
山　　　　　　　　гора
dà hǎi
大 海　　　　　　　море
shā tān
沙 滩　　　　　　　пляж

261

hé 河	река
hú 湖	озеро
cǎo yuán 草原	степь
shā mò 沙漠	пустыня
sēn lín 森林	лес
yà zhōu 亚洲	Азия
ōu zhōu 欧洲	Европа
fēi zhōu 非洲	Африка
nán měi zhōu 南美洲	Южная Америка
běi měi zhōu 北美洲	Северная Америка
dà yáng zhōu 大洋洲	Океания
nán jí zhōu 南极洲	Антарктика
tài píng yáng 太平洋	Тихий океан
dà xī yáng 大西洋	Атлантический океан
yìn dù yáng 印度洋	Индийский океан
běi bīng yáng 北冰洋	Северный Ледовитый океан

五、娱乐与运动 Развлечение и спорт
yú lè yǔ yùn dòng

1. 娱乐 Развлечение
yú lè

牌 (pái)	карты
打牌 (dǎ pái)	играть в карты
棋 (qí)	шахматы
下棋 (xià qí)	играть в шахматы
打麻将 (dǎ má jiàng)	играть в маджонг
放风筝 (fàng fēng zheng)	запускать бумажного змея
小说 (xiǎo shuō)	рассказ
作者 (zuò zhě)	автор
读者 (dú zhě)	читатель

diàn zǐ shū 电子书	электронная книга
dòng màn 动漫	аниме
diàn yǐng 电影	фильм
kàn diàn yǐng 看电影	смотреть фильм
diàn yǐng yuàn 电影院	кинотеатр
kàn diàn shì 看电视	смотреть телевизор
yīn yuè 音乐	музыка
tīng yīn yuè 听音乐	слушать музыку
gāng qín 钢琴	рояль；пианино
tán gāng qín 弹钢琴	играть на рояле
jí tā 吉他	гитара
tán jí tā 弹吉他	играть на гитаре
dí zi 笛子	китайская флейта
diàn zǐ qín 电子琴	синтезатор
gǔ zhēng 古筝	гучжен (древний щипковый музыкальный инструмент)
èr hú 二胡	эрху(китайская скрипка)

jīng jù 京剧	пекинская опера
wǎn huì 晚会	вечеринка
jù huì 聚会	встреча,
wǔ dǎo 舞蹈	танец
tiào wǔ 跳舞	танцевать
gē qǔ 歌曲	песня
chàng gē 唱歌	петь
yóu xì 游戏	игра
shǒu yóu 手游	игра для телефона
wǎng yóu 网游	онлайн-игра
mín gē 民歌	народная песня
yáo gǔn 摇滚	рок
gē tīng 歌厅	караоке-бар
jiǔ bā 酒吧	бар
wǎng bā 网吧	Интернет-кафе
chá guǎn 茶馆	чайная

wán yóu xì 玩 游 戏	играть
sàn bù 散 步	гулять；прогулка
míng xīng 明 星	звезда
qiú xīng 球 星	звезда мяча
gē xīng 歌 星	знаменитые певцы
yǐng xīng 影 星	кинозвезда
yǎn yuán 演 员	актёр；актриса
gē shǒu 歌 手	певец
zhǔ jué 主 角	главная роль
pèi jué 配 角	второстепенная роль
dǎo yǎn 导 演	режиссёр
jì zhě 记 者	журналист

2. yùn dòng 运动 Спорт

tǐ yù chǎng 体 育 场	стадион
yóu yǒng chí 游 泳 池	плавательный бассейн

俄 语 篇

zú qiú 足 球	футбол
lán qiú 篮 球	баскетбол
pái qiú 排 球	волейбол
tái qiú 台 球	бильярд
pīng pāng qiú 乒 乓 球	настольный теннис
yǔ máo qiú 羽 毛 球	бадминтон
wǎng qiú 网 球	теннис
bàng qiú 棒 球	бейсбол
bǎo líng qiú 保 龄 球	боулинг
gāo ěr fū qiú 高 尔 夫 球	гольф
bǎn qiú 板 球	крикет
yóu yǒng 游 泳	плавать
pá shān 爬 山	альпинизм ; лазить по горам
pān yán 攀 岩	скалолазание
bèng jí 蹦 极	банджи-джампинг
tiào sǎn 跳 伞	парашютный спорт

267

pǎo bù
跑 步   бегать

pǎo kù
跑 酷   паркур

mǎ lā sōng
马 拉 松   марафон

duǎn pǎo
短 跑   спринт

quán jī
拳 击   бокс

shè jī
射 击   стрельба

gōng fu
功 夫   кунг-фу

tài jí quán
太 极 拳   тайчи

tái quán dào
跆 拳 道   теквондо

shuāi jiāo
摔 跤   борьба

qì gōng
气 功   цигун(дыхательная гимнастика)

wǔ shù
武 术   ушу (вид единоборств)

diàn jìng
电 竞   киберспорт

tiào gāo
跳 高   прыжок в высоту

tiào yuǎn
跳 远   прыжок в длину

huá bīng
滑 冰   кататься на коньках

huá xuě 滑雪	кататься на лыжах
xùn liàn 训练	тренировать
jiào liàn 教练	тренер
yùn dòng yuán 运动员	спортсмен
rè shēn 热身	разминка
bǐ sài 比赛	соревнование
sài chē 赛车	автогонки, мотогонки
sài mǎ 赛马	скачки
cái pàn 裁判	судья
shū 输	проиграть
yíng 赢	выиграть
píng jú 平局	ничья
bǐ fēn 比分	счёт
qì quán 弃权	отказ
guàn jūn 冠军	чемпион
yà jūn 亚军	серебряный призёр

jì jūn 季军	бронзовый призёр
yōu xiù 优秀	отлично
jǐn biāo sài 锦标赛	чемпионат
shì jiè bēi 世界杯	чемпионат мира
lián sài 联赛	лига
jù lè bù 俱乐部	клуб
qiú duì 球队	команда
fàn guī 犯规	нарушение
hóng pái 红牌	красная карточка
huáng pái 黄牌	жёлкая карточка
jiǎng bēi 奖杯	кубок
jiǎng pái 奖牌	медаль
jīn pái 金牌	золото
yín pái 银牌	серебро
tóng pái 铜牌	бронза
ào yùn huì 奥运会	Олимпиада

俄 语 篇

yà yùn huì
亚运会　　　　　Азиада

dōng yùn huì
冬 运 会　　　　　зимняя спартакиада

六、学习 xué xí Учёба

1. 教师用语 jiào shī yòng yǔ Преподавательные слова

fù xí
复习　　　　　　　повторять

yù xí
预习　　　　　　　предварительно ознакомиться с материалом

bèi sòng
背诵　　　　　　　читать наизусть

biǎo yǎn
表演　　　　　　　исполнять

tīng xiě
听 写　　　　　　　диктант

zuò yè
作业　　　　　　　домашние задание

zuò zuò yè
做作业　　　　　　сделать домашние задание

zuò liàn xí 做 练 习	сделать упражнение
pǔ tōng huà 普 通 话	общенародный китайский язык
fāng yán 方 言	диалект
fā yīn 发 音	произношение
pīn yīn 拼 音	фонетическая транскрипция
yǔ diào 语 调	интонация
yǔ fǎ 语 法	грамматика
zì mǔ 字 母	буква
zì 字	иероглиф
xiě 写	писать
xiě zì 写 字	писать иероглиф
bǐ huà 笔 画	черта (в иероглифе)
piān páng 偏 旁	боковая графема (в иероглифах)
bù shǒu 部 首	ключ
bǐ shùn 笔 顺	порядок написания иероглифа
jié gòu 结 构	скруктура

cí 词	слова
zǔ cí 组 词	составить слова
duǎn yǔ 短 语	выражение
jù zi 句 子	предложение
zào jù 造 句	составить предложение
duàn luò 段 落	раздел
kè wén 课 文	текст
tīng lì 听 力	аудирование
yuè dú 阅 读	читение
shū xiě 书 写	писать
xuǎn zé 选 择	выбирать
zuò wén 作 文	сочинение
hēi bǎn 黑 板	доска
fěn bǐ 粉 笔	мел
hēi bǎn cā 黑 板 擦	щётка
cā hēi bǎn 擦 黑 板	чистить доску

huàn dēng piàn 幻灯片	слайд
jiào àn 教案	конспект урока
jiǎng tái 讲台	трибуна
shàng kè 上课	начало занятий
xià kè 下课	конец занятий
jiǎng kè 讲课	объяснить
kāi shǐ 开始	начало
jié shù 结束	конец
qǐng zuò 请坐	садитесь
bǔ kè 补课	репетировать
nán diǎn 难点	трудное место
zhòng diǎn 重点	главное место
dá àn 答案	ответ
kǎo shì 考试	экзамен
mó nǐ kǎo shì 模拟考试	пробный экзамен
shì juàn 试卷	экзаменационная работа

俄 语 篇

dá tí kǎ 答题卡	бланк ответов
dá tí 答题	ответить
hàn yǔ shuǐ píng kǎo shì 汉语水平考试	экзамен на уровень владения китайским языком (HSK)
chéng jì 成绩	успеваемость
fēn shù 分数	отметка
mǎn fēn 满分	высший балл
liáng hǎo 良好	хорошо
jí gé 及格	удовлетворительно
yōu xiù 优秀	отлично
biǎo yáng 表扬	поощрять
pī píng 批评	критиковать
nǔ lì 努力	старательно
jiā yóu 加油	Давай!
rèn zhēn 认真	внимательно
kàn hēi bǎn 看黑板	смотрите на доску
dú 读	читать

gēn wǒ dú 跟我读	читайте за мной
dú kè wén 读课文	читайте текст
xiě 写	писать
gēn wǒ xiě 跟我写	пишите за мной
huí dá 回答	отвечать
wèn tí 问题	вопросы
tí wèn 提问	спрашивать
qǐng jǔ shǒu 请举手	поднимите руку
qǐng jìn 请进	входите пожалуйста
qǐng dǎ kāi shū 请打开书	откройте учебник
dào ... yè 到……页	на страницу …
tīng 听	слушать
tīng lù yīn 听录音	слушайте запись
kàn shì pín 看视频	смотреть видео
tú piàn 图片	фотография
zhèng què 正确	правильно

cuò wù
错 误 неправильно

zhǔn bèi
准 备 готовить

2. xué shēng yòng yǔ
学 生 用 语 Курсантские слова

lǎo shī
老师 преподаватель

qǐng wèn
请 问 скажите пожалуйста

nán
难 трудно

tài nán le
太 难 了 слишком трудно

róng yì
容 易 лекго

wǒ tīng bù dǒng
我 听 不 懂 мне не понятно

wǒ míng bai le
我 明 白 了 понимаю

qǐng zài shuō yí cì
请 再 说 一 次 скажите ещё раз

bāng zhù
帮 助 помогать

fān yì
翻 译 переводить

tí mù
题 目 тема

chí dào
迟 到 опоздать

277

duì bù qǐ 对 不 起	извините
shuō 说	говорить
shuō hàn yǔ 说 汉 语	говорить по-китайски
shuō é yǔ 说 俄 语	говорить по-русски
shuō yīng yǔ 说 英 语	говорить по-английски
shuō fǎ yǔ 说 法 语	говорить по-французски
shuō jiǎn pǔ zhài yǔ 说 柬 埔 寨 语	говорить по-камбоджски
shuō xī bān yá yǔ 说 西 班 牙 语	говорить по-испански
shuō tài yǔ 说 泰 语	говорить по-тайски
zhè ge 这 个	это
nà ge 那 个	тот
bào gào 报 告	доклад
qǐng jià 请 假	увольнение
lǎo shī hǎo 老 师 好	здравствуйте учитель

3. xué xí yòng jù 学习用具 Учебные принадлежности

shū 书	книга
liàn xí běn 练习本	тетрадь
tián zì gé běn 田字格本	тетрадь в клетку
pīn yīn běn 拼音本	тетрадь в пиньинь
bǐ jì běn 笔记本	тетрадь
qiān bǐ 铅笔	карандаш
juǎn bǐ dāo 卷笔刀	точилка для карандашей
xiǎo dāo 小刀	нож
gāng bǐ 钢笔	ручка
zhōng xìng bǐ shuǐ bǐ 中性笔（水笔）	гелевая ручка
mò shuǐ 墨水	чернила
mò zhī 墨汁	тушь
máo bǐ 毛笔	писчая кисть

279

yàn tái 砚 台	тушечница (каменная, для растирания туши)
xuān zhǐ 宣 纸	сюаньчэнская бумага
wén jù hé 文 具 盒	пенал
bǐ dài 笔 袋	пенал
zhí chǐ 直 尺	линейка
sān jiǎo chǐ 三 角 尺	треугольная линейка
liáng jiǎo qì 量 角 器	транспортир
yuán guī 圆 规	циркуль
huì tú bǎn 绘 图 板	чертёжная доска
xiàng pí 橡 皮	ластик
xiū zhèng yè 修 正 液	корректор
dìng shū jī 订 书 机	степлер
shū qiān 书 签	закладка
shū bāo 书 包	портфель
cí diǎn 词 典	словарь

jiāo shuǐ
胶水　　　　　　　　клей

jiāo dài
胶带　　　　　　　　скотч

jiǎn dāo
剪刀　　　　　　　　ножницы

qū bié zhēn　huí xíng zhēn
曲别针（回形针）　скрепка

zhǐ
纸　　　　　　　　　бумага

mài kè fēng
麦克风　　　　　　　микрофон

yōu pán
优盘　　　　　　　　флешка

guāng pán
光盘　　　　　　　　CD-ROM

píng bǎn diàn nǎo
平板电脑　　　　　　планшетный компьютер

wén jiàn jiā
文件夹　　　　　　　папка

yīn xiāng
音箱　　　　　　　　колонки

4. zhuān yè yǔ kè chéng 专业与课程　Специальность и предметы

zhuān yè
专业　　　　　　　　специальность

kè chéng
课程　　　　　　　　предметы

kè chéng biǎo 课 程 表	расписание
kǒu yǔ 口 语	устная речь
yuè dú 阅 读	читение
tīng lì 听 力	аудирование
tīng shuō 听 说	аудирование и говорение
zōng hé 综 合	комплеквный китайский язык
gāo děng shù xué 高 等 数 学	высшая математика
dà xué wù lǐ 大 学 物 理	физика
dà xué wù lǐ shí yàn 大 学 物 理 实 验	физический эксперимент
zhōng guó chuán tǒng wén huà 中 国 传 统 文 化	традиционная культура китая
zhōng guó lì shǐ 中 国 历 史	история китая
dà xué jì suàn jī jī chǔ 大 学 计 算 机 基 础	основа компьютерного обеспечения
zhōng jí hàn yǔ 中 级 汉 语	средний китайский язык
gāo jí hàn yǔ 高 级 汉 语	высший китайский язык
jūn shì lì shǐ 军 事 历 史	военная история
máo zé dōng jūn shì sī xiǎng 毛 泽 东 军 事 思 想	военная одея Мао цзэдуна

sūn zǐ bīng fǎ 孙子兵法	военное искусство Сунь Цзы
pào bīng jūn shì tōng xìn 炮兵军事通信	артиллерийская военная связь
qīng wǔ qì cāo zuò 轻武器操作	управление стрелковым оружием
yǎn tǐ gòu zhù yǔ wěi zhuāng 掩体构筑与伪装	строение и маскирование окопа
jūn shì dì xíng xué 军事地形学	военная топография
jūn shì tǐ yù 军事体育	военная физкультура
pào bīng bīng qì jì shù jī chǔ 炮兵兵器技术基础	основа артиллерийской боевой техники
dàn yào jì shù jī chǔ 弹药技术基础	основа техники боеприпасов
pào bīng shè jī xué jī chǔ 炮兵射击学基础	основа артиллерийской баллистики
pào bīng zhàn shù jī chǔ 炮兵战术基础	основа артиллерийской тактики
cān guān jiàn xué 参观见学	образовательные экскурсии

七、军事用语 Военные слова
jūn shì yòng yǔ

1. 基础词汇 Основные слова
jī chǔ cí huì

中国 zhōng guó	китай
国旗 guó qí	флаг
国歌 guó gē	государственный гимн
国徽 guó huī	государственный герб
中国人民解放军 zhōng guó rén mín jiě fàng jūn	Китайская Народная Армия
军种 jūn zhǒng	вид вооруженных сил
陆军 lù jūn	сухопутные силы
空军 kōng jūn	военно-воздушные силы
海军 hǎi jūn	военно-морские силы
火箭军 huǒ jiàn jūn	ракетные войска

zhàn lüè zhī yuán bù duì 战 略 支 援 部 队	войска (части) стратегической поддержки
mín bīng 民 兵	народное ополчение
yù bèi yì 预 备 役	воен. запас
zhàn qū 战 区	район военных (боевых) действий
bīng zhǒng 兵 种	род войск
bù bīng 步 兵	пехота
pào bīng 炮 兵	артиллерия
fáng kōng bīng 防 空 兵	войска противовоздушной обороны
zhuāng jiǎ bīng 装 甲 兵	бронетанковые войска
gōng chéng bīng 工 程 兵	инженерные войска
fáng huà bīng 防 化 兵	войска противохимической защиты
háng kōng bīng 航 空 兵	авиация
tè zhǒng bīng 特 种 兵	войска специального назначения
kōng jiàng bīng 空 降 兵	воздушно-десантные войска
hǎi jūn lù zhàn duì 海 军 陆 战 队	морской десант
jūn 军	корпус

shī 师	дивизия
lǚ 旅	бригада
tuán 团	полк
yíng 营	батальон
lián 连	рота
pái 排	взвод
bān 班	отделение；группа
jiāng jūn 将 军	генерал
dà xiào 大 校	старший полковник
shàng xiào 上 校	полковник
zhōng xiào 中 校	подполковкик
shào xiào 少 校	майор
shàng wèi 上 尉	старший лейтенант
zhōng wèi 中 尉	лейтенант
shào wèi 少 尉	младший лейтенант
zhǔn wèi 准 尉	прапорщик

shì guān 士 官	сержанты
jūn shì zhǎng 军 士 长	старшина
jūn guān 军 官	офицер
wén zhí gàn bù 文 职 干 部	штатская служба
wén zhí rén yuán 文 职 人 员	гражданский персонал
guó fáng bù 国 防 部	Министерство обороны
guó jì jūn shì hé zuò bàn gōng shì 国 际 军 事 合 作 办 公 室	управление международного военного сотрудничества
jìn gōng 进 攻	наступление
fáng yù 防 御	оборона
zhàn lüè 战 略	стратегия
zhàn yì 战 役	операция
zhàn shù 战 术	тактика

2. duì liè yòng yǔ 队 列 用 语 Строевое выражение

zhǐ huī yuán 指 挥 员	командир

jí hé 集合	становись
jiě sàn 解散	разойдись
bào gào 报告	доклад
lì zhèng 立正	смирно
shāo xī 稍息	вольно
xiàng yòu kàn qí 向右看齐	равняйсь
xiàng zuǒ kàn qí 向左看齐	налево-равняйсь
xiàng zhōng kàn qí 向中看齐	к середине сомкнись
xiàng qián kàn 向前看	смирно
xiàng zuǒ zhuǎn 向左转	налево
xiàng yòu zhuǎn 向右转	направо
xiàng hòu zhuǎn 向后转	кругом
zuǒ zhuǎn wān 左转弯	левое плечо вперёд - марш!
yòu zhuǎn wān 右转弯	правое плечо вперёд - марш!
xiàng qián duì zhèng 向前对正	смотреть вперёд
zòng duì 纵队	колонна

héng duì 横 队	шеренга
liè 列	ряд
qí bù zǒu 齐 步 走	шагом марш
pǎo bù zǒu 跑 步 走	бегом марш
zhèng bù zǒu 正 步 走	строевые шагом-марш
lì dìng 立 定	стой
yuán dì tà bù zǒu 原 地 踏 步 走	на месте шагом -марш!
jìng lǐ 敬 礼	отдать воинское приветствие! на караул
lǐ bì 礼 毕	вольно
bào shù 报 数	рассчитайсь по порядку
dūn xià 蹲 下	сидеть на корточках
qǐ lì 起 立	встать
tuō mào 脱 帽	шапки долой!
dài mào 戴 帽	шапки надей

3. 武器装备 wǔqì zhuāngbèi вооружение и снаряжение

单兵武器 dān bīng wǔqì	индивидуальное оружие
枪 qiāng	ружьё
手枪 shǒu qiāng	пистолет
霰弹枪 xiàn dàn qiāng	дробовое ружье
步枪 bù qiāng	винтовка
冲锋枪 chōng fēng qiāng	автомат
狙击枪 jū jī qiāng	снайперская винтовка
瞄准镜 miáo zhǔn jìng	оптический прицел
夜视仪 yè shì yí	прибор ночного видения
轻机枪 qīng jī qiāng	лёгкий пулемёт
重机枪 zhòng jī qiāng	тяжёлый пулемёт
高射机枪 gāo shè jī qiāng	зенитный пулемет
迫击炮 pǎi jī pào	миномёт
无后坐力炮 wú hòu zuò lì pào	безоткатное орудие

huǒ jiàn tǒng
火 箭 筒　　　　　　ракетное орудие
zǐ dàn
子 弹　　　　　　　патрон
shǒu liú dàn
手 榴 弹　　　　　　ручная граната
liú dàn fā shè qì
榴弹 发射 器　　　　гранатомёт
jiān káng shì fáng kōng dǎo dàn
肩 扛 式 防 空 导 弹　　наплечная зенитная ракета
fǎn tǎn kè dǎo dàn
反 坦 克 导 弹　　　　противотанковая ракета
dì léi
地 雷　　　　　　　мина
dān bīng zhuāng bèi
单 兵 装 备　　　　индивидуальное боевое снаряжение
tóu kuī
头 盔　　　　　　　шлем
fáng dàn yī
防 弹 衣　　　　　　бронежилет
fáng dú miàn jù
防 毒 面 具　　　　противогаз
fáng huà fú
防 化 服　　　　　　химзащитная одежда
jiàng luò sǎn
降 落 伞　　　　　　парашют
bǐ shǒu
匕 首　　　　　　　кинжал
wàng yuǎn jìng
望 远 镜　　　　　　подзорная труба
bǎ
靶　　　　　　　　мишень

jiā nóng pào
加农炮   пушка

liú dàn pào
榴弹炮   гаубица

huá táng pào
滑膛炮   гладкоствольное орудие

xiàn táng pào
线膛炮   нарезное орудие

zì xíng huǒ pào
自行火炮   самоходная установка

qiān yǐn huǒ pào
牵引火炮   прицепной орудие

gāo shè pào
高射炮   зенитное орудие

yuǎn chéng huǒ jiàn pào
远程火箭炮   дальнобойное орудие

pào dàn
炮弹   снаряд

dǎo dàn
导弹   управляемая ракета

zhōu jì dǎo dàn
洲际导弹   межконтинентальная баллистическая ракета

xún háng dǎo dàn
巡航导弹   крылатая ракета

dàn dào dǎo dàn
弹道导弹   баллистическая ракета

yuán zǐ dàn
原子弹   атомная бомба

qīng dàn
氢弹   водородная бомба

hé dàn
核弹   ядерная бомба

hé wǔ qì 核武器	ядерное оружие
shēng huà wǔ qì 生化武器	биологическое оружие
léi dá 雷达	радар
wú rén jī 无人机	беспилотный самолет
tǎn kè 坦克	танк
zhǔ zhàn tǎn kè 主战坦克	основной боевой танк
zhuāng jiǎ chē 装甲车	броневик
háng kōng mǔ jiàn 航空母舰	авианосец
xún yáng jiàn 巡洋舰	крейсер
qū zhú jiàn 驱逐舰	эсминец
hù wèi jiàn 护卫舰	сторожевой корабль
qián tǐng 潜艇	подводная лодка
yú léi 鱼雷	торпеда
dēng lù jiàn 登陆舰	десантный корабль
bǔ jǐ jiàn 补给舰	судно обеспечения
jiàn zài jī 舰载机	палубный самолёт

zhàn dòu jī	
战斗机	боевой самолёт
hōng zhà jī	
轰炸机	бомбардировщик
yùn shū jī	
运输机	транспортный самолёт
yù jǐng jī	
预警机	самолёт ДРЛО
bù bīng zhàn chē	
步兵战车	боевая машина пехоты
zhuāng jiǎ yùn bīng chē	
装甲运兵车	бронетранспортёр

柬埔寨语篇

ភាសាខ្មែរ

一、chuān zhuó穿 着 ការស្លៀកពាក់

1. fú zhuāng服装 សម្លៀកបំពាក់

táng zhuāng 唐 装	សម្លៀកបំពាក់តាំង
hàn fú 汉 服	ហាន់ហ្វូ
qí páo 旗 袍	អាវជាយ
zhōng shān zhuāng 中 山 装	ឯកសណ្ឋានចិនម្យ៉ាង
zhì fú 制 服	ឯកសណ្ឋាន
gōng zuò fú 工 作 服	សម្លៀកបំពាក់ធ្វើការ
tǐ néng xùn liàn fú 体 能 训 练 服	ខោអាវកីឡាយោធា
yùn dòng fú 运 动 服	ខោអាវកីឡា
mí cǎi fú 迷 彩 服	ខោអាវប៉ាវ៉ា

lǐ fú 礼服	សម្លៀកបំពាក់ចូលរួមសមោសរ
cháng fú 常服	ឯកសណ្ឋានប្រចាំថ្ងៃ
duǎn xiù 短袖	អាវដៃខ្លី
cháng xiù 长袖	អាវដៃវែង
xī fú xī zhuāng 西服（西装）	សំលៀកបំពាក់អឺរុប
duǎn wài tào 短外套	ខាវធំខ្លី
jiā kè 夹克	អាវក្រៅ
pí yī 皮衣	អាវស្បែក
wèi yī 卫衣	អាវមានមួក
chōng fēng yī 冲锋衣	អាវការពារភ្លៀងនិងខ្យល់
mǎ jiǎ 马甲	អាវកាក់
biàn zhuāng 便装	ខោអាវស៊ីវិល
xù T恤	អាវយឺត
kù zi 裤子	ខោ
niú zǎi kù 牛仔裤	ខោខូវប៊យ

qún zi 裙 子	សំពត់
chèn shān 衬 衫	អាវសីុមីស
máo yī 毛 衣	អាវរោម
máo kù 毛 裤	ខោរោម
mián ǎo 棉 袄	អាវញាត់សំឡី
yǔ róng fú 羽 绒 服	អាវរោមសត្វ
dà yī 大 衣	អាវធំ
yǔ yī 雨 衣	អាវភ្លៀង
qiū yī 秋 衣	អាវដូរវេហេីយ
qiū kù 秋 裤	ខោដូរវេហេីយ
nèi yī 内 衣	អាវទ្រនាប់
nèi kù 内 裤	ខោស្លាប់ភ្លៅ
bèi xīn 背 心	អាវកាក់
shuì yī 睡 衣	អាវពាក់ដេក
wà zi 袜 子	ស្រោមជេីង

2. xié mào
鞋 帽 ស្បែកជើង,មួក

màozi 帽子	មួក
dà yán mào 大檐帽	មួកកាស្កែត
bàng qiú mào 棒球帽	មួកបេស្យល
tóu kuī 头盔	មួកសុវត្ថិភាព
xuē zi 靴子	ស្បែកជើងវែង
zuò zhàn xuē 作战靴	ស្បែកជើងវែងយោធា
zuò xùn xié 作训鞋	ស្បែកជើងវែងហ្វឹកហាត់
yùn dòng xié 运动鞋	ស្បែកជើងកីឡា
pí xié 皮鞋	ស្បែកជើងស្បែក
bù xié 布鞋	ស្បែកជើងក្រណាត់
mián xié 棉鞋	ស្បែកជើងកប្បាស
tuō xié 拖鞋	ស្បែកជើងផ្ទាត់

liáng xié
凉　鞋　　　　ស្បែកជើងសង្រែក

pèi shì
3. 配 饰　គ្រឿងតុបតែង

lǐng dài
领　带　　　　ក្រវាត់ក

lǐng dài jiā
领　带　夹　　ប្រដាប់កៀបក្រវាត់ក

pí dài
皮　带　　　　ខ្សែក្រវាត់ស្បែក

wài yāo dài
外　腰　带　　ខ្សែក្រវាត់ស្បែកក្រៅ

kòu zi
扣　子　　　　ឡេវ

wéi jīn
围　巾　　　　កន្សែងរុំក

kǒu zhào
口　罩　　　　ម៉ាស

shǒu tào
手　套　　　　ស្រោមដៃ

yǎn jìng
眼　镜　　　　វ៉ែនតា

yǐn xíng yǎn jìng
隐　形　眼　镜　កែវជាប់ភ្នែក

mò jìng
墨　镜　　　　វ៉ែនតាការពារវិថ្ងៃ

jiè zhi 戒 指		ចិញ្ចៀន
xiàng liàn 项 链		ខ្សែក
shǒu liàn 手 链		ខ្សែដៃ
shǒu biǎo 手 表		នាឡិកាដៃ
shǒu huán 手 环		នាឡិកាដៃវ័យឆ្លាត
ěr huán 耳 环		ក្រវិលត្រចៀក
jiān zhāng 肩 章		សក្តិស្មា
mào huī 帽 徽		ផ្លាកសញ្ញាសំគាល់មួក
xiào huī 校 徽		ផ្លាកសញ្ញាសំគាល់សាលារៀន
xìng míng pái 姓 名 牌		ផ្លាកឈ្មោះ
zī lì zhāng 资 历 章		ស៊ីងជំនាន់
bì zhāng 臂 章		ប៉ាន់ដៃ
xiōng biāo 胸 标		សញ្ញាទ្រូង
xiōng zhāng 胸 章		សក្តិទ្រូង
lǐng zhāng 领 章		សក្តិអាវ

jiǎng zhāng 奖 章	មេដាយ
qián bāo 钱 包	កាបូបលុយ
shuāng jiān bāo 双 肩 包	កាបូបស្ពាយខ្នងពីរ
bēi náng 背 囊	កាបូបស្ពាយរបស់យោធា
lǚ xíng bāo 旅 行 包	កាបូបដើរកំសាន្ត
xíng lǐ xiāng 行 李 箱	វ៉ាលី
kuà bāo 挎 包	កាបូបស្ពាយចំហៀង
shǒu tí bāo 手 提 包	កាបូបយួរដៃ

4. yán sè 颜 色 ពណ៌

chéng sè 橙 色	ពណ៌ទឹកក្រូច
hóng sè 红 色	ពណ៌ក្រហម
huáng sè 黄 色	ពណ៌លឿង
lǜ sè 绿 色	ពណ៌បៃតង

lán sè
蓝色　　　ពណ៌ខៀវ

zǐ sè
紫色　　　ពណ៌ស្វាយ

hēi sè
黑色　　　ពណ៌ខ្មៅ

zōng sè
棕色　　　ពណ៌ត្នោត

bái sè
白色　　　ពណ៌ស

fěn hóng sè
粉红色　　ពណ៌ផ្កាឈូក

huī sè
灰色　　　ពណ៌ប្រផេះ

jīn sè
金色　　　ពណ៌មាស

yín sè
银色　　　ពណ៌ប្រាក់

chún sè
纯色　　　ពណ៌សុទ្ធ

shēn sè
深色　　　ពណ៌ចាស់

qiǎn sè
浅色　　　ពណ៌ខ្ចី

wǔ yán liù sè
五颜六色　ពណ៌ចំរុះ

二、yǐn shí 饮食 ម្ហូបអាហារ

1. zhǔ shí 主食 អាហារចំបង

mǐ fàn 米饭		បាយស
miàn tiáo 面条		មី
miàn bāo 面包		នំប៉័ង
zhōu 粥		បបរ
bāo zi 包子		នំបាវ
mán tou 馒头		នំបាវគ្មានតសាច់
jiǎo zi 饺子		គាវ
dàn gāo 蛋糕		នំពងទា
hàn bǎo bāo 汉堡包		នំប៊ឺហ្គឺរ

sān míng zhì 三明治	នំប៉័ងសាំងវិច
pī sà 披萨	ភីហ្សា
náng 馕	ណាន
bǐng 饼	នំក្រៀម
chǎo fàn 炒饭	បាយឆា
chǎo miàn 炒面	មីឆា
fāng biàn miàn 方便面	មីកញ្ចប់
mǐ xiàn 米线	មីអង្ករ
yì dà lì miàn 意大利面	មីអ៊ីតាលី
hún tun 馄饨	គារទឹក
jī dàn 鸡蛋	ពងមាន់
shǔ tiáo 薯条	ដំឡូងបារាំងបំពន

2. shuǐ guǒ
水 果 ផ្លែឈើ

píng guǒ
苹 果　　　　　　ផ្លែប៉ោម

xiāng jiāo
香 蕉　　　　　　ចេក

lí
梨　　　　　　　ព័រ

xī guā
西 瓜　　　　　　ឪឡឹក

máng guǒ
芒 果　　　　　　ស្វាយ

pú tao
葡 萄　　　　　　ទំពាំងបាយជូរ

bō luó
菠 萝　　　　　　ម្នាស់

jú zi
橘 子　　　　　　ក្រូចឃ្វិច

jīn jú
金 橘　　　　　　ក្រូចតុំខ្វាត់

chéng zi
橙 子　　　　　　ក្រូចពោធិ៍សាត់

yòu zi
柚 子　　　　　　ក្រូចថ្លុង

lǐ zi
李 子　　　　　　ផ្លែព្រូន

拼音	中文	柬埔寨语
xìng	杏	អាព្រីកុត
cǎo méi	草莓	ផ្លែស្ត្របឺរី
shèng nǚ guǒ	圣女果	ផ្លែឈើព្រហ្មចារី
hā mì guā	哈密瓜	ផ្លែក្រសក់ផ្អែម
táo zi	桃子	ប៉ែស
mí hóu táo	猕猴桃	គីវី
mù guā	木瓜	ល្ហុង
yē zi	椰子	ផ្លែដូង
lì zhī	荔枝	គូលែន
níng méng	柠檬	ក្រូចឆ្មារ
xiāng guā	香瓜	ក្រសក់ស្រូវ
liú lián	榴莲	ទុរេន
lóng yǎn	龙眼	មៀន
huǒ lóng guǒ	火龙果	ស្រកានាគ
yīng tao	樱桃	ឈើរី

shān zhú
山 竹　　　មង្ឃុត

niú yóu guǒ
牛 油 果　　ផ្លែបឺរ

fān shí liu
番 石 榴　　ត្របែក

shí liu
石 榴　　　ទទឹម

3. 蔬菜 បន្លែ
shū cài

bái cài
白 菜　　　ស្ពៃស

luó bo
萝 卜　　　ឆៃថាវ

hú luó bo
胡 萝 卜　　ការ៉ុត

là jiāo
辣 椒　　　ម្ទេស

juǎn xīn cài
卷 心 菜　　ស្ពៃក្តោប

kōng xīn cài
空 心 菜　　ត្រកួន

bō cài
菠 菜　　　ប៉ាណាយ

jiǔ cài
韭 菜　　　គុណាយ

sǔn 笋		ទំពាំង
wō jù 莴苣		សាឡាត់
huā cài 花菜		ផ្កាខាត់ណា
xī lán huā 西兰花		ផ្កាខាត់ណាខៀវ
qín cài 芹菜		ខឹនណាយ
shēng cài 生菜		សាឡាដ់
nán guā 南瓜		ល្ពៅ
dōng guā 冬瓜		ត្រឡាច
huáng guā 黄瓜		ត្រសក់
xī hóng shì 西红柿		ប៉េងប៉ោះ
qié zi 茄子		ត្រប់
yù mǐ 玉米		ពោត
wān dòu 豌豆		សណ្ដែកបារាំង
hé lán dòu 荷兰豆		សណ្ដែកហូឡង់
dòu jiǎo 豆角		សណ្ដែក

dòu yá
豆 芽　　　សណ្ដែកបណ្ដុះ

huā shēng
花 生　　　សណ្ដែកដី

tǔ dòu
土 豆　　　ដំឡូងបារាំង

hóng shǔ
红 薯　　　ដំឡូង

dòu fu
豆 腐　　　តៅហ៊ូ

mó gu
蘑 菇　　　ផ្សិត

ǒu
藕　　　មើមឈូក

yáng cōng
洋 葱　　　ខ្ទឹមបារាំង

shān yào
山 药　　　ដំឡូងពោះ

sī guā
丝 瓜　　　ននោង

qiū kuí
秋 葵　　　ពោតបារាំង

4. ròu lèi 肉 类 ប្រភេទសាច់

jī ròu
鸡 肉　　　សាច់មាន់

柬埔寨语篇

zhá jī	
炸 鸡	សាច់មាន់បំពង

jī tuǐ
鸡 腿　　　　　ភ្លៅមាន់

jī chì
鸡 翅　　　　　ស្លាបមាន់

jī xiōng ròu
鸡 胸 肉　　　សាច់ទ្រូងមាន់

yā ròu
鸭 肉　　　　　សាច់ទា

kǎo yā
烤 鸭　　　　　ទាអាំង

niú ròu
牛 肉　　　　　សាច់គោ

yáng ròu
羊 肉　　　　　សាច់ចៀម

zhū ròu
猪 肉　　　　　សាច់ជ្រូក

là ròu
腊 肉　　　　　សាច់ងៀត

xiā
虾　　　　　　　បង្គា

páng xiè
螃 蟹　　　　　ក្ដាម

lóng xiā
龙 虾　　　　　បង្កង

jiǎ yú
甲 鱼　　　　　កន្ឋាយ

yú
鱼　　　　　　　ត្រី

311

xiāng cháng 香　肠	សាច់ក្រក
huǒ tuǐ cháng 火　腿　肠	សាច់ភ្លៅជ្រូកចិញ្ច្រាំ
huǒ jī 火　鸡	មាន់បារាំង
niú pái 牛　排	សាច់គោចៀន
péi gēn 培　根	សាច់ជ្រូកបន្ទះអាំង
ròu chuàn 肉　串	សាច់ច្រនូច
shāo kǎo 烧　烤	បីបីយូ

5. jiǔ shuǐ 酒水　ស្រានិងភេសជ្ជៈ

bái jiǔ 白　酒	ស្រាស
pí jiǔ 啤　酒	ស្រាបៀរ
hóng jiǔ 红　酒	ស្រាក្រហម
mǐ jiǔ 米　酒	ស្រាអង្ករ
guǒ zhī 果　汁	ទឹកផ្លែឈើ

chéng zhī 橙汁	ទឹកក្រូច
suān nǎi 酸奶	ទឹកដោះគោជូរ
niú nǎi 牛奶	ទឹកដោះគោ
bīng shuǐ 冰水	ទឹកកក
chún jìng shuǐ 纯净水	ទឹកសុទ្ធ
kuàng quán shuǐ 矿泉水	ទឹករ៉ែធម្មជាតិ
tǒng zhuāng shuǐ 桶装水	ទឹកដប
lǜ chá 绿茶	តែបៃតង
hóng chá 红茶	ការ៉ែម
huā chá 花茶	តែផ្កា
nǎi chá 奶茶	តែទឹកដោះគោ
kā fēi 咖啡	កាហ្វេ
qì shuǐ 汽水	ទឹកសូដា
kě lè 可乐	កូកាកូឡា
xuě bì 雪碧	ទឹកក្រូចស៊ីប្រេត

bīng qí lín
冰 淇 淋　　　　　ការ៉េម

xuě gāo
雪 糕　　　　　　នំព្រីល

bīng gùn
冰 棍　　　　　　ការ៉េមក្តី

nǎi xī
奶 昔　　　　　　ក្រឡុក

6. tiáo wèi pǐn
调 味 品 គ្រឿងផ្សំ

yóu
油　　　　　　　ប្រេងនា

yán
盐　　　　　　　អំបិល

jiàng yóu
酱 油　　　　　　ទឹកស៊ីអ៊ីវ

cù
醋　　　　　　　ទឹកខ្មេះ

táng
糖　　　　　　　ស្ករ

cōng
葱　　　　　　　ខ្ទឹម

jiāng
姜　　　　　　　ខ្ញី

suàn
蒜　　　　　　　ខ្ទឹមស

hú jiāo fěn 胡椒粉	ម្រេចម្រេច
huā jiāo 花椒	ម្ទេសក្រហមចិន
bā jiǎo 八角	ប៉ូចកាក់
guì pí 桂皮	សំបកដើមគុយ
jiàng 酱	ទឹកជ្រលក់
shā lā jiàng 沙拉酱	ទឹកសាឡាត់
fān qié jiàng 番茄酱	ទឹកប៉េងប៉ោះ
jiè mo jiàng 芥末酱	ទឹកម្ទេសខ្ទឹម
gā lí 咖喱	ការី
jī jīng 鸡精	ប៊ីចេង
háo yóu 蚝油	ប្រេងខ្យង
là jiàng 辣酱	ទឹកម្ទេស
suān 酸	ជូរ
tián 甜	ផ្អែម
kǔ 苦	ល្វីង

là
辣 ហឹរ

xián
咸 ប្រៃ

má
麻 ស្ពឹក

sè
涩 ចត់

xiāng
香 ឈ្ងុយ

chòu
臭 ស្អុយ

xiān
鲜 ស្រស់

7. 餐具 ឧបភោគភ័ណ្ឌ
cān jù

dāo
刀 កាំបិត

chā
叉 សម

kuài zi
筷子 ចង្កឹះ

sháo zi
勺子 ស្លាបព្រា

pán zi　dié zi
盘子（碟子） ចាស

píng zi	
瓶 子	ដប
wǎn	
碗	ចាន
cān jīn zhǐ	
餐 巾 纸	ក្រដាសជូតមាត់
yá qiān	
牙 签	ឈើចាក់ធ្មេញ
chá bēi	
茶 杯	កែវតែ
jiǔ bēi	
酒 杯	កែវស្រា
zhǐ bēi	
纸 杯	កែវក្រដាស

三、生 活   ការរស់នៅ
shēng huó

1. 成 员   សមាជិក
chéng yuán

fù mǔ	
父 母	ឪពុកម្ដាយ
fù qīn	
父 亲	ឪពុក

bà ba 爸 爸	បិតា
mǔ qīn 母 亲	ម្ដាយ
mā ma 妈 妈	មាតា
yuè fù 岳 父	ឪពុកក្មេក(ឪពុកខាងស្រី)
yuè mǔ 岳 母	ម្ដាយក្មេក(ម្ដាយខាងស្រី)
zhàng fu 丈 夫	ប្ដី
qī zi 妻 子	ប្រពន្ធ
wèi hūn fū 未 婚 夫	គូដណ្ដឹងប្រុស
wèi hūn qī 未 婚 妻	គូដណ្ដឹងស្រី
nán péng you 男 朋 友	សង្សារប្រុស
nǚ péng you 女 朋 友	សង្សារស្រី
gē ge 哥 哥	បងប្រុស
sǎo zi 嫂 子	បងថ្លៃស្រី
dì di 弟 弟	ប្អូនប្រុស
dì xí 弟 媳	ប្អូនថ្លៃស្រីពៅ

jiě jie 姐 姐	បងស្រី
jiě fu 姐 夫	បងថ្លៃ
mèi mei 妹 妹	ប្អូនស្រី
mèi fu 妹 夫	ប្អូនថ្លៃ
bó bo 伯 伯	ឪពុកធំ
bó mǔ 伯 母	ម្តាយធំ
shū shu 叔 叔	ពូ
shěn shen 婶 婶	មីង
ā yí 阿 姨	ម្តាយមីង
yí fu 姨 父	ម្តាយពូ
jiù jiu 舅 舅	មា(ខាងម្តាយ)
jiù mā 舅 妈	ម្តាយមីង
gū gu 姑 姑	អុំស្រី
gū fu 姑 父	អុំប្រុស
hái zi 孩 子	កូនក្មេង

ér zi 儿子	កូនប្រុស
ér xí 儿媳	កូនប្រសាស្រី
nǚ ér 女儿	កូនស្រី
nǚ xu 女婿	កូនប្រសាប្រុស
zǔ fù　yé ye 祖父（爷爷）	តា(ខាងឪពុក)
wài gōng　lǎo ye 外公（姥爷）	តា(ខាងម្ដាយ)
zǔ mǔ　nǎi nai 祖母（奶奶）	ជូន(ខាងឪពុក)
wài pó　lǎo lao 外婆（姥姥）	ជូន(ខាងម្ដាយ)
sūn zi　wài sūn 孙子（外孙）	ប្រុស, ក្នុយប្រុស
sūn nǚ　wài sūn nǚ 孙女（外孙女）	ស្រី, ក្នុយស្រី
zēng zǔ fù 曾祖父	ជីតាទួត
zēng zǔ mǔ 曾祖母	ជីដូនទួត
jiā tíng 家庭	គ្រួសារ
nán 男	ប្រុស
nǚ 女	ស្រី

yuàn zhǎng 院　长	នាយកវិទ្យាស្ថាន
zhèng wěi 政　委	ស្នងការនយោបាយ
dà duì zhǎng 大 队 长	ប្រធានកងពលតូច
fù dà duì zhǎng 副 大 队 长	ប្រធានរងកងពលតូច
zhǔ rèn 主　任	នាយក
fù zhǔ rèn 副 主 任	នាយករង
yì yuán 译　员	អ្នកបកប្រែ
jiào yuán 教　员	គ្រូបង្រៀន
cān móu 参　谋	សេនាធិការ
gàn shi 干　事	អ្នកជំនួយការ
duì zhǎng 队　长	ប្រធានក្រុម
jiào dǎo yuán 教 导 员	អ្នកបង្រៀន(ខាងនយោបាយ)
xué yuán 学　员	សិក្ខាកាម
tóng zhuō 同　桌	មិត្តរួមតុ
shì yǒu 室　友	មិត្តរួមបន្ទប់

lǎo shī
老 师   គ្រូបង្រៀន

tóng xué
同 学   មិត្តរួមថ្នាក់

péng you
朋 友   មិត្តភក្ដិ

tóng bāo
同 胞   ជនរួមជាតិ

xué zhǎng
学 长   សិស្សច្បង

xué dì
学 弟   សិស្សប្អូនប្រុស

zhí bān yuán
值 班 员   អ្នកប្រចាំថ្ងៃ

bān zhǎng
班 长   ប្រធានថ្នាក់

pái zhǎng
排 长   នាយកងអានុសេនាតូច

lián zhǎng
连 长   នាយកងអានុសេរនាធំ

yíng zhǎng
营 长   នាយកងវរសេនាតូច

jū zhù huán jìng
2. 居住环境 បរិស្ថានរស់នៅ

yóu jú
邮 局   ប្រៃសណីយ៍

jiào xué lóu 教 学 楼	អាគារសិក្សា
tú shū guǎn 图 书 馆	បណ្ណាល័យ
chāo shì 超 市	ផ្សារទំនើប
xué kē lóu 学 科 楼	អាគារសិក្សានិងស្រាវជ្រាវ
jī guān lóu 机 关 楼	អាគារការិយាល័យ
wén tǐ zhōng xīn 文 体 中 心	មជ្ឈមណ្ឌលកីឡា
dōng mén 东 门	ទ្វារខាងកើត
běi mén 北 门	ទ្វារខាងជើង
chuán dá shì 传 达 室	បន្ទប់បញ្ជូនព័ត៌មាន
bǎo ān 保 安	អ្នកការពារសន្តិសុខ
bǎo jié yuán 保 洁 员	អ្នកបោសសម្អាត
shào bīng 哨 兵	ទាហានយាមល្បាត
nán hú 南 湖	បឹងខាងត្បូង
jiā shǔ qū 家 属 区	តំបន់រស់នៅ
jiào xué xíng zhèng qū 教 学 行 政 区	តំបន់សិក្សា

wài xùn lóu 外 训 楼	អាគារហ្វឹកហ្វឺននិស្សិតបរទេស
mén zhěn bù 门 诊 部	មន្ទីរពេទ្យ
cāo chǎng 操 场	ទីធ្លា
lán qiú chǎng 篮 球 场	ទីលានបាល់បោះ
zú qiú chǎng 足 球 场	ទីលានបាល់ទាត់
yuàn shǐ guǎn 院 史 馆	មន្ទីរប្រវត្តិនៃវិទ្យាស្ថាន
shí yàn shì 实 验 室	បន្ទប់ពិសោធន៍
jiào shì 教 室	បន្ទប់រៀន
sù shè 宿 舍	បន្ទប់ដេក
shí táng 食 堂	អាហារដ្ឋាន
chú shī 厨 师	ចុងភៅ
lǐ fà diàn 理 发 店	ហាងកាត់សក់
lǐ fà jiǎn 理 发 剪	កន្ត្រៃកាត់សក់
yuè lǎn shì 阅 览 室	បន្ទប់អានសៀវភៅ
yóu yǒng guǎn 游 泳 馆	អាងហែលទឹក

jiàn shēn fáng 健 身 房		បន្ទប់ហាត់ប្រាណ
huó dòng shì 活 动 室		បន្ទប់ហាត់កីឡា
liàng yī jiān 晾 衣 间		បន្ទប់ហាលខោអាវ
chū kǒu 出 口		ផ្លូវចេញ
rù kǒu 入 口		ផ្លូវចូល

3. 内务 សណ្ដាប់ធ្នាប់ក្នុងបន្ទប់

fáng jiān 房 间		បន្ទប់
diàn shì 电 视		ទូរទស្សន៍
kàn diàn shì 看 电 视		មើលទូរទស្សន៍
kōng tiáo 空 调		ម៉ាស៊ីនត្រជាក់
yáo kòng qì 遥 控 器		តេឡេបញ្ញា
diàn fēng shàn 电 风 扇		កង្ហារ
diàn shuǐ hú 电 水 壶		កំសៀរអគ្គិសនី

yǐn shuǐ jī 饮 水 机	ម៉ាស៊ីនសំរាប់ដាក់ទឹកផឹក
wēi bō lú 微 波 炉	ឡម៉ៃក្រូវែវ
yùn dǒu 熨 斗	ឆ្នាំងអ៊ុត
yùn yī bǎn 熨 衣 板	ក្ដារសំរាប់អ៊ុតខោអាវ
chōng diàn qì 充 电 器	ឧបករណ៍បញ្ចូលភ្លើង
chōng diàn 充 电	បញ្ចូលភ្លើង
diàn nǎo 电 脑	កុំព្យូទ័រ
chā zuò 插 座	ព្រីភ្លើង
chā tóu 插 头	ក្បាលខុយ
jiē xiàn bǎn 接 线 板	ដូមីណូបា្លស្ទីក
chā shàng chā tóu 插 上 插 头	បញ្ចូលខុយ
bá xià chā tóu 拔 下 插 头	ដកចេញខុយ
dēng 灯	អំពូលភ្លើង
kāi guān 开 关	កុងតាក់
kāi dēng 开 灯	បើកភ្លើង

拼音	中文	柬埔寨语
tái dēng	台 灯	ចង្កៀងលើតុ
zhuō zi	桌 子	តុ
yǐ zi	椅 子	កៅអី
chuāng hu	窗 户	បង្អួច
chuāng lián	窗 帘	វាំងននបង្អួច
dì bǎn	地 板	ការ៉ូ
mén	门	ទ្វារ
qiáng	墙	ជញ្ជាំង
chǔ wù guì	储 物 柜	ទូដាក់តវ៉ាន់
bǎo mì guì	保 密 柜	ទូសម្ងាត់
shū guì	书 柜	ទូដាក់សៀវភៅ
chōu ti	抽 屉	ថតតុ
mén kǎ	门 卡	កាតទ្វារ
yào shi	钥 匙	កូនសោរ
chuáng	床	គ្រែ

shàng pù 上　铺	គ្រែខាងលើ
xià pù 下　铺	គ្រែខាងក្រោម
chuáng diàn 床　垫	ពូក
wén zhàng 蚊　帐	មុង
liáng xí 凉　席	កន្ទេល
bèi zi 被　子	ភួយ
shài bèi zi 晒　被　子	ហាលភួយ
dié bèi zi 叠　被　子	បត់ភួយ
zhěng qí 整　齐	មានសណ្ដាប់ធ្នាប់
chuáng dān 床　单	កំរាលពូក
zhěn tou 枕　头	ខ្នើយ
huàn chuáng dān 换　床　单	ផ្លាស់ប្ដូរកំរាលពូក
tōng fēng 通　风	អោយមានខ្យល់ចេញចូល
shuì jiào 睡　觉	គេង
xī dēng 熄　灯	ពន្លត់ភ្លើង

qǐ chuáng	
起 床	ក្រោកពីគេង
shào shēng	
哨 声	សំឡេងកញ្ជែ
jiǎn chá	
检 查	ពិនិត្យ
dǎ sǎo	
打 扫	បោសសម្អាត
wèi shēng	
卫 生	អនាម័យ
cè suǒ	
厕 所	បន្ទប់ទឹក
yù shì	
浴 室	បន្ទប់ទឹក
shǒu zhǐ	
手 纸	ក្រដាសអនាម័យ
xǐ shù chí	
洗 漱 池	អាងលាងដៃ
diàn rè shuǐ qì	
电 热 水 器	ម៉ាស៊ីនកំដៅទឹក
huā sǎ	
花 洒	ក្បាលផ្កាឈូកងូតទឹក
mǎ tǒng	
马 桶	បង្គន់មានតម្រប
shuǐ lóng tóu	
水 龙 头	ក្បាលរូប៊ីណេ
tiáo zhou	
笤 帚	អំបោស
sǎo dì	
扫 地	បោសសម្អាត

tuō bǎ 拖 把	ប្រដាប់សំរាប់ជូតផ្ទះ
tuō dì 拖 地	ជូតផ្ទះ
lā jī 垃 圾	សំរាម
lā jī tǒng 垃 圾 桶	ធុងសំរាម
lā jī dài 垃 圾 袋	ថង់សំរាម
shuā zi 刷 子	ច្រាស
mā bù 抹 布	កន្សែងជូតតុ
cā 擦	ជូត
bò ji 簸 箕	ប្រដាប់ចូកសំរាម
xǐ zǎo 洗 澡	ងូតទឹក
xiāng shuǐ 香 水	ទឹកអប់
xǐ fà shuǐ 洗 发 水	សាប៊ូកក់សក់
hù fà sù 护 发 素	ក្រមថែរក្សាសក់
mù yù lù 沐 浴 露	សាប៊ូងូតទឹក
xǐ yī jī 洗 衣 机	ម៉ាស៊ីនបោកខោអាវ

xǐ yī fu 洗衣服	បោកខោអាវ
xǐ yī fěn 洗衣粉	ម្សៅសាប៊ូ
xǐ yī yè 洗衣液	ទឹកបោកខោអាវ
xǐ shǒu yè 洗手液	ទឹកលាងដៃ
xiāo dú yè 消毒液	ថ្នាំសម្លាប់មេរោគ
jiǔ jīng 酒精	អាល់កុល
xǐ jié jīng 洗洁精	សាប៊ូលាងចាន
yī jià 衣架	ធ្នើរហាលខោអាវ
liàng yī shéng 晾衣绳	ខ្សែហាលខោអាវ
xǐ liǎn 洗脸	លាងមុខ
xǐ miàn nǎi 洗面奶	សាប៊ូលាងមុខ
xǐ shǒu 洗手	លាងដៃ
xiāng zào 香皂	សាប៊ូក្រអូប
féi zào 肥皂	សាប៊ូដុសខោ
máo jīn 毛巾	កន្សែងពោះគោ

拼音	汉语	高棉语
máo jīn jià	毛巾架	ប្រដាប់ព្យួរកន្សែង
tì xū dāo	剃须刀	ប្រដាប់ការពុកមាត់
zhǐ jia dāo	指甲刀	ប្រដាប់កាត់ក្រចក
jiǎn dāo	剪刀	កន្ត្រៃ
diàn chuī fēng	电吹风	ម៉ាស៊ីនផ្លុំសក់ឱ្យស្ងួត
yá shuā	牙刷	ច្រាសដុសធ្មេញ
yá gāo	牙膏	ថ្នាំដុសធ្មេញ
shuā yá	刷牙	ដុសធ្មេញ
jìng zi	镜子	កញ្ចក់
zhào jìng zi	照镜子	ឆ្លុះកញ្ចក់
shū zi	梳子	ក្រាសសិតសក់
shū zhuāng	梳妆	លុបលាងខ្លួន
zǒu láng	走廊	ផ្លូវដើរចន្លោះកណ្ដាលអាគារ
qǐng jià	请假	សូមច្បាប់
xiāo jià	销假	រាយការណ៍បញ្ចប់ការឈប់សំរាក

4. 就医 ទៅមន្ទីរពេទ្យ
<small>jiù yī</small>

挂号 <small>guà hào</small>	ចាប់លេខ
门诊 <small>mén zhěn</small>	ផ្នែកជំងឺទូទៅ
急诊 <small>jí zhěn</small>	សង្គ្រោះបន្ទាន់
住院 <small>zhù yuàn</small>	ដេកពេទ្យ
出院 <small>chū yuàn</small>	ចេញពីមន្ទីរពេទ្យ
体检 <small>tǐ jiǎn</small>	ពិនិត្យសុខភាព
身体 <small>shēn tǐ</small>	សរីរាង្គមនុស្ស
头 <small>tóu</small>	ក្បាល
脸 <small>liǎn</small>	មុខ
脖子 <small>bó zi</small>	ក
肩膀 <small>jiān bǎng</small>	ស្មា
背 <small>bèi</small>	ខ្នង

xiōng 胸	ទ្រូង
fù 腹	ពោះ
shǒu 手	ដៃ
tuǐ 腿	ភ្នៅ
xī gài 膝 盖	ជង្គង់
jiǎo 脚	ជើង
jiǎo huái 脚 踝	កជើង
tóu fa 头 发	សក់
é tóu 额 头	ថ្ងាស
méi mao 眉 毛	ចិញ្ចើម
yǎn jing 眼 睛	ភ្នែក
bí zi 鼻 子	ច្រមុះ
zuǐ ba 嘴 巴	មាត់
zuǐ chún 嘴 唇	បបូរមាត់
ěr duo 耳 朵	ត្រចៀក

xià ba 下 巴	ចង្ការ
yá chǐ 牙 齿	ធ្មេញ
pí fū 皮 肤	ស្បែក
dà nǎo 大 脑	ខួរធំ
qì guǎn 气 管	បំពង់ខ្យល់
fèi 肺	សួត
xīn zàng 心 脏	បេះដូង
gān 肝	ថ្លើម
wèi 胃	ក្រពះ
pí 脾	ជាល
shèn 肾	តម្រងនោម
lán wěi 阑 尾	ខ្នែងពោះវៀន
páng guāng 膀 胱	ប្លោកនោម
shēn gāo 身 高	កំពស់
tǐ zhòng 体 重	ទម្ងន់

nèi kē 内 科	ផ្នែកព្យាបាលរោមខាងក្នុង
wài kē 外 科	ផ្នែកសល្យសាស្ត្រ
yá kē 牙 科	ផ្នែកទន្តសាស្ត្រ
yǎn kē 眼 科	ផ្នែកជំងឺភ្នែក
fàng shè kē 放 射 科	ផ្នែកវិទ្យុសកម្ម
xiōng piàn 胸 片	ឆ្អឹងទ្រូង
lǐ liáo 理 疗	ស្ពំ
huà yàn shì 化 验 室	បន្ទប់ពិសោធន៍
xuè guǎn 血 管	សរសៃឈាម
huà yàn 化 验	គីមីវិភាគ
yàn xiě 验 血	តេស្តឈាម
yàn niào 验 尿	តេស្តទឹកនោម
pāi 拍 CT	ស្កេនអឺមរ៉ាអាយ
yī shēng 医 生	គ្រូពេទ្យ
jí bìng 疾 病	ជម្ងឺ

bìng dú 病 毒	មេរោគ
jié shí 结 石	ថ្ម
shēng bìng 生 病	ឈឺ
shén jīng 神 经	សរសៃប្រសាទ
cháng dào 肠 道	ពោះវៀន
bù shū fu 不 舒 服	មិនស្រួលខ្លួន
gǎn mào 感 冒	ផ្តាសាយ
liú gǎn 流 感	គ្រុនផ្តាសាយឆ្លង
ké sou 咳 嗽	ក្អក
tán 痰	ទឹកមាត់
tòng 痛	ឈឺ
yǎng 痒	រមាស់
má mù 麻 木	ស្ពឹកស្រពន់
pí fū 皮 肤	ស្បែក
tóu 头	ក្បាល

zhāng kāi zuǐ ba 张 开 嘴 巴	បើកមាត់
hū xī 呼 吸	ដកដង្ហើម
liǎn 脸	ថ្ពាល់
bó zi 脖 子	ក
bèi 背	ខ្នង
xiōng 胸	ទ្រូង
sǎng zi tòng 嗓 子 痛	ឈឺបំពង់ក
wèi tòng 胃 痛	ឈឺក្រពះ
yá tòng 牙 痛	ឈឺធ្មេញ
bá yá 拔 牙	ដកធ្មេញ
bǔ yá 补 牙	ប៉ះធ្មេញ
tóu tòng 头 痛	ឈឺក្បាល
dù zi tòng 肚 子 痛	ឈឺពោះ
lā dù zi 拉 肚 子	ការរាករូស
fā shāo 发 烧	ក្តៅខ្លួន

liú bí tì 流 鼻 涕	ហៀរសំបោរ
xǐng bí tì 擤 鼻 涕	ញ្ចើសសំបោរ
bí sè 鼻 塞	គីងច្រមុះ
fèi yán 肺 炎	រលាកសួត
zhī qì guǎn yán 支 气 管 炎	រោគរលាកទងសួត
guò mǐn 过 敏	អាឡែហ្ស៊ី
tóu yūn 头 晕	វិលមុខ
niǔ shāng 扭 伤	គ្រេច
zhǒng tòng 肿 痛	ហើមនិងឈឺចាប់
yū xuè 瘀 血	សាច់ជាំ
liú xuè 流 血	ចេញឈាម
gǔ zhé 骨 折	បាក់ឆ្អឹង
dǎ pēn tì 打 喷 嚏	កណ្ដាស់
ě xin 恶 心	ចង់ក្អួត
ǒu tù 呕 吐	ក្អួត

jìng luán 痉 挛	រមួល
fā yán 发 炎	រលាក
kuì yáng 溃 疡	ពងបែក
chuán rǎn 传 染	រោគឆ្លង
gǎn rǎn 感 染	ឆ្លង
gé lí 隔 离	ដាក់ដាច់ដោយឡែកពីគេ
hé suān jiǎn cè 核 酸 检 测	ធ្វើតេស្តកូវីដ
jiē zhòng yì miáo 接 种 疫 苗	ទទួលវ៉ាក់សាំងការពារកូវីដ
jiàn kāng mǎ 健 康 码	លេខកូដសុខភាព
xíng chéng mǎ 行 程 码	លេខកូដធ្វើដំណើរ
chū shì jiàn kāng mǎ 出 示 健 康 码	លេខកូដសុខភាពប្រកាសអាសន្ន
chū shì xíng chéng mǎ 出 示 行 程 码	លេខកូដធ្វើដំណើរប្រកាសអាសន្ន
sǎo mǎ 扫 码	ស្កេនលេខកូដ
lǜ mǎ 绿 码	លេខកូដពណ៌ខៀវ
huáng mǎ 黄 码	លេខកូដពណ៌លឿង

hóng mǎ	
红 码	លេខកូដព័ណ៌ក្រហម
yào wù	
药 物	ថ្នាំ
xī yào	
西 药	ថ្នាំបារាំង
zhōng yào	
中 药	ថ្នាំចិនសែ
gāo yao	
膏 药	ថ្នាំកៅយក់
yào wán	
药 丸	ថ្នាំគុលិកា
yào piàn	
药 片	ថ្នាំគ្រាប់
yào gāo	
药 膏	ថ្នាំលាប
kǒu fú	
口 服	ថ្នាំសំរាប់បរិភោគ
wài yòng	
外 用	ថ្នាំសំរាប់លាប
chōng jì	
冲 剂	ថ្នាំទឹក
táng jiāng	
糖 浆	ស៊ីរ៉ូ
chuāng kě tiē	
创 可 贴	បង់បិតដំបៅ
kāng fù huī fù	
康 复（恢 复）	ជាសះស្បើយ
kàn bìng	
看 病	មើលជំងឺ

liáng xuè yā 量血压	វាស់សម្ពាធឈាម
liáng tǐ wēn 量体温	វាស់កំដៅ
kāi yào 开药	ចេញថ្នាំពេទ្យ
chī yào 吃药	លេបថ្នាំ
dǎ zhēn 打针	ចាក់ថ្នាំ
shū yè 输液	ព្យូរសេរ៉ូម
zuò shǒu shù 做手术	វះកាត់
má zuì 麻醉	ចាប់ថ្នាំស្ពឹក
bāo zā 包扎	រុំបួស
dǎ shí gāo 打石膏	រុំម្សៅសិលា
zhēn jiǔ 针灸	មូលវិទ្យាសាស្ត្រ
bá huǒ guàn 拔火罐	ជប់ខ្យល់
àn mó 按摩	ម៉ាស្សា

5. 日常需求 សេចក្ដីតំរូវការប្រចាំថ្ងៃ
rì cháng xū qiú

xiū lǐ
修理　　　　　　　ជួសជុល

gēng huàn
更换　　　　　　　ផ្លាស់ប្ដូរ

yín háng
银行　　　　　　　ធនាគារ

shǒu jī yín háng
手机银行　　　　　សេវាធនាគារចល័ត

dǎo háng
导航　　　　　　　នាំផ្លូវ

yìng yòng chéng xù
应用程序　　　　　APP

wǎng gòu
网购　　　　　　　ទិញទំនិញតាមអុីនធឺណិត

kuài dì
快递　　　　　　　ការដឹកជញ្ជូនរហ័ស/កញ្ចប់

wǎng diàn
网店　　　　　　　ហាងអុីនធឺណិត

kè fú
客服　　　　　　　សេវាកម្មអតិថិជន

xià dān
下单　　　　　　　ដាក់បញ្ជាទិញ

qǔ jiàn
取件　　　　　　　យកកញ្ចប់

qǔ jiàn mǎ 取件码	លេខកូដដកទំនិញ
jì jiàn 寄件	ការផ្ញើរវត្ថុ
tuì huò 退货	ផ្ញើរវត្ថុត្រឡប់ទៅវិញ
kuài dì guì 快递柜	ទូដាក់វត្ថុ
cài niǎo yì zhàn 菜鸟驿站	កន្លែងដាក់កញ្ចប់ឈ្មោះឆាយនៅ
wài mài 外卖	កម្ម៉ង់ទំនិញពីក្រៅ
měi tuán wài mài 美团外卖	ក្រុមហ៊ុនកម្ម៉ង់ទំនិញពីខាងក្រៅម៉ីធួន
è le me (wài mài píng tái) 饿了么（外卖平台）	អឺលីមី (ក្រុមហ៊ុនកម្ម៉ង់ទំនិញពីខាងក្រៅ)
zhī fù bǎo 支付宝	អាលីផី
táo bǎo 淘宝	តាវប៉ូ
wēi xìn 微信	វីឆាត
ā lǐ bā bā 阿里巴巴	អាលីប៉ាប៉ា
zhī fù 支付	បង់លុយ
èr wéi mǎ 二维码	លេខកូដ QR
sǎo mǎ zhī fù 扫码支付	ស្កេនលេខកូដដើម្បីបង់លុយ

柬埔寨语篇

shuā kǎ 刷 卡	ឆូតកាតធនាគារ
chōng diàn bǎo 充 电 宝	ថ្មជំនួយ（សំរាប់បញ្ចូលថ្ម）
bǎng dìng 绑 定	ចងភ្ជាប់
kāi hù 开 户	បើកគណនី
zhèng jiàn 证 件	លិខិតបញ្ជាក់
xué yuán zhèng 学 员 证	អត្តសញ្ញាណប័ណ្ណនាយទាហាន
hù zhào 护 照	លិខិតឆ្លងដែន
shēn fèn zhèng 身 份 证	អត្តសញ្ញាណប័ណ្ណ
zhàng hào 账 号	លេខគណនី
zhù cè 注 册	ចុះបញ្ជី
dēng lù 登 录	ចុះបញ្ចូល
yàn zhèng mǎ 验 证 码	លេខសម្ងាល់
mì mǎ 密 码	លេខសម្ងាត់
zhào piàn 照 片	រូបថត
zhào xiàng 照 相	ថតរូប

345

xìn yòng kǎ 信 用 卡	បណ្ណឥណទាន
chǔ xù kǎ 储 蓄 卡	បណ្ណសន្សំ
qǔ qián 取 钱	ដកប្រាក់
cún qián 存 钱	បញ្ចូលប្រាក់
huì kuǎn 汇 款	ផ្ទេរប្រាក់
zhuǎn zhàng 转 账	ផ្ទេរលុយ
jīn tiē 津 贴	ប្រាក់ឧបត្ថម្ភ
gōng zī 工 资	ប្រាក់ខែ
měi yuán 美 元	ដុល្លាអាមេរិក
ōu yuán 欧 元	លុយអឺរ៉ុប
rén mín bì 人 民 币	លុយចិន
gù dìng diàn huà 固 定 电 话	ទូរស័ព្ទលើតុ
shǒu jī 手 机	ទូរស័ព្ទដៃ
ěr jī 耳 机	កាស់ពាក់ត្រចៀក
hào mǎ 号 码	លេខទូរស័ព្ទ

shǒu jī kǎ 手 机 卡		ស៊ីមទូរស័ព្ទ
guó jì cháng tú 国 际 长 途		ទូរស័ព្ទឆ្លងប្រទេស
shàng wǎng liú liàng 上 网 流 量		ទំហំអ៊ីនធឺណិត
wú xiàn wǎng 无 线 网		វ៉ាយហ្វាយ
lán yá 蓝 牙		កាសប្លូធូ
yǔ yīn tōng huà 语 音 通 话		ការទំនាក់ទំនងជាសំឡេង
shì pín tōng huà 视 频 通 话		ការទំនាក់ទំនងវីដេអូ
zhōng guó yí dòng 中 国 移 动		ក្រុមហ៊ុនទូរគមនាគមន៍ចិន (China Mobile)
zhōng guó lián tōng 中 国 联 通		ក្រុមហ៊ុនទូរគមនាគមន៍ចិន (China Unicom)
zhōng guó diàn xìn 中 国 电 信		ក្រុមហ៊ុនទូរគមនាគមន៍ចិន (China Telecom)
diàn huà fèi 电 话 费		តំលៃនៃការវ៉ាយទូរស័ព្ទ
qiàn fèi 欠 费		ថ្លៃជំពាក់
jiǎo fèi 缴 费		បង់លុយ

chōng zhí 充 值	បញ្ចូលលុយ
duǎn xìn 短 信	សារ
dǎ diàn huà 打 电 话	និយាយទូរស័ព្ទ

6. 节日 jié rì បុណ្យ

yuán dàn 元 旦	បុណ្យចូលឆ្នាំថ្មីសកល
chūn jié 春 节	បុណ្យចូលឆ្នាំថ្មីចិន
yuán xiāo jié 元 宵 节	បុណ្យហែរអ្នកតា
fù nǚ jié 妇 女 节	ទិវាសិទ្ធនារី
qīng míng jié 清 明 节	បុណ្យឆេងម៉េង
láo dòng jié 劳 动 节	ទិវាពលកម្ម
ér tóng jié 儿 童 节	បុណ្យកុមារ
zhōng qiū jié 中 秋 节	បុណ្យសំពះលោកខែ
jiào shī jié 教 师 节	ទិវាគ្រូបង្រៀន

chóng yáng jié	
重 阳 节	បុណ្យឈួងយ៉ាង
chú xī	
除 夕	យប់ដាច់ឆ្នាំចិន
qī xī	
七 夕	បុណ្យសង្សារចិន
zhōng yuán jié	
中 元 节	បុណ្យសែនក្បាលទឹក
qíng rén jié	
情 人 节	បុណ្យសង្សារ
fù qīn jié	
父 亲 节	ទិវាឪពុក
mǔ qīn jié	
母 亲 节	ទិវាម្ដាយ
guó qìng jié	
国 庆 节	បុណ្យជាតិ
jiàn jūn jié	
建 军 节	ទិវាកងទ័ព
jì niàn rì	
纪 念 日	បុណ្យខួប
shèng dàn jié	
圣 诞 节	បុណ្យណូអែល
fù huó jié	
复 活 节	បុណ្យអ៊ីស្ទ័
gǎn ēn jié	
感 恩 节	ទិវាដឹងគុណ
zhāi yuè	
斋 月	ខែតមបាយ
zǎi shēng jié	
宰 牲 节	មហាស្រពហ៊ូបុង

kāi zhāi jié
开斋节　　　　　　　បុណ្យហ្សសបូស

yù fó jié
浴佛节　　　　　　　ពិធីបុណ្យព្រះពុទ្ធងូតទឹក

yú lán pén jié
盂兰盆节　　　　　　បុណ្យបណ្ដែត

mài jiā bǎo jiāo jié
麦加宝蕉节　　　　　ពិធីបុណ្យចេកមេកា

nóng gēng jié
农耕节　　　　　　　បុណ្យច្រត់ព្រះនង្គ័ល

pō shuǐ jié / sòng gàn jié
泼水节/宋干节　　　ពិធីបុណ្យសុងហ្គន

wáng rén jié
亡人节　　　　　　　បុណ្យផ្ដុំបិណ្ឌ

lǚ yóu
四、旅游 ដើរលេងកំសាន្ត

tiān qì
1. 天气 បាតុអាកាស

tiān qì yù bào
天气预报　　　　　　ព្យាករណ៍ឧតុនិយម

biàn huà
变化　　　　　　　　ការប្រែប្រួល

qì wēn 气 温	សីតុណ្ហភាព
jiàng wēn 降 温	សីតុណ្ហភាពធ្លាក់ចុះ
lěng kōng qì 冷 空 气	ខ្យល់ត្រជាក់
shè shì dù 摄 氏 度	អង្សាC
líng shàng 零 上	លើសូន្យអង្សា
líng xià 零 下	ក្រោមសូន្យអង្សា
lěng 冷	រងា
rè 热	ក្តៅ
wēn nuǎn 温 暖	កក់ក្តៅ
liáng shuǎng 凉 爽	ត្រជាក់
gān zào 干 燥	ស្ងួត
cháo shī 潮 湿	សើម
yǔ 雨	ភ្លៀង
xuě 雪	ព្រិល
bīng báo 冰 雹	ព្រិលទឹកកក

fēng
风 ខ្យល់

wù
雾 អ័ព្ទ

mái
霾 ផ្សេង អ័ព្ទ

léi
雷 ផ្គរ

shǎn diàn
闪 电 រន្ទះ

yún
云 ពពក

tài yáng
太 阳 ព្រះអាទិត្យ

yuè liang
月 亮 ព្រះចន្ទ

xīng xing
星 星 ផ្កាយ

cǎi hóng
彩 虹 ឥន្ទនូ

xià yǔ
下 雨 ភ្លៀងធ្លាក់

xià xuě
下 雪 ធ្លាក់ព្រិល

xià wù
下 雾 ចុះអ័ព្ទ

jié bīng
结 冰 កកជាទឹកកក

guā fēng
刮 风 ខ្យល់បក់

dǎ léi
打 雷　　　ផ្គរលាន់

qíng tiān
晴 天　　　មេឃស្រឡះ

yīn tiān
阴 天　　　មេឃស្រទំ

duō yún
多 云　　　ពពកច្រើន

yǔ sǎn
雨 伞　　　ឆ័ត្រ

jiāo tōng
2. 交 通　គមនាគមន៍

qì chē
汽 车　　　ឡាន

mó tuō chē
摩 托 车　　ម៉ូតូ

zì xíng chē
自 行 车　　កង់

gòng xiǎng dān chē
共 享 单 车　កង់សាធារណៈ

diàn dòng chē
电 动 车　　ឡានអគ្គិសនី

kǎ chē
卡 车　　　រថយន្តកាម៉ុង

chū zū chē
出 租 车　　តាក់ស៊ី

wǎng yuē chē 网 约 车	ឡានការណាត់ពីអ៊ីនធឺណិត
dì tiě 地 铁	រទេះភ្លើងក្រោមដី
gāo tiě 高 铁	រទេះភ្លើងល្បឿនល្បឿន
gōng gòng qì chē 公 共 汽 车	ឡានក្រុង
qì chē zhàn 汽 车 站	ចំណតរថយន្ត
huǒ chē 火 车	រទេះភ្លើង
lǎn chē 缆 车	កន្ទ្រកប្រើខ្សែពួរដែក
fēi jī 飞 机	យន្តហោះ
háng bān 航 班	លេខហោះហើរ
chuán 船	ទូក
huǒ chē zhàn 火 车 站	ចំណតរទេះភ្លើង
mǎi piào 买 票	ទិញសំបុត្រ
huǒ chē piào 火 车 票	សំបុត្ររទេះភ្លើង
chē cì 车 次	លេខរថយន្ត
zuò wèi 座 位	កន្លែងអង្គុយ

wò pù 卧 铺	កូនគ្រែ
fēi jī piào 飞 机 票	សំបុត្រយន្តហោះ
fēi jī chǎng 飞 机 场	អាកាសយានដ្ឋាន
dān chéng piào 单 程 票	សំបុត្រតែទៅ១ជើង
wǎng fǎn piào 往 返 票	សំបុត្រទៅមក
mén piào 门 票	សំបុត្រ
sī jī 司 机	អ្នកបើកបរ
kōng chéng 空 乘	អ្នកបំរើលើយន្តហោះ
liè chē yuán 列 车 员	អ្នកបំរើលើរទេះភ្លើង
dēng jī kǒu 登 机 口	ច្រកឡើងយន្តហោះ
dēng jī pái 登 机 牌	សំបុត្រឡើងយន្តហោះ
jiǎn piào 检 票	ពិនិត្រសំបុត្រ
qiān zhèng 签 证	ទិដ្ឋាការ
jī zhǎng 机 长	កាពីទែន
jiǎn piào yuán 检 票 员	អ្នកពិនិត្យសំបុត្រ

zhí jī 值 机	ចុះឈ្មោះ
tuō yùn 托 运	ផ្ញើវ៉ាលីស
ān jiǎn 安 检	ការត្រួតពិនិត្យសុវត្ថិភាព
dēng jī 登 机	ឡើងយន្តហោះ
shòu piào chù 售 票 处	កន្លែងលក់សំបុត្រ
shòu piào yuán 售 票 员	អ្នកលក់សំបុត្រ
gāo fēng 高 峰	ពេលជាប់រវល់
dǔ chē 堵 车	ស្ទះចរាចរណ៍
shàng chē 上 车	ឡើងឡាន
xià chē 下 车	ចុះឡាន
zhí dá 直 达	មិនឈប់តាមផ្លូវ
huàn chéng 换 乘	ប្ដូរការធ្វើដំណើរ
hóng lǜ dēng 红 绿 灯	ភ្លើងសុប
bān mǎ xiàn 斑 马 线	គំនូសផ្លូវសំរាប់ដើរ
rén xíng dào 人 行 道	ចិញ្ចើមផ្លូវសម្រាប់មនុស្សដើរ

máng dào
盲　道　　　　　ផ្លូវសំរាប់អ្នកខ្វាក់

lù kǒu
路　口　　　　　ផ្លូវបំបែក

mǎ lù
马　路　　　　　ផ្លូវ

jiāo tōng biāo zhì
交　通　标　志　សញ្ញាចរាចរណ៍

lù pái
路　牌　　　　　ផ្លាកសញ្ញាផ្លូវ

shí jiān
3. 时 间 ពេលវេលា

jì jié
季　节　　　　　រដូវ

chūn tiān
春　天　　　　　រដូវផ្ការីក

xià tiān
夏　天　　　　　រដូវក្ដៅ

qiū tiān
秋　天　　　　　រដូវរំហើយ

dōng tiān
冬　天　　　　　រដូវរងា

hàn jì
旱　季　　　　　រដូវចាំង

yǔ jì
雨　季　　　　　រដូវភ្លៀង

jià qī 假 期	វិស្សមកាល
hán jià 寒 假	វិស្សមកាលរដូវរងា
shǔ jià 暑 假	វិស្សមកាលរដូវក្តៅ
rì qī 日 期	ថ្ងៃខែ
yuè 月	ខែ
yī yuè 一 月	ខែមករា
èr yuè 二 月	ខែកុម្ភៈ
sān yuè 三 月	ខែបីនា
sì yuè 四 月	ខែមេសា
wǔ yuè 五 月	ខែឧសភា
liù yuè 六 月	ខែមិថុនា
qī yuè 七 月	ខែកក្កដា
bā yuè 八 月	ខែសីហា
jiǔ yuè 九 月	ខែកញ្ញា
shí yuè 十 月	ខែតុលា

shí yī yuè 十一月	ខែវិច្ឆិកា
shí èr yuè 十二月	ខែធ្នូ
xīng qī 星期	សប្តាហ៍
xīng qī yī 星期一	ថ្ងៃចន្ទ
xīng qī èr 星期二	ថ្ងៃអង្គារ
xīng qī sān 星期三	ថ្ងៃពុធ
xīng qī sì 星期四	ថ្ងៃព្រហស្បត៍
xīng qī wǔ 星期五	ថ្ងៃសុក្រ
xīng qī liù 星期六	ថ្ងៃសៅរ៍
xīng qī rì tiān 星期日（天）	ថ្ងៃអាទិត្យ
zhōu mò 周末	ចុងសប្តាហ៍
xiàn zài 现在	ឥឡូវនេះ
qián tiān 前天	ម្សិលម្ងៃ
zuó tiān 昨天	ម្សិលមិញ
jīn tiān 今天	ថ្ងៃនេះ

míng tiān 明 天	ថ្ងៃស្អែក
hòu tiān 后 天	ថ្ងៃខានស្អែក
qù nián 去 年	ឆ្នាំទៅ
jīn nián 今 年	ឆ្នាំនេះ
míng nián 明 年	ឆ្នាំក្រោយ
líng chén 凌 晨	ព្រឹកព្រាង
zǎo shang 早 上	ព្រលឹម
shàng wǔ 上 午	ពេលព្រឹក
zhōng wǔ 中 午	ថ្ងៃត្រង់
xià wǔ 下 午	រសៀល
bàng wǎn 傍 晚	ល្ងាច
wǎn shang 晚 上	ពេលយប់
bái tiān 白 天	ពេលថ្ងៃ
zǎo fàn cān 早 饭（餐）	បាយព្រឹក
wǔ fàn cān 午 饭（餐）	បាយត្រង់

wǎn fàn cān	
晚饭（餐）	បាយល្ងាច
yè xiāo	
夜宵	បាយយប់
xiǎo shí	
小时	ម៉ោង
yí kè zhōng	
一刻钟	ដប់ប្រាំនាទី
fēn	
分	នាទី
miǎo	
秒	វិនាទី
wǎn diǎn	
晚点	ហួសពេល
zhǔn shí	
准时	ទាន់ពេល
tuī chí	
推迟	ពន្យារពេល
tí qián	
提前	មុនពេល
chí dào	
迟到	មកយឺត

4. fāng xiàng 方 向 ទិសដៅ

nǎ lǐ	
哪里	ទីកន្លែង

nà lǐ 那 里	ទីនោះ
zhè lǐ 这 里	ទីនេះ
shàng 上	ខាងលើ
zhōng 中	កណ្ដាល
xià 下	ខាងក្រោម
qián 前	ខាងមុខ
hòu 后	ខាងក្រោយ
zuǒ 左	ខាងឆ្វេង
yòu 右	ខាងស្ដាំ
dōng 东	ខាងកើត
xī 西	ខាងលិច
nán 南	ខាងត្បូង
běi 北	ខាងជើង
lǐ 里	ក្នុង
wài 外	ក្រៅ

páng biān
旁　边　　　　　ក្បែរ

5. 地点 ទីកន្លែង
　　dì　diǎn

gōng yuán
公　园　　　　　សួនច្បារ

yóu lè chǎng
游　乐　场　　　រមណីយដ្ឋាន

dòng wù yuán
动　物　园　　　សួនសត្វ

zhí wù yuán
植　物　园　　　សួនដំណាំ

bó wù guǎn
博　物　馆　　　សារមន្ទីរ

kē jì guǎn
科　技　馆　　　មន្ទីរវិទ្យាសាស្ត្រនិងបច្ចេកវិទ្យា

cān guān
参　观　　　　　ទស្សនា

fàn diàn
饭　店　　　　　ភោជនីយដ្ឋាន

cài dān
菜　单　　　　　ម៉ឺនុយ

diǎn cài
点　菜　　　　　ហៅម្ហូប

mǎi dān
买　单　　　　　គិតលុយ

拼音	汉语	高棉语
dǎ bāo	打包	ខ្ចប់មួប
jiǔ diàn	酒店	សណ្ឋាគារ
dēng jì	登记	ចុះបញ្ជី
yā jīn	押金	ប្រាក់កក់
tuì fáng	退房	ប្រគល់បន្ទប់វិញ
yù dìng	预订	កក់ទុក
fáng jiān	房间	បន្ទប់
bīn guǎn	宾馆	សណ្ឋាគារ
lǚ guǎn	旅馆	សណ្ឋាគារ
mín sù	民宿	បន្ទប់ផ្ទះសំរាប់អ្នកទេសចរណ៍
lǚ yóu	旅游	ទេសចរណ៍
shěng	省	ខេត្ត
zì zhì qū	自治区	តំបន់ស្វយ័ត
zhí xiá shì	直辖市	ក្រុងក្រោមខឹវទរដ្ឋាភិបាល

shǒu dū	首都	រដ្ឋធានី
chéng shì	城市	ទីក្រុង
nóng cūn	农村	ជនបទ
hǎi bīn chéng shì	海滨城市	ទីក្រុងមាត់សមុទ្រ
fēng jǐng	风景	ទេសភាព
jǐng qū	景区	តំបន់ទេសភាព
shān	山	ភ្នំ
dà hǎi	大海	សមុទ្រ
shā tān	沙滩	ឆ្នេរខ្សាច់
hé	河	ទន្លេ
hú	湖	បឹង
cǎo yuán	草原	វាលស្មៅ
shā mò	沙漠	វាលខ្សាច់
sēn lín	森林	ព្រៃឈើ

yà zhōu 亚 洲	ទ្វីបអាស៊ី
ōu zhōu 欧 洲	ទ្វីបអឺរ៉ុប
fēi zhōu 非 洲	ទ្វីបអាហ្រ្វិក
nán měi zhōu 南 美 洲	ទ្វីបអាមេរិកខាងត្បូង
běi měi zhōu 北 美 洲	ទ្វីបអាមេរិកខាងជើង
dà yáng zhōu 大 洋 洲	ទ្វីបអូសេអានី
nán jí zhōu 南 极 洲	ទ្វីបអង់តាក់ទិច
tài píng yáng 太 平 洋	មហាសមុទ្រប៉ាស៊ីហ្វិក
dà xī yáng 大 西 洋	មហាសមុទ្រអាត្លង់ទិច
yìn dù yáng 印 度 洋	មហាសមុទ្រឥណ្ឌា
běi bīng yáng 北 冰 洋	មហាសមុទ្រទឹកកកអាក់ទិច

五、娱乐与运动 ការកំសាន្តនិងកីឡា
yú lè yǔ yùndòng

1. 娱乐 ការកំសាន្ត
yú lè

pái 牌	បៀ
dǎ pái 打牌	លេងបៀ
qí 棋	អុក
xià qí 下棋	លេងអុក
dǎ má jiàng 打麻将	លេងម៉ាចុង
fàng fēng zhēng 放风筝	បង្ហោះខ្លែង
xiǎo shuō 小说	ប្រលោមលោក
zuò zhě 作者	អ្នកនិពន្ធ
dú zhě 读者	អ្នកអាន

拼音	汉语	高棉语
diàn zǐ shū	电子书	សៀវភៅអេឡិចត្រូនិច
dòng màn	动漫	ជីវចល
diàn yǐng	电影	ភាពយន្ត
kàn diàn yǐng	看电影	មើលភាពយន្ត
diàn yǐng yuàn	电影院	រោងកុន
diàn shì	电视	ទូរទស្សន៍
kàn diàn shì	看电视	មើលទូរទស្សន៍
yīn yuè	音乐	ភ្លេង
tīng yīn yuè	听音乐	ស្ដាប់ភ្លេង
gāng qín	钢琴	ព្យាណូ
tán gāng qín	弹钢琴	លេងព្យាណូ
jí tā	吉他	ហ្គីតា
tán jí tā	弹吉他	លេងហ្គីតា
dí zi	笛子	ខ្លុយ
diàn zǐ qín	电子琴	ព្យាណូអេឡិចត្រូនិច

gǔ zhēng 古 筝	ចាប៊ីចេង
èr hú 二 胡	ទ្រ
jīng jù 京 剧	ល្ខោនបេ៉កាំង
wǎn huì 晚 会	រាត្រីសមោសរ
jù huì 聚 会	កម្មវិធីជួបជុំ
wǔ dǎo 舞 蹈	របាំ
tiào wǔ 跳 舞	រាំ
gē qǔ 歌 曲	ចំរៀង
chàng gē 唱 歌	ច្រៀងចំរៀង
yóu xì 游 戏	ហ្គេម
shǒu yóu 手 游	ហ្គេមទូរស័ព្ទ
wǎng yóu 网 游	ហ្គេមអីនធឺណិត
lā gē 拉 歌	ហ្គេមច្រៀងចម្រៀងប្រកួតប្រជែងក្នុងកងទ័ព
mín gē 民 歌	ចម្រៀងប្រជាប្រិយ
yáo gǔn 摇 滚	រ៉ុក

拼音	汉语	高棉语
gē tīng	歌厅	សាលច្រៀង
jiǔ bā	酒吧	បារស្រា
wǎng bā	网吧	កន្លែងលេងហ្គេមតាមអ៊ីធឺណិត
chá guǎn	茶馆	តៀមតែ
wán yóu xì	玩游戏	លេងហ្គេម
míng xīng	明星	តារា
qiú xīng	球星	តារាបាល់
gē xīng	歌星	តារាចំរៀង
yǐng xīng	影星	តារាភាពយន្ត
yǎn yuán	演员	តួសំដែង
gē shǒu	歌手	អ្នកចំរៀង
zhǔ jué	主角	តួឯក
pèi jué	配角	តួរង
dǎo yǎn	导演	អ្នកដឹកនាំរឿង
jì zhě	记者	អ្នកយកព័ត៌មាន

2. yùn dòng运 动 កីឡា

tǐ yù chǎng 体 育 场	កីឡដ្ឋាន
zú qiú 足 球	បាល់ទាត់
lán qiú 篮 球	បាល់បោះ
pái qiú 排 球	បាល់ទះ
tái qiú 台 球	ប៊ីយ៉ារ
pīng pāng qiú 乒 乓 球	បេ៉ងប៉ុង
yǔ máo qiú 羽 毛 球	វាយសី
wǎng qiú 网 球	តិន្និស
bàng qiú 棒 球	បេសបិល
bǎo líng qiú 保 龄 球	ប៊ូលីង
gāo ěr fū qiú 高 尔 夫 球	កីឡាវាយកូនហ្គោល
bǎn qiú 板 球	គ្រីកខេត

yóu yǒng 游泳		ហែលទឹក
pá shān 爬山		ឡើងភ្នំ
pān yán 攀岩		ឡើងថ្មជញ្ជាំង
bèng jí 蹦极		ប៊ីងជី
tiào sǎn 跳伞		លោតឆត្រ
pǎo bù 跑步		រត់
pǎo kù 跑酷		ជាខុល
mǎ lā sōng 马拉松		រត់ម៉ារ៉ាតុង
duǎn pǎo 短跑		រត់ខ្លី
quán jī 拳击		ប្រដាល់
shè jī 射击		បាញ់កាំភ្លើង
gōng fu 功夫		កុងហ្វូ
tài jí quán 太极拳		ថៃជី
tái quán dào 跆拳道		តេក្វាន់ដូ

shuāi jiāo 摔 跤	បោកចំបាប់
qì gōng 气 功	គីខុង
wǔ shù 武 术	ក្បាច់កុងហ្វូ
diàn jìng 电 竞	កីឡាអីឡេត្រុង
tiào gāo 跳 高	លោតកំពស់
tiào yuǎn 跳 远	លោតចំងាយ
huá bīng 滑 冰	ស្គីទឹកកក
huá xuě 滑 雪	ស្គីព្រិល
xùn liàn 训 练	ហ្វឹកហ្វឺន
jiào liàn 教 练	គ្រូបង្វាត់
yùn dòng yuán 运 动 员	កីឡាករ
rè shēn 热 身	កំដៅសាច់ដុំ
bǐ sài 比 赛	ការប្រកួត
sài chē 赛 车	ប្រណាំងឡាន

sài mǎ 赛马		ប្រណាំងសេះ
cái pàn 裁判		អាជ្ញាកណ្តាល
shū 输		ចាញ់
yíng 赢		ឈ្នះ
píng jú 平局		ស្មើគ្នា
bǐ fēn 比分		ពិន្ទុ
qì quán 弃权		អនុបវាទ
guàn jūn 冠军		ជើងឯក
yà jūn 亚军		លេខ២
jì jūn 季军		លេខ៣
yōu xiù 优秀		ប្រសើរ
jǐn biāo sài 锦标赛		ការប្រជែងយកជើងឯក
shì jiè bēi 世界杯		ការប្រកួតបាល់ទាត់ពិភពលោក
lián sài 联赛		ការប្រកួតសម្ព័ន្ធ

拼音	中文	柬埔寨语
jù lè bù	俱乐部	ក្លឹប
qiú duì	球队	ក្រុមបាល់
fàn guī	犯规	ខុសល័ក្ខណតិក៖
hóng pái	红牌	កាតក្រហម
huáng pái	黄牌	កាតលឿង
jiǎng bēi	奖杯	ពានរង្វាន់
jiǎng pái	奖牌	មេដាយ
jīn pái	金牌	មេដាយមាស
yín pái	银牌	មេដាយប្រាក់
tóng pái	铜牌	មេដាយស្ពាន់
ào yùn huì	奥运会	ការប្រកួតកីឡាអូឡាំពិក
yà yùn huì	亚运会	ការប្រកួតកីឡាអាស៊ី
dōng yùn huì	冬运会	ការប្រកួតកីឡារដូវរងា

六、xué xí 学习 ការរៀនសូត្រ

1. jiào shī yòng yǔ 教师用语 ពាក្យសំរាប់គ្រូ

fù xí 复习	រំលឹកឡើងវិញ
yù xí 预习	ការរៀនទុកមុន
bèi sòng 背诵	ទន្ទេញ
chóng fù 重复	ម្តងទៀត
biǎo yǎn 表演	សំដែង
tīng xiě 听写	សរសេរតាមអាន
zuò yè 作业	កិច្ចការសាលា
zuò zuò yè 做作业	ធ្វើកិច្ចការសាលា
zuò liàn xí 做练习	ធ្វើលំហាត់

pīnyīn	汉字	ភាសាខ្មែរ
pǔ tōng huà	普通话	ភាសាចិនកុកងឺ
fāng yán	方言	ភាសាចិនតំបន់
fā yīn	发音	ការបញ្ចេញសំឡេង
pīn yīn	拼音	ការប្រកប
yǔ diào	语调	សូរសំឡេង
yǔ fǎ	语法	វេយ្យាករណ៍
zì mǔ	字母	អក្ខរៈ
zì	字	អក្សរ
xiě zì	写字	សរសេរអក្សរ
bǐ huà	笔画	តំនូសផ្សំបង្កើតជាអក្សរចិន
piān páng bù shǒu	偏旁部首	បំណែកផ្សំអក្សរ
bǐ shùn	笔顺	លំដាប់សរសេរអក្សរ
jié gòu	结构	រចនាសម្ព័ន្ធ
cí	词	ពាក្យ
zǔ cí	组词	ក្រុមពាក្យ

duǎn yǔ 短 语	ឃ្លាកំបុត
jù zi 句 子	ឃ្លា
zào jù 造 句	តែងឃ្លា
duàn luò 段 落	កថាខណ្ឌ
kè wén 课 文	មេរៀន
tīng lì 听 力	ការស្តាប់
yuè dú 阅 读	អាន
shū xiě 书 写	សរសេរ
xuǎn zé 选 择	ជ្រើសរើស
zuò wén 作 文	ការតែងអត្ថបទ
hēi bǎn 黑 板	ក្តារខៀន
fěn bǐ 粉 笔	ដីស
hēi bǎn cā 黑 板 擦	ប្រដាប់លុបក្តារខៀន
cā hēi bǎn 擦 黑 板	លុបក្តារខៀន
huàn dēng piàn 幻 灯 片	ស្លាយបញ្ចាំង

jiào àn 教 案	សលក្ខា
jiǎng tái 讲 台	វេទិកា
shàng kè 上 课	ចូលរៀន
xià kè 下 课	ចេញពីរៀន
jiǎng kè 讲 课	បង្រៀន
kāi shǐ 开 始	ចាប់ផ្ដើម
jié shù 结 束	បញ្ចប់
qǐng zuò 请 坐	អញ្ជើញអង្គុយ
bǔ kè 补 课	រៀនសង
nán diǎn 难 点	ចំណុចពិបាក
zhòng diǎn 重 点	ចំណុចសំខាន់
kǎo shì 考 试	ប្រឡង
mó nǐ kǎo shì 模 拟 考 试	ប្រឡងសាកល្បង
shì juàn 试 卷	វិញ្ញាសាប្រឡង
dá tí kǎ 答 题 卡	ក្រដាសចម្លើយ

dá tí 答 题	ឆ្លើយសំនួរ
dá àn 答 案	ចម្លើយ
hàn yǔ shuǐ píng kǎo shì 汉 语 水 平 考 试	ការប្រឡងកំរិតចិន
chéng jì 成 绩	លទ្ធផល
fēn shù 分 数	ពន្ទុ
mǎn fēn 满 分	ពន្ទុពេញ
liáng hǎo 良 好	ល្អ
jí gé 及 格	ជាប់
yōu xiù 优 秀	ល្អប្រសើរ
biǎo yáng 表 扬	កោតសរសើរ
pī píng 批 评	ទិទៀន
nǔ lì 努 力	ខំប្រឹង
jiā yóu 加 油	តស៊ូឡើង
rèn zhēn 认 真	យកចិត្តទុកដាក់
kàn hēi bǎn 看 黑 板	មើលក្តារខៀន

dú	
读	អាន

gēn wǒ dú	
跟我读	អានតាមខ្ញុំ

dú kè wén	
读课文	អានមេរៀន

xiě	
写	សរសេរ

gēn wǒ xiě	
跟我写	សរសេរតាមខ្ញុំ

huí dá	
回答	ឆ្លើយ

wèn tí	
问题	សំនួរ

tí wèn	
提问	សួរសំនួរ

qǐng jǔ shǒu	
请举手	សូមលើកដៃ

qǐng jìn	
请进	អញ្ជើញចូល

qǐng dǎ kāi shū	
请打开书	សូមបើកសៀវភៅ

dào ... yè	
到……页	ទំព័រលេខទី……

tīng	
听	ស្ដាប់

tīng lù yīn	
听录音	ស្ដាប់សម្លេងថត

kàn shì pín	
看视频	មើលវីដេអូ

tú piàn
图 片　　　រូបភាព

zhèng què
正　确　　　ត្រឹមត្រូវ

cuò wù
错　误　　　កំហុស

zhǔn bèi
准　备　　　ប្រុងប្រៀប

xué shēng yòng yǔ
2. 学 生　用　语 ពាក្យសំរាប់និស្សិត

lǎo shī
老 师　　　គ្រូបង្រៀន

qǐng wèn
请　问　　　សូមសួរ

nán
难　　　　　ពិបាក

tài nán le
太 难 了　　ពិបាកណាស់

róng yì
容　易　　　ងាយស្រួល

wǒ tīng bù dǒng
我 听 不 懂　ខ្ញុំស្តាប់មិនយល់

wǒ míng bai le
我 明 白 了　ខ្ញុំយល់ហើយ

wǒ méi tīng míng bai
我 没 听 明 白　ខ្ញុំស្តាប់អត់យល់

qǐng zài shuō yí cì 请 再 说 一 次		សូមនិយាយម្ដងទៀត
bāng zhù 帮 助		ជួយ
fān yì 翻 译		បកប្រែ
tí mù 题 目		ចំណងជើង
qǐ lì 起 立		ក្រោកឡើង
duì bù qǐ 对 不 起		សូមទោស
shuō 说		និយាយ
shuō hàn yǔ 说 汉 语		និយាយភាសាចិន
shuō é yǔ 说 俄 语		និយាយភាសារុស្ស៊ី
shuō yīng yǔ 说 英 语		និយាយភាសាអង់គ្លេស
shuō fǎ yǔ 说 法 语		និយាយភាសាបារាំង
shuō jiǎn pǔ zhài yǔ 说 柬 埔 寨 语		និយាយភាសាខ្មែរ
shuō xī bān yá yǔ 说 西 班 牙 语		និយាយភាសាអេស្ប៉ាញ
shuō tài yǔ 说 泰 语		និយាយភាសាថៃ
zhè ge 这 个		មួយនេះ

nà ge
那 个 មួយនោះ

qǐng jià
请 假 សុំច្បាប់

lǎo shī hǎo
老 师 好 សួស្ដីគ្រូ

3. 学习用具 សំភារៈសិក្សា

xué xí yòng jù

shū
书 សៀវភៅ

liàn xí běn
练 习 本 សៀវភៅសសរព្រោង

tián zì gé běn
田 字 格 本 សៀវភៅសសរអក្សរធៀន

pīn yīn běn
拼 音 本 សៀវភៅសសរជិនយិន

bǐ jì běn
笔 记 本 សៀវភៅព្រាង

qiān bǐ
铅 笔 ខ្មៅដៃ

juǎn bǐ dāo
卷 笔 刀 ដែកខូង

gāng bǐ
钢 笔 ស្ទីឡូ

zhōng xìng bǐ   shuǐ bǐ
中 性 笔（水 笔） ស្លាបប៉ាកា

mò shuǐ 墨 水	ទឹកខ្មៅ
mò zhī 墨 汁	ទឹកជក់
máo bǐ 毛 笔	ជក់សរសេរ
yàn tái 砚 台	ប្រដាប់សម្រាប់លាយទឹកខ្មៅ
xuān zhǐ 宣 纸	ក្រដាសស្បាន
wén jù hé 文 具 盒	ប្រអប់ដាក់សំភារៈសិក្សា
bǐ dài 笔 袋	កាបូបដាក់ប៊ិក
zhí chǐ 直 尺	បន្ទាត់
sān jiǎo chǐ 三 角 尺	បន្ទាត់កែង
liáng jiǎo qì 量 角 器	វ៉ាប់ព័រទ័រ
yuán guī 圆 规	កំប៉ាស់
huì tú bǎn 绘 图 板	ក្ដារគូរគំនូរ
xiàng pí 橡 皮	ជ័រលុប
xiū zhèng yè 修 正 液	ទឹកលុប
dìng shū jī 订 书 机	ប្រដាប់កិប

shū qiān 书 签	ចំណាំ
shū bāo 书 包	កាបូបរៀន
xiǎo dāo 小 刀	កាំបិតតូច
cí diǎn 词 典	វចនានុក្រម
jiāo shuǐ 胶 水	ការបិទ
jiāo dài 胶 带	បង់ស្អិត
jiǎn dāo 剪 刀	កន្ត្រៃ
qū bié zhēn (huí xíng zhēn) 曲 别 针（回 形 针）	មូលខ្ទាស់
zhǐ 纸	ក្រដាស
mài kè fēng 麦 克 风	មីក្រូហ្វូន
yōu pán 优 盘	USB
guāng pán 光 盘	ស៊ីឌី
píng bǎn diàn nǎo 平 板 电 脑	កុំព្យូទ័របេះបេត
wén jiàn jiā 文 件 夹	សឺមឹងកសារ
yīn xiāng 音 箱	ឧបករណ៍សំលេង

4. 专业与课程   មុខជំនាញនិងមេរៀន
zhuān yè yǔ kè chéng

zhuān yè 专 业		មុខជំនាញ
kè chéng 课 程		មុខវិជ្ជា
kè chéng biǎo 课 程 表		តារាងមុខវិជ្ជា
kǒu yǔ 口 语		ការនិយាយ
yuè dú 阅 读		ការអាន
tīng lì 听 力		ការស្តាប់
tīng shuō 听 说		ការស្តាប់និងការនិយាយ
zōng hé 综 合		ចំរុះ
chū jí jūn shì hàn yǔ 初 级 军 事 汉 语		ភាសាចិនយោធាបឋម
gāo děng shù xué 高 等 数 学		គណិតវិទ្យាជាន់ខ្ពស់
dà xué wù lǐ 大 学 物 理		រូបវិទ្យាសកលវិទ្យាល័យ
dà xué wù lǐ shí yàn 大 学 物 理 实 验		ពិសោធរូបវិទ្យាសកលវិទ្យាល័យ

zhōng guó chuán tǒng wén huà	
中国传统文化	វប្បធម៌ប្រពៃណីចិន
zhōng guó lì shǐ	
中国历史	ប្រវត្តិសាស្ត្រនៃប្រទេសចិន
dà xué jì suàn jī jī chǔ	
大学计算机基础	មូលដ្ឋានកុំព្យូទ័រសកលវិទ្យាល័យ
zhōng jí hàn yǔ	
中级汉语	ភាសាចិនកំរិតមធ្យម
gāo jí hàn yǔ	
高级汉语	ភាសាចិនកំរិតជាន់ខ្ពស់
jūn shì lì shǐ	
军事历史	ប្រវត្តិសាស្ត្រយោធា
máo zé dōng jūn shì sī xiǎng	
毛泽东军事思想	គំនិតយោធាម៉ៅសេទុង
sūn zǐ bīng fǎ	
孙子兵法	យុទ្ធវិធីស៊ុនជ
pào bīng jūn shì tōng xìn	
炮兵军事通信	បញ្ជូនសារយោធាកាំភ្លើងធំ
qīng wǔ qì cāo zuò	
轻武器操作	ការប្រើប្រាស់អាវុធធុនស្រាល
yǎn tǐ gòu zhù yǔ wěi zhuāng	
掩体构筑与伪装	លេណដ្ឋាននិងក្លែងភេទ
jūn shì dì xíng xué	
军事地形学	ភូមិសាស្ត្រយោធា
jūn shì tǐ yù	
军事体育	កីឡាយោធា
pào bīng bīng qì jì shù jī chǔ	
炮兵兵器技术基础	បច្ចេកទេសអាវុធជាមូលដ្ឋានរបស់កាំភ្លើងធំ
dàn yào jì shù jī chǔ	
弹药技术基础	បច្ចេកទេសរំសេវជាមូលដ្ឋានរបស់កាំភ្លើងធំ

pào bīng shè jī xué jī chǔ
炮兵射击学基础　　ការបាញ់ជាមូលដ្ឋានរបស់កាំភ្លើងធំ

pào bīng zhàn shù jī chǔ
炮兵战术基础　　　យុទ្ធវិធីជាមូលដ្ឋានរបស់កាំភ្លើងធំ

cān guān jiàn xué
参观见学　　　　　ទស្សន:កិច្ចសិក្សា

七、军事用语 ពាក្យយោធា
jūn shì yòng yǔ

1. 基础词汇 ពាក្យមូលដ្ឋាន
jī chǔ cí huì

zhōng guó
中国　　　　　　ប្រទេសចិន

guó qí
国旗　　　　　　ទង់ជាតិ

guó gē
国歌　　　　　　ភ្លេងជាតិ

guó huī
国徽　　　　　　រូបតំណាងជាតិ

zhōng guó rén mín jiě fàng jūn
中国人民解放军　កងទ័ពរំដោះប្រជាជនចិន

jūn zhǒng
军种　　　　　　ប្រភេទកងទ័ព

lù jūn	
陆军	ទ័ពជើងគោក
kōng jūn	
空军	ទ័ពអាកាស
hǎi jūn	
海军	ទ័ពជើងទឹក
huǒ jiàn jūn	
火箭军	កងទ័ពកាំជ្រួច
zhàn lüè zhī yuán bù duì	
战略支援部队	កងទ័ពគាំទ្រជាយុទ្ធសាស្ត្រ
mín bīng	
民兵	កងជីវពល
yù bèi yì	
预备役	កងបំរុង
zhàn qū	
战区	តំបន់សង្គ្រាម
bīng zhǒng	
兵种	ប្រភេទទាហាន
bù bīng	
步兵	កងថ្មើរជើង
pào bīng	
炮兵	កងកាំភ្លើងធំ
fáng kōng bīng	
防空兵	កងការពារអាកាស
zhuāng jiǎ bīng	
装甲兵	កងពាសដែក
gōng chéng bīng	
工程兵	កងវិស្វកម្ម
fáng huà bīng	
防化兵	កងគីមីសាស្ត្រ

háng kōng bīng 航 空 兵	កងអាកាស
tè zhǒng bīng 特 种 兵	កងពិសេស
kōng jiàng bīng 空 降 兵	កងត្រយោង
hǎi jūn lù zhàn duì 海 军 陆 战 队	កងទាហានជើងទឹកប្រយុទ្ធលើគោក
jūn 军	សេនាបតី
shī 师	កងពលធំ
lǚ 旅	កងពលតូច
tuán 团	វរសេនាធំ
yíng 营	វរសេនាតូច
lián 连	អនុសេនាធំ
pái 排	អនុសេនាតូច
bān 班	ក្រុម
jiāng jūn 将 军	ឧត្តមសេនីយ៍
dà xiào 大 校	វរសេនីយ៍ឯកពិសេស
shàng xiào 上 校	វរសេនីយ៍ឯក

zhōng xiào 中　校	វរសេនីយ៍ទោ
shào xiào 少　校	វរសេនានីយ៍ត្រី
shàng wèi 上　尉	អនុសេនីយ៍ឯក
zhōng wèi 中　尉	អនុសេនីយ៍ទោ
shào wèi 少　尉	អនុសេនីយ៍ត្រី
zhǔn wèi 准　尉	នាយចំណង
shì guān 士　官	ព្រឹនបាល
jūn shì zhǎng 军　士　长	ព្រឹនបាលឯក
jūn guān 军　官	នាយក
wén zhí gàn bù 文　职　干　部	កម្មាភិបាល
wén zhí rén yuán 文　职　人　员	ស៊ីវិល
guó fáng bù 国　防　部	ក្រសួងការពារជាតិ
guó jì jūn shì hé zuò bàn gōng shì 国 际 军 事 合 作 办 公 室	អង្គការសហការយោធា
jìn gōng 进　攻	ការវាយប្រហារ
fáng yù 防　御	ការពារ

zhàn lüè 战 略	យុទ្ធសាស្ត្រ
zhàn yì 战 役	សង្គ្រាម
zhàn shù 战 术	យុទ្ធវិធី

2. duì liè yòng yǔ
队列用语 ពាក្យសំរាប់លំហាត់របៀប

zhǐ huī yuán 指 挥 员	មេបញ្ជាការ
jí hé 集 合	ប្រជុំជួរ
jiě sàn 解 散	បំបែកជួរ
lì zhèng 立 正	ប្រុង
shào xī 稍 息	សំរាក
xiàng yòu kàn qí 向 右 看 齐	មើលសំដៅខាងស្ដាំជាគោល
xiàng zuǒ kàn qí 向 左 看 齐	មើលសំដៅខាងឆ្វេងជាគោល
xiàng zhōng kàn qí 向 中 看 齐	មើលសំដៅកណ្ដាលជាគោល
xiàng qián kàn 向 前 看	មើលសំដៅខាងមុខជាគោល

xiàng zuǒ zhuǎn 向 左 转	ឆ្វេងបែរ
xiàng yòu zhuǎn 向 右 转	ស្ដាំបែរ
xiàng hòu zhuǎn 向 后 转	ក្រឡប់ក្រោយបែរ
bàn miàn 半 面	បែរមុំ45
zuǒ zhuǎn wān 左 转 弯	បត់ឆ្វេង
yòu zhuǎn wān 右 转 弯	បត់ស្ដាំ
xiàng qián duì zhèng 向 前 对 正	មើលសំដៅខាងមុខតម្រង់
zòng duì 纵 队	ជួរឈរ
héng duì 横 队	បន្ទាត់ជួរទទឹង
liè 列	ជួរទទឹង
qí bù zǒu 齐 步 走	ទៅមុខដើរ
pǎo bù zǒu 跑 步 走	ទៅមុខរត់
zhèng bù zǒu 正 步 走	បោះជំហានទៅមុខ
lì dìng 立 定	ប្រុន
yuán dì tà bù zǒu 原 地 踏 步 走	ដើរនៅនឹងកន្លែង

jìng lǐ 敬 礼	គោរព
lǐ bì 礼 毕	ដាក់ចុះ
bào shù 报 数	រាប់លេខ
dūn xià 蹲 下	លុតជង្គង់
qǐ lì 起 立	ក្រោកឡើង
tuō mào 脱 帽	ដោះមួក
dài mào 戴 帽	ពាក់មួក

3. wǔ qì zhuāng bèi
   武 器 装 备 សម្ភារៈអាវុធ

dān bīng wǔ qì 单 兵 武 器	អាវុធឯកជន
qiāng 枪	កាំភ្លើង
shǒu qiāng 手 枪	កាំភ្លើងដៃ
xiàn dàn qiāng 霰 弹 枪	កាំភ្លើងបាញ់
bù qiāng 步 枪	កាំភ្លើងវែង

chōng fēng qiāng 冲 锋 枪	កាំភ្លើងអាការ
jū jī qiāng 狙 击 枪	កាំភ្លើងស្នេប
miáo zhǔn jìng 瞄 准 镜	កែវតំរង់
yè shì yí 夜 视 仪	ចក្ខុវិស័យពេលយប់
qīng jī qiāng 轻 机 枪	កាំភ្លើងយន្តធុនស្រាល
zhòng jī qiāng 重 机 枪	កាំភ្លើងយន្តធុនធ្ងន់
gāo shè jī qiāng 高 射 机 枪	កាំភ្លើងម៉ាស៊ីនអាន់ទូរីយា
pǎi jī pào 迫 击 炮	កាំភ្លើងគ្បាល់
wú hòu zuò lì pào 无 后 坐 力 炮	កាំភ្លើងធំបាត់
huǒ jiàn tǒng 火 箭 筒	សំបកគ្រាប់
zǐ dàn 子 弹	គ្រាប់កាំភ្លើង
shǒu liú dàn 手 榴 弹	គ្រាប់បែកដៃ
liú dàn fā shè qì 榴 弹 发 射 器	ឡានដំរីកាំភ្លើងធំ
jiān káng shì fáng kōng dǎo dàn 肩 扛 式 防 空 导 弹	គ្រប់មីស៊ីលការពារអាកាសដាក់លើស្មា
fǎn tǎn kè dǎo dàn 反 坦 克 导 弹	គ្រប់មីស៊ីលប្រឆាំងរថក្រោះ

dì léi 地 雷	គ្រាប់មីន
dān bīng zhuāng bèi 单 兵 装 备	សម្ភារៈឯកជនទាហាន
tóu kuī 头 盔	មួកសុវត្ថិភាព
fáng dàn yī 防 弹 衣	អាវគ្រោះ
fáng dú miàn jù 防 毒 面 具	របាំងឧស្ម័ន
fáng huà fú 防 化 服	អាវការពារគីមី
jiàng luò sǎn 降 落 伞	ឆ័ត្រយោង
bǐ shǒu 匕 首	កាំបិតខ្លី
wàng yuǎn jìng 望 远 镜	កែវយឹត
bǎ 靶	ផ្ទាំងស៊ីប
pào 炮	កាំភ្លើងធំ
jiā nóng pào 加 农 炮	កាំភ្លើងធំកាណុង
liú dàn pào 榴 弹 炮	កាំភ្លើងបាញ់គ្រាប់បែក
huá táng pào 滑 膛 炮	កាំភ្លើងធំកាណុងរលោង
xiàn táng pào 线 膛 炮	កាំភ្លើងធំកាណុងចន្លូរ

zì xíng huǒ pào	
自 行 火 炮	កាំភ្លើងធំដែលដើរដោយខ្លួនឯង
qiān yǐn huǒ pào	
牵 引 火 炮	កាំភ្លើងធំដែលជំរុញដោយម៉ាស៊ីនអូសទាញ
gāo shè pào	
高 射 炮	កាំភ្លើងធំរាយយន្តហោះ
yuǎn chéng huǒ jiàn pào	
远 程 火 箭 炮	កាំភ្លើងធំកាំជ្រួចប៉ាញចម្ងាយឆ្ងាយ
pào dàn	
炮 弹	គ្រាប់កាំភ្លើងធំ
dǎo dàn	
导 弹	គ្រាប់មីស៊ីល
zhōu jì dǎo dàn	
洲 际 导 弹	គ្រាប់មីស៊ីលអន្តរទ្វីប
xún háng dǎo dàn	
巡 航 导 弹	គ្រាប់មីស៊ីលរាបតបាល
dàn dào dǎo dàn	
弹 道 导 弹	គ្រាប់មីស៊ីលផ្លោង
yuán zǐ dàn	
原 子 弹	គ្រាប់បែកបរមាណូ
qīng dàn	
氢 弹	គ្រាប់បែកអ៊ីដ្រូហ្សែន
hé dàn	
核 弹	គ្រាប់បែកនុយក្លេអ៊ែរ
hé wǔ qì	
核 武 器	អាវុធនុយក្លេអ៊ែរ
shēng huà wǔ qì	
生 化 武 器	អាវុធគីមី
léi dá	
雷 达	រ៉ាដារ

wú rén jī 无 人 机	យន្តហោះគ្មានអ្នកបរ
tǎn kè 坦 克	រថក្រោះ
zhǔ zhàn tǎn kè 主 战 坦 克	រថក្រោះប្រយុទ្ធសំខាន់
zhuāng jiǎ chē 装 甲 车	រថពាសដែក
háng kōng mǔ jiàn 航 空 母 舰	នាវាផ្ទុកយន្តហោះ
xún yáng jiàn 巡 洋 舰	នាវាល្បាត
qū zhú jiàn 驱 逐 舰	នាវាប្រដេញ
hù wèi jiàn 护 卫 舰	នាវាចម្បាំង
qián tǐng 潜 艇	នាវាមុជទឹក
yú léi 鱼 雷	គ្រាប់បែកទឹក
dēng lù jiàn 登 陆 舰	នាវាចុះចត
bǔ jǐ jiàn 补 给 舰	នាវាផ្គត់ផ្គង់
jiàn zài jī 舰 载 机	យន្តហោះឡើងចុះតាមនាវាផ្ទុកយន្តហោះ
zhàn dòu jī 战 斗 机	យន្តហោះចំបាំង
hōng zhà jī 轰 炸 机	យន្តហោះទម្លាក់គ្រាប់បែក

yùn shū jī 运 输 机	យន្តហោះដឹកជញ្ជូន
yù jǐng jī 预 警 机	យន្តហោះព្រមាន
bù bīng zhàn chē 步 兵 战 车	រថយន្តប្រយុទ្ធរបស់ទ័ពថ្មើរជើង
zhuāng jiǎ yùn bīng chē 装 甲 运 兵 车	រថយន្តដឹកជញ្ជូនទាហាននៃកងពលដែក

西班牙语篇

Español

一、穿着 chuān zhuó Indumentaria

1. 服装 fú zhuāng Vestuario

唐装 táng zhuāng	traje Tang
汉服 hàn fú	hanfu; janfu
旗袍 qí páo	qipao; chipao
中山装 zhōng shān zhuāng	traje de túnica china
制服 zhì fú	uniforme
工作服 gōng zuò fú	mono de trabajo
体能训练服 tǐ néng xùn liàn fú	ropa de entrenamiento físico
运动服 yùn dòng fú	ropa de deporte
迷彩服 mí cǎi fú	uniforme de camuflaje
礼服 lǐ fú	uniforme de gala

cháng fú 常 服	uniforme militar
duǎn xiù 短 袖	camisa de manga corta
cháng xiù 长 袖	camisa de manga larga
xī fú　　xī zhuāng 西服（西装）	traje
duǎn wài tào 短 外 套	chaqueta corta
jiā kè 夹 克	chaqueta
pí yī 皮 衣	ropa de cuero
wèi yī 卫 衣	sudadera
chōng fēng yī 冲 锋 衣	anorak
mǎ jiǎ 马 甲	chaleco
biàn zhuāng 便 装	ropa diaria
xù T恤	camiseta
kù zi 裤 子	pantalones
niú zǎi kù 牛 仔 裤	jeans; pantalones vaqueros
qún zi 裙 子	falda
chèn shān 衬 衫	camisa

máo yī
毛 衣　　　　　　　jersey

máo kù
毛 裤　　　　　　　calzoncillos largos de lana

mián ǎo
棉 袄　　　　　　　chaqueta acolchada

yǔ róng fú
羽 绒 服　　　　　　chaqueta de plumón

dà yī
大 衣　　　　　　　abrigo

yǔ yī
雨 衣　　　　　　　impermeable

qiū yī
秋 衣　　　　　　　ropa interior térmica

qiū kù
秋 裤　　　　　　　pantalones interiores térmicos

nèi yī
内 衣　　　　　　　ropa interior

nèi kù
内 裤　　　　　　　calzoncillos

bèi xīn
背 心　　　　　　　chaleco

shuì yī
睡 衣　　　　　　　pijama

wà zi
袜 子　　　　　　　calcetines

2. xié mào 鞋帽　Zapatos y sombreros

mào zi
帽 子　　　　　　　gorra; sombrero

bàng qiú mào
棒　球　帽　　　　　　gorra con visera

dà yán mào
大　檐　帽　　　　　　sombrero de ala amplia

tóu kuī
头　盔　　　　　　　　casco

xuē zi
靴　子　　　　　　　　botas

zuò zhàn xuē
作　战　靴　　　　　　botas de combate

zuò xùn xié
作　训　鞋　　　　　　zapatos de batalla

yùn dòng xié
运　动　鞋　　　　　　zapatillas de deporte

pí xié
皮　鞋　　　　　　　　zapatos de cuero

bù xié
布　鞋　　　　　　　　zapatos de tela

mián xié
棉　鞋　　　　　　　　zapatos de algodón

tuō xié
拖　鞋　　　　　　　　chancletas

liáng xié
凉　鞋　　　　　　　　sandalias

pèi shì
3. 配饰 Adornos

lǐng dài
领　带　　　　　　　　corbata

lǐng dài jiā
领　带　夹　　　　　　alfiler de corbata

pí dài 皮带	cinturón de cuero
wài yāo dài 外腰带	cinturón exterior
kòu zi 扣子	botón
wéi jīn 围巾	bufanda
kǒu zhào 口罩	mascarilla
shǒu tào 手套	guantes
yǎn jìng 眼镜	gafas
yǐn xíng yǎn jìng 隐形眼镜	lentes de contacto; lentillas
mò jìng 墨镜	gafas de sol
jiè zhi 戒指	anillo
xiàng liàn 项链	collar
shǒu liàn 手链	pulsera
shǒu biǎo 手表	reloj de pulsera
shǒu huán 手环	pulsera deportiva
ěr huán 耳环	pendientes
jiān zhāng 肩章	charretera

mào huī 帽 徽	insignia en la gorra
xiào huī 校 徽	insignia de una escuela
xìng míng pái 姓 名 牌	placa de identificación
zī lì zhāng 资 历 章	insignia de duración de servicio militar
bì zhāng 臂 章	distintivo de manga
xiōng biāo 胸 标	distintivo de tela
xiōng zhāng 胸 章	distintivo de metal
lǐng zhāng 领 章	insignia de cuello
jiǎng zhāng 奖 章	medalla
qián bāo 钱 包	billetera
shuāng jiān bāo 双 肩 包	mochila
bēi náng 背 囊	barjuleta
lǚ xíng bāo 旅 行 包	bolsa de viaje
xíng lǐ xiāng 行 李 箱	maleta
kuà bāo 挎 包	bolso de mensajero
shǒu tí bāo 手 提 包	saco de mano

4. 颜色 yán sè Colores

橙色 chéng sè	naranja
红色 hóng sè	rojo
黄色 huáng sè	amarillo
绿色 lǜ sè	verde
蓝色 lán sè	azul
紫色 zǐ sè	lila
黑色 hēi sè	negro
棕色 zōng sè	marrón
白色 bái sè	blanco
粉红色 fěn hóng sè	rosado
灰色 huī sè	gris
金色 jīn sè	dorado
银色 yín sè	plateado
纯色 chún sè	color puro

cǎi sè
彩色　　　　　　　de varios colores; multicolor
shēn sè
深　色　　　　　　color oscuro
qiǎn sè
浅　色　　　　　　color claro
wǔ yán liù sè
五 颜 六 色　　　　de colores; colorido

yǐn shí
二、饮 食 **Alimentos y bebidas**

zhǔ shí
1. 主 食 **Alimentos básicos**

mǐ fàn
米饭　　　　　　　arroz
miàn tiáo
面　条　　　　　　pasta; tallarines; fideos
miàn bāo
面　包　　　　　　pan
zhōu
粥　　　　　　　　sopa de arroz
bāo zi
包　子　　　　　　empanada
mán tou
馒　头　　　　　　panecillo al vapor

jiǎo zi 饺 子	ravioles
dàn gāo 蛋 糕	tarta; pastel
hàn bǎo bāo 汉 堡 包	hamburguesa
sān míng zhì 三 明 治	sándwich
pī sà 披 萨	pizza
náng 馕	pan nan
bǐng 饼	tortilla
chǎo fàn 炒 饭	arroz sofrito; arroz chaufa
chǎo miàn 炒 面	tallarines fritos
fāng biàn miàn 方 便 面	fideos instantáneos
mǐ xiàn 米 线	fideos de arroz
yì dà lì miàn 意 大 利 面	pasta
hún tun 馄 饨	wantán
jī dàn 鸡 蛋	huevo
shǔ tiáo 薯 条	patatas fritas

2. 水果 Frutas
shuǐ guǒ

píng guǒ
苹 果　　　　　　　manzana

xiāng jiāo
香 蕉　　　　　　　plátano

lí
梨　　　　　　　　pera

xī guā
西 瓜　　　　　　　sandía

máng guǒ
芒 果　　　　　　　mango

pú tao
葡 萄　　　　　　　uva

bō luó
菠 萝　　　　　　　piña

jú zi
橘 子　　　　　　　mandarina

jīn jú
金 橘　　　　　　　kumquat

chéng zi
橙 子　　　　　　　naranja

yòu zi
柚 子　　　　　　　toronja

lǐ zi
李 子　　　　　　　ciruela

xìng zi
杏 子　　　　　　　albaricoque

cǎo méi
草 莓　　　　　　　fresa

shèng nǚ guǒ 圣女果	tomate cherry
hā mì guā 哈密瓜	melón de Hami
táo zi 桃子	melocotón
mí hóu táo 猕猴桃	kiwi
mù guā 木瓜	papaya
yē zi 椰子	coco
lì zhī 荔枝	lichi
níng méng 柠檬	limón
xiāng guā 香瓜	melón
liú lián 榴莲	durian
lóng yǎn 龙眼	longan
huǒ lóng guǒ 火龙果	fruta del dragón; pitaya
yīng tao 樱桃	cereza
shān zhú 山竹	mangostán
niú yóu guǒ 牛油果	aguacate
fān shí liu 番石榴	guayaba

shí liu
石榴　　　　　　　　granada

3. shū cài 蔬菜 Hortalizas

bái cài
白菜　　　　　　　　repollo chino
luó bo
萝卜　　　　　　　　rábano
hú luó bo
胡萝卜　　　　　　　zanahoria
là jiāo
辣椒　　　　　　　　pimienta; ají
juǎn xīn cài
卷心菜　　　　　　　repollo
kōng xīn cài
空心菜　　　　　　　espinaca del agua
bō cài
菠菜　　　　　　　　espinaca
jiǔ cài
韭菜　　　　　　　　puerro
sǔn
笋　　　　　　　　　brote de bambú
wō jù
莴苣　　　　　　　　lechuga
huā cài
花菜　　　　　　　　coliflor
xī lán huā
西兰花　　　　　　　brócoli
qín cài
芹菜　　　　　　　　perejil

shēng cài 生 菜	lechuga
nán guā 南 瓜	calabaza
dōng guā 冬 瓜	calabaza blanca
huáng guā 黄 瓜	pepino
xī hóng shì 西 红 柿	tomate
qié zi 茄 子	berenjena
yù mǐ 玉 米	maíz
wān dòu 豌 豆	guisante
hé lán dòu 荷 兰 豆	tirabeque
dòu jiǎo 豆 角	judía
dòu yá 豆 芽	brote de soja
huā shēng 花 生	cacahuete; maní
hóng shǔ 红 薯	patata dulce
tǔ dòu 土 豆	patata
dòu fu 豆 腐	tofu; queso de soja
mó gu 蘑 菇	seta

ǒu 藕	raíz de loto
yáng cōng 洋 葱	cebolla
shān yào 山 药	ñame chino
sī guā 丝 瓜	estropajo
qiū kuí 秋 葵	gumbo

4. ròu lèi 肉 类 Carne

jī ròu 鸡 肉	pollo
zhá jī 炸 鸡	pollo frito
jī tuǐ 鸡 腿	muslo de pollo
jī chì 鸡 翅	ala de pollo
jī xiōng ròu 鸡 胸 肉	pechuga
yā ròu 鸭 肉	pato
kǎo yā 烤 鸭	pato asado
niú ròu 牛 肉	ternera
yáng ròu 羊 肉	carnero

zhū ròu 猪肉	carne de cerdo
là ròu 腊肉	cecina
xiā 虾	camarón
páng xiè 螃蟹	cangrejo
lóng xiā 龙虾	langosta
jiǎ yú 甲鱼	tortuga de caparazón blando
yú 鱼	pez
xiāng cháng 香肠	salchicha; longaniza
huǒ tuǐ cháng 火腿肠	jamón
huǒ jī 火鸡	pavo
niú pái 牛排	bistec
péi gēn 培根	bacón
ròu chuàn 肉串	pincho; broqueta de carne
shāo kǎo 烧烤	barbacoa

5. 酒水 Vino y bebida

bái jiǔ 白酒	licor
pí jiǔ 啤酒	cerveza
hóng jiǔ 红酒	vino tinto
mǐ jiǔ 米酒	licor de arroz
guǒ zhī 果汁	zumo
chéng zhī 橙汁	zumo de naranja
suān nǎi 酸奶	yogur
niú nǎi 牛奶	leche
bīng shuǐ 冰水	agua con hielo
chún jìng shuǐ 纯净水	agua purificada
kuàng quán shuǐ 矿泉水	agua mineral
tǒng zhuāng shuǐ 桶装水	agua embotellada
lǜ chá 绿茶	té verde
hóng chá 红茶	té negro

huā chá 花茶	infusión de flor
nǎi chá 奶茶	té con leche
kā fēi 咖啡	café
qì shuǐ 汽水	gaseosa
kě lè 可乐	coca cola
xuě bì 雪碧	sprite
bīng qí lín 冰淇淋	helado
xuě gāo 雪糕	cucurucho de helado
bīng gùn 冰棍	polo
nǎi xī 奶昔	batido de leche

6. tiáo wèi pǐn 调味品 Condimentos

yóu 油	aceite
yán 盐	sal
jiàng yóu 酱油	salsa de soja
cù 醋	vinagre

táng 糖	azúcar
cōng 葱	cebollino
jiāng 姜	jengibre
suàn 蒜	ajo
hú jiāo fěn 胡椒粉	pimienta molida
huā jiāo 花椒	pimienta de Sichuan
bā jiǎo 八角	anís
guì pí 桂皮	canela
jiàng 酱	salsa
shā lā jiàng 沙拉酱	aderezo para ensalada
fān qié jiàng 番茄酱	ketchup
jiè mo jiàng 芥末酱	mostaza
gā lí 咖喱	cari
jī jīng 鸡精	extracto de carne
háo yóu 蚝油	salsa de ostras
là jiàng 辣酱	salsa picante

suān 酸	agrio
tián 甜	dulce
kǔ 苦	amargo
là 辣	picante
xián 咸	salado
má 麻	caliente
sè 涩	acerbo
xiāng 香	aromático; bienoliente
chòu 臭	apestoso; maloliente
xiān 鲜	fresco

7. 餐具 cān jù Cubiertos

dāo 刀	cuchillo
chā 叉	tenedor
kuài zi 筷子	palillos
sháo zi 勺子	cuchara

pán zi　dié zi 盘 子（碟 子）	plato
píng zi 瓶　子	botella
wǎn 碗	bol; cuenco; tazón
cān jīn zhǐ 餐 巾 纸	servilleta de papel
yá qiān 牙 签	palillo de dientes
chá bēi 茶 杯	taza de té
jiǔ bēi 酒 杯	copa
zhǐ bēi 纸 杯	vaso de papel

三、生活 Vida cotidiana
shēng huó

1. 成 员 Miembros
chéng yuán

fù mǔ 父 母	padres
fù qīn 父 亲	padre

bà ba 爸 爸	papá
mǔ qīn 母 亲	madre
mā ma 妈 妈	mamá
yuè fù 岳 父	suegro
yuè mǔ 岳 母	suegra
zhàng fu 丈 夫	marido; esposo
qī zi 妻 子	esposa; mujer
wèi hūn fū 未 婚 夫	prometido
wèi hūn qī 未 婚 妻	prometida
nán péng you 男 朋 友	novio
nǚ péng you 女 朋 友	novia
gē ge 哥 哥	hermano mayor
sǎo zi 嫂 子	esposa de hermano mayor
dì di 弟 弟	hermano menor
dì xí 弟 媳	esposa de hermano menor
jiě jie 姐 姐	hermana mayor

jiě fu
姐夫　　　　　　　　　　esposo de hermana mayor

mèi mei
妹妹　　　　　　　　　　hermana menor

mèi fu
妹夫　　　　　　　　　　esposo de hermana menor

bó bo
伯伯　　　　　　　　　　tío (hermano mayor de padre)

bó mǔ
伯母　　　　　　　　　　tía (esposa del hermano mayor de padre)

shū shu
叔叔　　　　　　　　　　tío (hermano menor de padre)

shěn shen
婶婶　　　　　　　　　　tía (esposa del hermano menor de padre)

ā yí
阿姨　　　　　　　　　　tía (hermana de madre)

yí fu
姨父　　　　　　　　　　tío (esposo de la hermana de madre)

jiù jiu
舅舅　　　　　　　　　　tío (hermano de madre)

jiù mā
舅妈　　　　　　　　　　tía (esposa del hermano de madre)

gū gu
姑姑　　　　　　　　　　tía (hermana de padre)

gū fù
姑父　　　　　　　　　　tío (esposo de la hermana de padre)

hái zi
孩子　　　　　　　　　　niño, a

ér zi
儿子　　　　　　　　　　hijo

ér xí
儿媳　　　　　　　　　　nuera

nǚ ér 女 儿	hija
nǚ xu 女 婿	yerno
zǔ fù yé ye 祖父（爷爷）	abuelo paterno
wài gōng lǎo ye 外 公 （姥爷）	abuelo materno
zǔ mǔ nǎi nai 祖 母（奶奶）	abuela paterna
wài pó lǎo lao 外 婆（姥姥）	abuela materna
sūn zi wài sūn 孙 子（外 孙）	nieto
sūn nǚ wài sūn nǚ 孙 女（外 孙 女）	nieta
zēng zǔ fù 曾 祖父	bisabuelo
zēng zǔ mǔ 曾 祖 母	bisabuela
jiā tíng 家 庭	familia
nán 男	masculino
nǚ 女	femenino
yuàn zhǎng 院 长	director de la academia
zhèng wěi 政 委	comisario político
dà duì zhǎng 大 队 长	comandante de brigada

fù dà duì zhǎng 副大队长	vicecomandante de brigada
zhǔ rèn 主任	decano
fù zhǔ rèn 副主任	decano adjunto
yì yuán 译员	intérprete; traductor,ra
jiào yuán 教员	maestro, ra
cān móu 参谋	oficial
gàn shi 干事	secretario, a
duì zhǎng 队长	capitán
jiào dǎo yuán 教导员	instructor político
xué yuán 学员	cadete
tóng zhuō 同桌	compañero en la misma mesa
shì yǒu 室友	compañero de cuarto
lǎo shī 老师	profesor, ra
tóng xué 同学	compañero de clase
péng you 朋友	amigo,a
tóng bāo 同胞	compatriota

xué zhǎng 学 长	compañero de grupo mayor
xué dì 学 弟	compañero de grupo menor
zhí bān yuán 值 班 员	cadete de guardia
bān zhǎng 班 长	cabo
pái zhǎng 排 长	comandante de pelotón
lián zhǎng 连 长	comandante de compañía
yíng zhǎng 营 长	comandante de batallón

2. 居住环境 Entorno de vida
jū zhù huán jìng

yóu jú 邮 局	correos
jiào xué lóu 教 学 楼	edificio docente
tú shū guǎn 图 书 馆	biblioteca
chāo shì 超 市	supermercado
xué kē lóu 学 科 楼	edificio disciplinario
jī guān lóu 机 关 楼	edificio administrativo
wén tǐ zhōng xīn 文 体 中 心	centro recreativo y deportivo

dōng mén 东 门	puerta este
běi mén 北 门	puerta norte
chuán dá shì 传 达 室	portería; consejería
bǎo ān 保 安	guardia de seguridad
bǎo jié yuán 保 洁 员	limpiador,ra
shào bīng 哨 兵	centinela
nán hú 南 湖	lago del sur
jiā shǔ qū 家 属 区	área familiar
jiào xué xíng zhèng qū 教 学 行 政 区	área de docencia y administración
wài xùn lóu 外 训 楼	edificio de educación internacional
mén zhěn bù 门 诊 部	clínica; consultorio
cāo chǎng 操 场	campo deportivo
lán qiú chǎng 篮 球 场	cancha de baloncesto
zú qiú chǎng 足 球 场	campo de fútbol
yuàn shǐ guǎn 院 史 馆	museo de historia de la academia
shí yàn shì 实 验 室	laboratorio

jiào shì 教 室	aula
sù shè 宿 舍	dormitorio
shí táng 食 堂	comedor; cantina
chú shī 厨 师	cocinero
lǐ fà diàn 理 发 店	peluquería
lǐ fà jiǎn 理 发 剪	tijeras de corte de pelo
yuè lǎn shì 阅 览 室	sala de lectura
yóu yǒng guǎn 游 泳 馆	piscina
jiàn shēn fáng 健 身 房	gimnasio
huó dòng shì 活 动 室	sala de deportes
liàng yī jiān 晾 衣 间	cuarto para tender la ropa
chū kǒu 出 口	salida
rù kǒu 入 口	entrada

3. 内务 Asuntos internos

nèi wù

fáng jiān 房 间	habitación; cuarto

diàn shì
电 视   televisión

kàn diàn shì
看 电 视   ver la televisión

kōng tiáo
空 调   aire acondicionado

yáo kòng qì
遥 控 器   mando a distancia

diàn fēng shàn
电 风 扇   ventilador

diàn shuǐ hú
电 水 壶   jarra eléctrica; hervidor

yǐn shuǐ jī
饮 水 机   dispensador de agua

wēi bō lú
微 波 炉   microondas

yùn dǒu
熨 斗   plancha

yùn yī bǎn
熨 衣 板   tabla de planchar

chōng diàn qì
充 电 器   cargador

chōng diàn
充 电   cargar

diàn nǎo
电 脑   ordenador; computadora

chā zuò
插 座   enchufe

chā tóu
插 头   clavija

jiē xiàn bǎn
接 线 板   panel de conexiones

chā shàng chā tóu 插上插头	enchufar
bá xià chā tóu 拔下插头	desenchufar
dēng 灯	lámpara
kāi guān 开关	interruptor
kāi dēng 开灯	encender la luz
tái dēng 台灯	lámpara de mesa
zhuō zi 桌子	mesa
yǐ zi 椅子	silla
chuāng hu 窗户	ventana
chuāng lián 窗帘	cortina
dì bǎn 地板	suelo
mén 门	puerta
qiáng 墙	pared
chǔ wù guì 储物柜	casillero
bǎo mì guì 保密柜	caja fuerte
shū guì 书柜	estante

chōu ti 抽 屉	cajón
mén kǎ 门 卡	tarjeta de acceso
yào shi 钥 匙	llave
chuáng 床	cama
shàng pù 上 铺	litera superior
xià pù 下 铺	litera inferior
chuáng diàn 床 垫	colchón
wén zhàng 蚊 帐	mosquitero
liáng xí 凉 席	estera
bèi zi 被 子	manta
shài bèi zi 晒 被 子	exponer la manta al sol
dié bèi zi 叠 被 子	doblar la manta
zhěng qí 整 齐	en orden; ordenado
chuáng dān 床 单	sábana
zhěn tou 枕 头	almohada
huàn chuáng dān 换 床 单	cambiar la sábana

tōng fēng 通风	ventilar
shuì jiào 睡觉	dormir; acostarse
xī dēng 熄灯	apagar la luz
qǐ chuáng 起床	levantarse
jí hé 集合	reunirse
shào shēng 哨声	silbido
jiǎn chá 检查	examinar; comprobar
dǎ sǎo 打扫	limpiar
wèi shēng 卫生	higiene; sanidad
yù shì 浴室	baño
cè suǒ 厕所	retrete; servicio
shǒu zhǐ 手纸	papel higiénico
xǐ shù chí 洗漱池	lavabo; palangana
diàn rè shuǐ qì 电热水器	calentador de agua
huā sǎ 花洒	ducha
mǎ tǒng 马桶	retrete

shuǐ lóng tóu 水 龙 头	grifo
tiáo zhou 笤 帚	escoba
sǎo dì 扫 地	barrer
tuō bǎ 拖 把	fregona
tuō dì 拖 地	fregar
lā jī 垃 圾	basura
lā jī tǒng 垃 圾 桶	cubo de basura; papelera
lā jī dài 垃 圾 袋	bolsa de basura
shuā zi 刷 子	cepillo
mā bù 抹 布	trapo
cā 擦	limpiar
bò ji 簸 箕	recogedor
xǐ zǎo 洗 澡	ducharse
xǐ fà shuǐ 洗 发 水	champú
hù fà sù 护 发 素	suavizante
mù yù lù 沐 浴 露	gel

xǐ yī jī 洗衣机	lavadora
xǐ yī fu 洗衣服	lavar la ropa
xǐ yī fěn 洗衣粉	detergente en polvo
xǐ yī yè 洗衣液	detergente líquido
xǐ shǒu yè 洗手液	jabón de manos líquido
xiāo dú yè 消毒液	desinfectante
jiǔ jīng 酒精	alcohol
xǐ jié jīng 洗洁精	lavavajillas
yī jià 衣架	percha
liàng yī shéng 晾衣绳	tendedero
xǐ liǎn 洗脸	lavarse la cara
xǐ miàn nǎi 洗面奶	limpiador facial
xǐ shǒu 洗手	lavarse las manos
xiāng zào 香皂	jabón perfumado
féi zào 肥皂	jabón
máo jīn 毛巾	toalla

máo jīn jià 毛巾架	toallero
tì xū dāo 剃须刀	maquinilla de afeitar
zhǐ jia dāo 指甲刀	cortauñas
jiǎn dāo 剪刀	tijeras
diàn chuī fēng 电吹风	secador
yá shuā 牙刷	cepillo de dientes
yá gāo 牙膏	pasta dental
shuā yá 刷牙	cepillarse los dientes
jìng zi 镜子	espejo
zhào jìng zi 照镜子	mirarse en el espejo
shū zi 梳子	peine
shū zhuāng 梳妆	arreglarse
zǒu láng 走廊	pasillo
qǐng jià 请假	pedir permiso
xiāo jià 销假	informar después de cumplido el permiso de ausencia

4. 就(jiù)医(yī) Servicio médico

挂(guà)号(hào)	registrar en el servicio médico
门(mén)诊(zhěn)	clínica
急(jí)诊(zhěn)	tratamiento emergente
住(zhù)院(yuàn)	hospitalizarse
出(chū)院(yuàn)	dejar el hospital
体(tǐ)检(jiǎn)	examen físico
身(shēn)体(tǐ)	cuerpo
头(tóu)	cabeza
脸(liǎn)	cara
脖(bó)子(zi)	cuello
肩(jiān)膀(bǎng)	hombro
背(bèi)	espalda
胸(xiōng)	pecho
腹(fù)	vientre

shǒu 手	mano
tuǐ 腿	pierna
xī gài 膝盖	rodilla
jiǎo 脚	pie
jiǎo huái 脚踝	tobillo
tóu fa 头发	cabello
é tóu 额头	frente
méi mao 眉毛	ceja
yǎn jing 眼睛	ojo
bí zi 鼻子	nariz
zuǐ ba 嘴巴	boca
zuǐ chún 嘴唇	labio
ěr duo 耳朵	oreja
xià ba 下巴	barbilla
yá chǐ 牙齿	diente
pí fū 皮肤	piel

dà nǎo 大脑	cerebro
qì guǎn 气管	tráquea
fèi 肺	pulmón
xīn zàng 心脏	corazón
gān 肝	hígado
wèi 胃	estómago
pí 脾	bazo
shèn 肾	riñón
lán wěi 阑尾	apéndice
páng guāng 膀胱	vejiga
shēn gāo 身高	altura
tǐ zhòng 体重	peso
nèi kē 内科	medicina interna
wài kē 外科	cirugía
yá kē 牙科	odontología
yǎn kē 眼科	oftalmología

fàng shè kē 放射科	radiología
xiōng piàn 胸片	radiografía de tórax
lǐ liáo 理疗	fisioterapia
huà yàn shì 化验室	laboratorio
xuè guǎn 血管	vaso sanguíneo
huà yàn 化验	análisis
yàn xiě 验血	análisis de sangre
yàn niào 验尿	análisis de orina
pāi 拍 CT	tomar TC (tomografía computarizada)
yī shēng 医生	médico
jí bìng 疾病	enfermedad
jié shí 结石	litiasis
shēng bìng 生病	estar enfermo
shén jīng 神经	nervio
cháng dào 肠道	intestino
bù shū fu 不舒服	incómodo

gǎn mào 感冒	resfriado
liú gǎn 流感	gripe
bìng dú 病毒	virus
ké sou 咳嗽	tos
fā shāo 发烧	fiebre
liú bí tì 流鼻涕	moquear
xǐng bí tì 擤鼻涕	sonar la nariz
bí sè 鼻塞	nariz tapada
dǎ pēn tì 打喷嚏	estornudar
tán 痰	esputo
tòng 痛	dolor; doler
yǎng 痒	picar
má mù 麻木	entumecer
zhāng kāi zuǐ ba 张开嘴巴	abrir la boca
hū xī 呼吸	respirar
sǎng zi tòng 嗓子痛	dolor de garganta

wèi tòng 胃 痛	dolor de estómago
yá tòng 牙 痛	dolor de muelas
bá yá 拔 牙	arrancar el diente
bǔ yá 补 牙	empastar el diente
tóu tòng 头 痛	dolor de cabeza
dù zi tòng 肚 子 痛	dolor de barriga
lā dù zi 拉 肚 子	diarrea
fèi yán 肺 炎	pulmonía; neumonía
zhī qì guǎn yán 支 气 管 炎	bronquitis
guò mǐn 过 敏	alergia
tóu yūn 头 晕	vértigo; mareo
yūn dǎo 晕 倒	desmayarse
niǔ shāng 扭 伤	distorsionar
tàng shāng 烫 伤	quemarse
gē shāng 割 伤	cortarse
cā shāng 擦 伤	escoriar

zhǒng tòng 肿 痛	hinchazón y dolor
yū xuè 瘀 血	éstasis de sangre
liú xuè 流 血	perder sangre
gǔ zhé 骨 折	fracturarse
ě xin 恶 心	náusea
ǒu tù 呕 吐	vomitar
jìng luán 痉 挛	espasmo
fā yán 发 炎	inflamarse
kuì yáng 溃 疡	úlcera
chuán rǎn 传 染	contagiar; inficionar
gǎn rǎn 感 染	infectarse
gé lí 隔 离	cuarentena
hé suān jiǎn cè 核 酸 检 测	prueba de ácido nucleico
jiē zhòng yì miáo 接 种 疫 苗	vacunar
jiàn kāng mǎ 健 康 码	código sanitario QR
xíng chéng mǎ 行 程 码	código de viaje

chū shì jiàn kāng mǎ
出示健康码　　　　　　mostrar el código sanitario QR
chū shì xíng chéng mǎ
出示行程码　　　　　　mostrar el código de viaje
sǎo mǎ
扫码　　　　　　　　　escanear el código sanitario QR
lǜ mǎ
绿码　　　　　　　　　código verde
huáng mǎ
黄码　　　　　　　　　código amarillo
hóng mǎ
红码　　　　　　　　　código rojo
yào wù
药物　　　　　　　　　medicamento
xī yào
西药　　　　　　　　　medicina occidental
zhōng yào
中药　　　　　　　　　medicina tradicional china
gāo yao
膏药　　　　　　　　　emplasto
yào wán
药丸　　　　　　　　　píldora
yào piàn
药片　　　　　　　　　pastilla
yào gāo
药膏　　　　　　　　　pomada
jiāo náng
胶囊　　　　　　　　　cápsula
kǒu fú
口服　　　　　　　　　por vía oral
wài yòng
外用　　　　　　　　　aplicación externa

chōng jì
冲　剂　　　　　　　　gránulos medicinales
táng jiāng
糖　浆　　　　　　　　jarabe
chuāng kě tiē
创　可　贴　　　　　　tirita
tǐ wēn jì
体温 计　　　　　　　termómetro clínico
kāng fù
康　复　　　　　　　　recuperarse
kàn bìng
看　病　　　　　　　　consultar al médico
liáng xuè yā
量　血　压　　　　　　tomarle la presión arterial a alguien
liáng tǐ wēn
量　体温　　　　　　　tomarle la temperatura a alguien
kāi yào
开　药　　　　　　　　recetar
chī yào
吃　药　　　　　　　　tomar medicina
dǎ zhēn
打　针　　　　　　　　poner inyección; inyectar
shū yè
输　液　　　　　　　　transfundir goteo intravenoso
zuò shǒu shù
做　手　术　　　　　　tener una operación
má zuì
麻　醉　　　　　　　　anestesia
bāo zā
包　扎　　　　　　　　vendar una herida
dǎ shí gāo
打　石　膏　　　　　　poner un yeso

zhēn jiǔ 针 灸	acupuntura
bá huǒ guàn 拔 火 罐	ventosa
àn mó 按 摩	masaje

5. rì cháng xū qiú 日常需求 Necesidades diarias

xiū lǐ 修 理	reparar
gēng huàn 更 换	cambiar
yín háng 银 行	banco
shǒu jī yín háng 手 机 银 行	servicio de banca móvil
dǎo háng 导 航	navegación
yìng yòng chéng xù 应 用 程 序	aplicación
wǎng gòu 网 购	hacer compras en línea
kuài dì 快 递	paquete
wǎng diàn 网 店	tienda en línea
kè fú 客 服	servicio al cliente

xià dān 下 单	hacer un pedido
qǔ jiàn 取 件	recoger el paquete
qǔ jiàn mǎ 取 件 码	código de recogida
jì jiàn 寄 件	enviar el paquete
tuì huò 退 货	hacer una devolución
kuài dì guì 快 递 柜	taquillas para guardar los paquetes
cài niǎo yì zhàn 菜 鸟 驿 站	estación de mensajería Cai Niao
wài mài 外 卖	(comida) para llevar
měi tuán wài mài 美 团 外 卖	servicio de entrega de comida de Meituan
è le me wài mài píng tái 饿了么（外卖平台）	servicio de entrega de comida de ELEME (una plataforma para pedir comida para llevar)
zhī fù bǎo 支 付 宝	Alipay
táo bǎo 淘 宝	Taobao
wēi xìn 微 信	WeChat
ā lǐ bā bā 阿 里 巴 巴	Alibaba

zhī fù 支付	pagar
èr wéi mǎ 二维码	código QR
sǎo mǎ zhī fù 扫码支付	escanear el código QR para pagar
shuā kǎ 刷卡	con tarjeta
chōng diàn bǎo 充电宝	cargador portátil; banco
bǎng dìng 绑定	vincular con
kāi hù 开户	abrir una cuenta
zhèng jiàn 证件	documento
xué yuán zhèng 学员证	tarjeta de cadete
hù zhào 护照	pasaporte
shēn fèn zhèng 身份证	DNI
zhàng hào 账号	número de cuenta
zhù cè 注册	registrarse
dēng lù 登录	iniciar sesión
yàn zhèng mǎ 验证码	código de verificación
mì mǎ 密码	contraseña

zhào piàn 照片	fotografía
zhào xiàng 照相	tomar una foto
xìn yòng kǎ 信用卡	tarjeta de crédito
chǔ xù kǎ 储蓄卡	tarjeta de débito
qǔ qián 取钱	retirar dinero
cún qián 存钱	depositar dinero
huì kuǎn 汇款	hacer transferencia de efectivo
zhuǎn zhàng 转账	hacer una transferencia
jīn tiē 津贴	subsidio
gōng zī 工资	salario
měi yuán 美元	dólar
ōu yuán 欧元	euro
rén mín bì 人民币	RMB（Renminbi）
gù dìng diàn huà 固定电话	teléfono fijo
shǒu jī 手机	móvil
ěr jī 耳机	auricular

hào mǎ 号 码	número de teléfono
shǒu jī kǎ 手 机 卡	tarjeta SIM
guó jì cháng tú 国 际 长 途	llamadas internacionales
shàng wǎng liú liàng 上 网 流 量	datos de Internet
wú xiàn wǎng 无 线 网	redes inalámbricas (WIFI)
lán yá 蓝 牙	bluetooth
yǔ yīn tōng huà 语 音 通 话	llamada de voz
shì pín tōng huà 视 频 通 话	videollamada
zhōng guó yí dòng 中 国 移 动	China Mobile
zhōng guó lián tōng 中 国 联 通	China Unicom
zhōng guó diàn xìn 中 国 电 信	China Telecom
diàn huà fèi 电 话 费	gasto telefónico
qiàn fèi 欠 费	estar atrasado
jiǎo fèi 缴 费	pagar
chōng zhí 充 值	recargar
duǎn xìn 短 信	mensaje

dǎ diàn huà
打电话　　　　　　　hacer una llamada

6. jié rì 节日 Fiestas

yuán dàn
元旦　　　　　　　　Año Nuevo

chūn jié
春节　　　　　　　　Festival de la Primavera

yuán xiāo jié
元宵节　　　　　　　Fiesta de los Faroles

fù nǚ jié
妇女节　　　　　　　Día Internacional de la Mujer

qīng míng jié
清明节　　　　　　　Día de Qingming para honrar a los antepasados

láo dòng jié
劳动节　　　　　　　Día Internacional de Trabajadores

ér tóng jié
儿童节　　　　　　　Día Internacional de Niños

zhōng qiū jié
中秋节　　　　　　　Fiesta del Medio Otoño

jiào shī jié
教师节　　　　　　　Día del Maestro

chóng yáng jié
重阳节　　　　　　　Fiesta del Doble Nueve

chú xī
除夕　　　　　　　　Nochevieja

qī xī 七夕	Fiesta de Doble Siete
zhōng yuán jié 中元节	Fiesta de Fantasma Hambriento
qíng rén jié 情人节	Día de San Valentín
fù qīn jié 父亲节	Día del Padre
mǔ qīn jié 母亲节	Día de la Madre
guó qìng jié 国庆节	Fiesta Nacional
jiàn jūn jié 建军节	Día del Ejército
jì niàn rì 纪念日	día de conmemoración
shèng dàn jié 圣诞节	Navidad
fù huó jié 复活节	Día de Pascua
gǎn ēn jié 感恩节	Día de Acción de Gracias
zhāi yuè 斋月	Ramadán

四、旅游 Turismo
lǚ yóu

1. 天气 Clima
tiān qì

tiān qì yù bào
天气预报　　　　　　pronóstico del tiempo

biàn huà
变化　　　　　　　　cambio

qì wēn
气温　　　　　　　　temperatura

jiàng wēn
降温　　　　　　　　bajada de temperatura

lěng kōng qì
冷空气　　　　　　　aire frío

shè shì dù
摄氏度　　　　　　　grado centígrado

líng shàng
零上　　　　　　　　grado centígrado por encima de cero

líng xià
零下　　　　　　　　bajo cero

lěng
冷　　　　　　　　　frío

rè
热　　　　　　　　　caluroso

wēn nuǎn 温 暖	templado; tibio
liáng shuǎng 凉 爽	fresco
gān zào 干 燥	seco
cháo shī 潮 湿	húmedo
yǔ 雨	lluvia
xuě 雪	nieve
bīng báo 冰 雹	granizo
fēng 风	viento
wù 雾	niebla
mái 霾	smog
léi 雷	trueno
shǎn diàn 闪 电	relámpago
yún 云	nube
tài yáng 太 阳	sol
yuè liang 月 亮	luna
xīng xing 星 星	estrella

来华留学生汉语基本词汇掌中宝

cǎi hóng 彩 虹	arco iris
xià yǔ 下 雨	llover
xià xuě 下 雪	nevar
xià wù 下 雾	caer la niebla
jié bīng 结 冰	helar
guā fēng 刮 风	soplar el viento
dǎ léi 打 雷	tronar
qíng tiān 晴 天	soleado
yīn tiān 阴 天	nublado
duō yún 多 云	nublado
yǔ sǎn 雨 伞	paraguas

2. jiāo tōng 交 通 Transporte

qì chē 汽 车	automóvil; coche; carro
mó tuō chē 摩 托 车	motocicleta
zì xíng chē 自 行 车	bicicleta

gòng xiǎng dān chē
共 享 单 车　　bicicleta compartida de alquiler
diàn dòng chē
电 动 车　　bicicleta eléctrica
kǎ chē
卡 车　　camión
chū zū chē
出 租 车　　taxi
wǎng yuē chē
网 约 车　　coche reservado en línea
dì tiě
地 铁　　metro
gāo tiě
高 铁　　tren de alta velocidad
gōng gòng qì chē
公 共 汽 车　　autobús
qì chē zhàn
汽 车 站　　estación de autobuses
huǒ chē
火 车　　tren
lǎn chē
缆 车　　teleférico
fēi jī
飞 机　　avión
háng bān
航 班　　vuelo
chuán
船　　barco
huǒ chē zhàn
火 车 站　　estación ferroviaria
mǎi piào
买 票　　comprar pasajes

huǒ chē piào 火 车 票	billete de tren
chē cì 车 次	número del tren
zuò wèi 座 位	asiento
wò pù 卧 铺	camarote
fēi jī piào 飞 机 票	pasaje de avión
fēi jī chǎng 飞 机 场	aeropuerto
dān chéng piào 单 程 票	billete de ida
wǎng fǎn piào 往 返 票	billetes de ida y vuelta
mén piào 门 票	entrada
sī jī 司 机	conductor
kōng chéng 空 乘	auxiliar de vuelo
liè chē yuán 列 车 员	auxiliar de tren
dēng jī 登 机	embarque
dēng jī kǒu 登 机 口	puerta de embarque
dēng jī pái 登 机 牌	tarjeta de embarque
jiǎn piào 检 票	revisar el billete

qiān zhèng 签 证	visado
jī zhǎng 机 长	piloto al mando
jiǎn piào yuán 检 票 员	revisor, ra
zhí jī 值 机	check-in
tuō yùn 托 运	facturar
ān jiǎn 安 检	control de seguridad
dēng jī 登 机	embarque
shòu piào chù 售 票 处	taquilla
shòu piào yuán 售 票 员	taquillero, a
gāo fēng 高 峰	hora punta
dǔ chē 堵 车	embotellamiento
shàng chē 上 车	subir
xià chē 下 车	bajar
zhí dá 直 达	directo
huàn chéng 换 乘	transbordar
hóng lǜ dēng 红 绿 灯	semáforo

bān mǎ xiàn 斑马线	paso de cebra
rén xíng dào 人行道	acera
máng dào 盲道	camino para los ciegos
lù kǒu 路口	crucero
gōng lù / mǎ lù 公路 / 马路	carretera
jiāo tōng biāo zhì 交通标志	señales de tráfico
lù pái 路牌	letrero

3. shí jiān 时间 Tiempo

jì jié 季节	estación
chūn tiān 春天	primavera
xià tiān 夏天	verano
qiū tiān 秋天	otoño
dōng tiān 冬天	invierno
hàn jì 旱季	estación seca
yǔ jì 雨季	estación de lluvias

jià qī 假 期	vacaciones
hán jià 寒 假	vacaciones de invierno
shǔ jià 暑 假	vacaciones de verano
rì qī 日 期	fecha
yuè 月	mes
yī yuè 一 月	enero
èr yuè 二 月	febrero
sān yuè 三 月	marzo
sì yuè 四 月	abril
wǔ yuè 五 月	mayo
liù yuè 六 月	junio
qī yuè 七 月	julio
bā yuè 八 月	agosto
jiǔ yuè 九 月	septiembre
shí yuè 十 月	octubre
shí yī yuè 十 一 月	noviembre

shí èr yuè 十二月	diciembre
xīng qī 星期	semana
xīng qī yī 星期一	lunes
xīng qī èr 星期二	martes
xīng qī sān 星期三	miércoles
xīng qī sì 星期四	jueves
xīng qī wǔ 星期五	viernes
xīng qī liù 星期六	sábado
xīng qī rì tiān 星期日（天）	domingo
zhōu mò 周末	fin de semana
xiàn zài 现在	ahora
qián tiān 前天	anteayer
zuó tiān 昨天	ayer
jīn tiān 今天	hoy
míng tiān 明天	mañana
hòu tiān 后天	pasado mañana

qù nián 去 年	año pasado
jīn nián 今 年	este año
míng nián 明 年	próximo año
líng chén 凌 晨	madrugada
zǎo shang 早 上	mañana
shàng wǔ 上 午	mañana
zhōng wǔ 中 午	mediodía
xià wǔ 下 午	tarde
bàng wǎn 傍 晚	atardecer
wǎn shang 晚 上	noche
bái tiān 白 天	día
zǎo fàn　cān 早 饭（餐）	desayuno
wǔ fàn　cān 午 饭（餐）	almuerzo
wǎn fàn　cān 晚 饭（餐）	cena
yè xiāo 夜 宵	algo ligero que se toma después de la cena
xiǎo shí 小 时	hora

yí kè zhōng 一 刻 钟	un cuarto de hora
fēn 分	minuto
miǎo 秒	segundo
wǎn diǎn 晚 点	tarde; retrasado
zhǔn shí 准 时	a tiempo; puntual
tuī chí 推 迟	atrasar
tí qián 提 前	anticipar
chí dào 迟 到	tarde

4. fāng xiàng 方 向 Dirección

nǎ lǐ 哪 里	dónde
nà lǐ 那 里	allí; allá
zhè lǐ 这 里	aquí; acá
shàng 上	encima
zhōng 中	medio
xià 下	debajo

qián 前	delante
hòu 后	detrás
zuǒ 左	izquierda
yòu 右	derecha
dōng 东	este
xī 西	oeste
nán 南	sur
běi 北	norte
lǐ 里	interior
wài 外	exterior
páng biān 旁 边	al lado

5. 地点 Sitios
dì diǎn

gōng yuán 公 园	parque
yóu lè chǎng 游 乐 场	parque de atracciones
dòng wù yuán 动 物 园	zoológico

zhí wù yuán 植物园	jardín botánico
bó wù guǎn 博物馆	museo
kē jì guǎn 科技馆	museo de ciencia y tecnología
cān guān 参观	visitar
fàn diàn 饭店	restaurante
cài dān 菜单	menú
diǎn cài 点菜	escoger platos en un menú
mǎi dān 买单	pedir la cuenta
dǎ bāo 打包	para llevar
jiǔ diàn 酒店	hotel
dēng jì 登记	check-in
yā jīn 押金	depósito
tuì fáng 退房	check-out
bīn guǎn 宾馆	hotel
lǚ guǎn 旅馆	hostal
mín sù 民宿	alojamiento en familia

yù dìng 预订	reservar
fáng jiān 房间	habitación
lǚ yóu 旅游	viajar
shěng 省	provincia
zì zhì qū 自治区	región autónoma
zhí xiá shì 直辖市	municipio directamente dependiente del Consejo de Estado
shǒu dū 首都	capital
chéng shì 城市	ciudad
nóng cūn 农村	zona rural
hǎi bīn chéng shì 海滨城市	ciudad costera
fēng jǐng 风景	paisaje
jǐng qū 景区	localización paisajística
shān 山	montaña
dà hǎi 大海	mar; océano
shā tān 沙滩	playa
hé 河	río

hú 湖	lago
cǎo yuán 草原	estepa
shā mò 沙漠	desierto
sēn lín 森林	bosque
yà zhōu 亚洲	Asia
ōu zhōu 欧洲	Europa
fēi zhōu 非洲	África
nán měi zhōu 南美洲	América del Sur
běi měi zhōu 北美洲	América del Norte
dà yáng zhōu 大洋洲	Oceanía
nán jí zhōu 南极洲	Antártida
tài píng yáng 太平洋	Océano Pacífico
dà xī yáng 大西洋	Océano Atlántico
yìn dù yáng 印度洋	Océano Índico
běi bīng yáng 北冰洋	Océano Ártico

五、娱乐与运动
Entretenimiento y deporte

1. 娱乐 Entretenimiento

pái 牌	carta
dǎ pái 打牌	jugar a las cartas
qí 棋	ajedrez
xià qí 下棋	jugar al ajedrez
dǎ má jiàng 打麻将	jugar al Mahjong
fàng fēng zhēng 放风筝	hacer volar una cometa
xiǎo shuō 小说	novela
zuò zhě 作者	autor; escritor
dú zhě 读者	lector

diàn zǐ shū 电子书	libro electrónico
dòng màn 动漫	cómic
diàn yǐng 电影	película
kàn diàn yǐng 看电影	ir al cine
diàn yǐng yuàn 电影院	cine
diàn shì 电视	televisión
kàn diàn shì 看电视	ver la televisión
yīn yuè 音乐	música
tīng yīn yuè 听音乐	escuchar la música
gāng qín 钢琴	piano
tán gāng qín 弹钢琴	tocar el piano
jí tā 吉他	guitarra
tán jí tā 弹吉他	tocar la guitarra
dí zi 笛子	flauta
diàn zǐ qín 电子琴	órgano electrónico
gǔ zhēng 古筝	cítara

èr hú 二 胡	erhu
jīng jù 京 剧	ópera de Beijing
wǎn huì 晚 会	velada
jù huì 聚 会	fiesta
wǔ dǎo 舞 蹈	baile; danza
tiào wǔ 跳 舞	bailar
gē qǔ 歌 曲	canción
chàng gē 唱 歌	cantar
yóu xì 游 戏	juego
shǒu yóu 手 游	juego móvil
wǎng yóu 网 游	juego online
lā gē 拉 歌	invitación al canto en la marcha o fiesta
mín gē 民 歌	canción tradicional
yáo gǔn 摇 滚	rock
gē tīng 歌 厅	KTV
jiǔ bā 酒 吧	bar

wǎng bā 网 吧	cibercafé
chá guǎn 茶 馆	casa de té
wán yóu xì 玩 游 戏	jugar los juegos
míng xīng 明 星	estrella
qiú xīng 球 星	estrella de fútbol
gē xīng 歌 星	cantante
yǐng xīng 影 星	estrella de cine
yǎn yuán 演 员	actor; actriz
gē shǒu 歌 手	cantante
zhǔ jué 主 角	protagonista
pèi jué 配 角	papel secundario
dǎo yǎn 导 演	director
jì zhě 记 者	reportero; periodista

2. yùn dòng 运 动 Deporte

tǐ yù chǎng 体 育 场	campo de deporte; estadio

yóu yǒng chí 游泳池	piscina
zú qiú 足球	fútbol
lán qiú 篮球	baloncesto
pái qiú 排球	voleibol
tái qiú 台球	billar
pīng pāng qiú 乒乓球	ping-pong
yǔ máo qiú 羽毛球	bádminton
wǎng qiú 网球	tenis
bàng qiú 棒球	béisbol
bǎo líng qiú 保龄球	bolos
gāo ěr fū qiú 高尔夫球	golf
bǎn qiú 板球	cricquet
yóu yǒng 游泳	nadar
pá shān 爬山	subir al monte
pān yán 攀岩	practicar escalada
bèng jí 蹦极	puenting

tiào sǎn 跳 伞	saltar en paracaídas
pǎo bù 跑 步	correr
pǎo kù 跑 酷	parkour
sàn bù 散 步	pasear
mǎ lā sōng 马 拉 松	maratón
duǎn pǎo 短 跑	carrera de velocidad
quán jī 拳 击	boxeo
shè jī 射 击	tiro
gōng fu 功 夫	Kung Fu
tài jí quán 太 极 拳	Taiji
tái quán dào 跆 拳 道	taekwondo
shuāi jiāo 摔 跤	competencia de lucha
qì gōng 气 功	Qigong
wǔ shù 武 术	artes marciales
diàn jìng 电 竞	deportes electrónicos
tiào gāo 跳 高	salto de altura

tiào yuǎn 跳 远	salto de longitud
huá bīng 滑 冰	patinar
huá xuě 滑 雪	esquiar
xùn liàn 训 练	capacitar
jiào liàn 教 练	entrenador
yùn dòng yuán 运 动 员	atleta
rè shēn 热 身	calentar
bǐ sài 比 赛	competición
sài chē 赛 车	carrera de automóviles
sài mǎ 赛 马	carrera de caballos
cái pàn 裁 判	juez
shū 输	perder; fracasar
yíng 赢	ganar
píng jú 平 局	empatar
bǐ fēn 比 分	puntuación
qì quán 弃 权	renunciar

guàn jūn 冠军	campeón
yà jūn 亚军	subcampeón
jì jūn 季军	ganador al tercer premio
yōu xiù 优秀	excelente
jǐn biāo sài 锦标赛	campeonato
shì jiè bēi 世界杯	copa mundial
lián sài 联赛	liga
jù lè bù 俱乐部	club
qiú duì 球队	equipo
fàn guī 犯规	infringir la regla
hóng pái 红牌	tarjeta roja
huáng pái 黄牌	tarjeta amarilla
jiǎng bēi 奖杯	copa
jiǎng pái 奖牌	medalla
jīn pái 金牌	medalla de oro
yín pái 银牌	medalla de plata

tóng pái 铜 牌	medalla de bronce
ào yùn huì 奥运会	Juegos Olímpicos
yà yùn huì 亚运会	Juegos Asiáticos
dōng yùn huì 冬运会	Juegos Olímpicos de Invierno

六、xué xí学习 Aprendizaje

1. jiào shī yòng yǔ教师用语 Expresions para profesores

fù xí 复习	repasar
yù xí 预习	preparer lecciones antes de clase
bèi sòng 背诵	recitar
chóng fù 重复	repetir
biǎo yǎn 表演	interpretar; representar
tīng xiě 听写	dictado

zuò yè 作业	tarea; deberes
zuò zuò yè 做作业	hacer deberes
zuò liàn xí 做练习	hacer ejercicios
pǔ tōng huà 普通话	mandarín
fāng yán 方言	dialecto
fā yīn 发音	pronunciación
pīn yīn 拼音	pinyin
yǔ diào 语调	entonación
yǔ fǎ 语法	gramática
zì mǔ 字母	letra
zì 字	carácter
xiě 写	escribir
xiě zì 写字	escribir
bǐ huà 笔画	trozo
piān páng 偏旁	componente (de un carácter)
bù shǒu 部首	radical (de un carácter)

bǐ shùn 笔 顺	orden de trazos
jié gòu 结 构	estructura
cí 词	palabra
zǔ cí 组 词	formar palabras
duǎn yǔ 短 语	expresión
jù zi 句 子	frase; oración
zào jù 造 句	construir oraciones
duàn luò 段 落	párrafo
kè wén 课 文	texto
tīng lì 听 力	comprensión auditiva
yuè dú 阅 读	lectura
shū xiě 书 写	escritura
xuǎn zé 选 择	pregunta de opciones múltiples
zuò wén 作 文	composición
hēi bǎn 黑 板	pizarra
fěn bǐ 粉 笔	tiza

hēi bǎn cā 黑板擦	borrador
cā hēi bǎn 擦黑板	borrar la pizarra
huàn dēng piàn 幻灯片	diapositiva
jiào àn 教案	programa de enseñanza
jiǎng tái 讲台	cátedra
shàng kè 上课	empezar la clase
xià kè 下课	terminar la clase
jiǎng kè 讲课	enseñar
kāi shǐ 开始	empezar; comenzar
jié shù 结束	terminar
qǐng zuò 请坐	¡Siéntense, por favor!
bǔ kè 补课	recuperar las clases perdidas
nán diǎn 难点	dificultad
zhòng diǎn 重点	prioridad
kǎo shì 考试	examen
mó nǐ kǎo shì 模拟考试	examen de prueba

shì juàn 试 卷	papel de examen
dá tí kǎ 答 题 卡	hoja de respuestas
dá tí 答 题	contestar las preguntas
dá àn 答 案	respuesta
hàn yǔ shuǐ píng kǎo shì 汉 语 水 平 考 试	Examen de Chino como Lengua Extranjera (HSK)
chéng jì 成 绩	éxito; resultado
fēn shù 分 数	nota
mǎn fēn 满 分	nota máxima
liáng hǎo 良 好	notable
jí gé 及 格	aprobado
yōu xiù 优 秀	excelente
biǎo yáng 表 扬	elogiar
pī píng 批 评	criticar
nǔ lì 努 力	esforzarse por
jiā yóu 加 油	ánimo
rèn zhēn 认 真	atento

kàn hēi bǎn 看 黑 板	Miren la pizarra.
dú 读	leer
gēn wǒ dú 跟 我 读	Síganme.; Lean después.
dú kè wén 读 课 文	Lean el texto.
xiě 写	escribir
gēn wǒ xiě 跟 我 写	Escriban conmigo.
huí dá 回 答	contestar
wèn tí 问 题	pregunta
tí wèn 提 问	preguntar
qǐng jǔ shǒu 请 举 手	Levanten la mano.
qǐng jìn 请 进	Adelante.
qǐng zuò 请 坐	Siéntate.; Siéntense.
qǐng dǎ kāi shū 请 打 开 书	Abran el libro.
dào yè 到 …… 页	a la página …
tīng 听	escuchar
tīng lù yīn 听 录 音	escuchar la grabación

kàn shì pín 看 视 频	ver vídeos
tú piàn 图 片	imagen
zhèng què 正 确	correcto
cuò wù 错 误	falso
zhǔn bèi 准 备	preparar

2. xué shēng yòng yǔ 学生 用 语 Expresiones para alumnos

lǎo shī 老 师	profesor; maestro
qǐng wèn 请 问	Disculpe.
nán 难	difícil
tài nán le 太 难 了	Es demasiado difícil.
róng yì 容 易	fácil
wǒ tīng bù dǒng 我 听 不 懂	No entiendo.
wǒ míng bai le 我 明 白 了	Ya entiendo.
wǒ méi tīng míng bai 我 没 听 明 白	No entiendo.
qǐng zài shuō yí cì 请 再 说 一 次	Repítelo, por favor.

bāng zhù
帮 助 ayudar

fān yì
翻 译 traducir

tí mù
题 目 título; tema

chí dào
迟 到 llegar tarde

duì bù qǐ
对 不 起 ¡Perdón!

shuō
说 decir; hablar; contar

shuō hàn yǔ
说 汉 语 hablar chino

shuō é yǔ
说 俄 语 hablar ruso

shuō yīng yǔ
说 英 语 hablar inglés

shuō fǎ yǔ
说 法 语 hablar francés

shuō xī bān yá yǔ
说 西 班 牙 语 hablar español

shuō jiǎn pǔ zhài yǔ
说 柬 埔 寨 语 hablar camboyano

shuō tài yǔ
说 泰 语 hablar tailandés

zhè ge
这 个 esto

nà ge
那 个 aquello

qǐng jià
请 假 pedir permiso

lǎo shī hǎo
老师好　　　　　　　　¡Hola, profesor!

3. xué xí yòng jù 学习用具 Materiales de estudio

shū
书　　　　　　　　　　libro

liàn xí běn
练习本　　　　　　　　cuaderno

tián zì gé běn
田字格本　　　　　　　cuaderno para el aprendizaje de caligrafía

pīn yīn běn
拼音本　　　　　　　　cuaderno para el aprendizaje de pinyin

bǐ jì běn
笔记本　　　　　　　　cuaderno

qiān bǐ
铅笔　　　　　　　　　lápiz

juǎn bǐ dāo
卷笔刀　　　　　　　　sacapuntas

gāng bǐ
钢笔　　　　　　　　　pluma

zhōng xìng bǐ　shuǐ bǐ
中性笔（水笔）　　　　bolígrafo

mò shuǐ
墨水　　　　　　　　　tinta

mò zhī
墨汁　　　　　　　　　tinta china

máo bǐ
毛笔　　　　　　　　　pluma tradicional

yàn tái 砚 台	tintero
xuān zhǐ 宣 纸	papel tradicional
wén jù hé 文 具 盒	cajita de bolígrafos
bǐ dài 笔 袋	estuche
zhí chǐ 直 尺	regla
sān jiǎo chǐ 三 角 尺	regla triangular
liáng jiǎo qì 量 角 器	semicírculo graduado
yuán guī 圆 规	compás
huì tú bǎn 绘 图 板	tablero de dibujo
xiàng pí 橡 皮	goma
xiū zhèng yè 修 正 液	corrector líquido
dìng shū jī 订 书 机	grabadora
shū qiān 书 签	marcador de libro
shū bāo 书 包	mochila
xiǎo dāo 小 刀	cuchillo
cí diǎn 词 典	diccionario

jiāo shuǐ 胶水	pegamento
jiāo dài 胶带	cinta adhesiva
qū bié zhēn 曲别针 （huí xíng zhēn 回形针）	grapa
zhǐ 纸	papel
mài kè fēng 麦克风	micrófono
yōu pán 优盘	USB
guāng pán 光盘	disco
píng bǎn diàn nǎo 平板电脑	tableta PC
wén jiàn jiā 文件夹	carpeta
yīn xiāng 音箱	altavoz

4. zhuān yè yǔ kè chéng 专业与课程 Especialidad y asignaturas

| zhuān yè 专业 | especialidad |
| kè chéng 课程 | asignatura |

kè chéng biǎo 课程表	horario
kǒu yǔ 口语	expresión oral
yuè dú 阅读	lectura
tīng lì 听力	compresión auditiva
tīng shuō 听说	compresión auditiva y expresión oral
zōng hé 综合	competencia integral
chū jí jūn shì hàn yǔ 初级军事汉语	Chino básico de propósito militar
gāo děng shù xué 高等数学	matemáticas avanzadas
dà xué wù lǐ 大学物理	física universitaria
dà xué wù lǐ shí yàn 大学物理实验	experimento de física universitaria
zhōng guó chuán tǒng wén huà 中国传统文化	cultura tradicional China
zhōng guó lì shǐ 中国历史	historia de China
dà xué jì suàn jī jī chǔ 大学计算机基础	introducción a la informática universitaria
zhōng jí hàn yǔ 中级汉语	Chino medio
gāo jí hàn yǔ 高级汉语	Chino avanzado
jūn shì lì shǐ 军事历史	historia militar

máo zé dōng jūn shì sī xiǎng 毛泽东军事思想	pensamiento militar de Mao Zedong
sūn zǐ bīng fǎ 孙子兵法	El arte de la guerra
pào bīng jūn shì tōng xìn 炮兵军事通信	telecomunicación militar de la artillería
qīng wǔ qì cāo zuò 轻武器操作	operación de armas pequeñas
yǎn tǐ gòu zhù yǔ wěi zhuāng 掩体构筑与伪装	construcción de fosos y camuflaje
jūn shì dì xíng xué 军事地形学	topografía militar
jūn shì tǐ yù 军事体育	deporte militar
pào bīng bīng qì jì shù jī chǔ 炮兵兵器技术基础	introducción a la tecnología de armas artilleras
dàn yào jì shù jī chǔ 弹药技术基础	introducción a la tecnología de municiones
pào bīng shè jī xué jī chǔ 炮兵射击学基础	introducción a la artillería balística
pào bīng zhàn shù jī chǔ 炮兵战术基础	introducción a la táctica artillera
cān guān jiàn xué 参观见学	visita de estudios

七、<ruby>军<rt>jūn</rt></ruby><ruby>事<rt>shì</rt></ruby><ruby>用<rt>yòng</rt></ruby><ruby>语<rt>yǔ</rt></ruby> Términos militares

1. 基础词汇 (jī chǔ cí huì) Palabras y expresiones básicas

zhōng guó 中国	China
guó qí 国旗	bandera nacional
guó gē 国歌	himno nacional
guó huī 国徽	emblema nacional
zhōng guó rén mín jiě fàng jūn 中国人民解放军	Ejército Popular de la Liberación de China
jūn zhǒng 军种	ejércitos
lù jūn 陆军	ejército de tierra

kōng jūn 空 军	fuerza aérea
hǎi jūn 海 军	fuerza naval
huǒ jiàn jūn 火 箭 军	fuerza de cohete
zhàn lüè zhī yuán bù duì 战 略 支 援 部 队	fuerza de apoyo estratégico
mín bīng 民 兵	milicia
yù bèi yì 预 备 役	fuerza de reserva
zhàn qū 战 区	teatro de combate
bīng zhǒng 兵 种	armas (tropas)
bù bīng 步 兵	infantería
pào bīng 炮 兵	artillería
fáng kōng bīng 防 空 兵	arma antiaérea
zhuāng jiǎ bīng 装 甲 兵	arma acorazada
gōng chéng bīng 工 程 兵	arma de ingeniería
fáng huà bīng 防 化 兵	arma de NBC
háng kōng bīng 航 空 兵	arma de aviación
tè zhǒng bīng 特 种 兵	fuerza especial

kōng jiàng bīng 空 降 兵	fuerza paracaidista
hǎi jūn lù zhàn duì 海 军 陆 战 队	Marine Corps
jūn 军	ejército
shī 师	división
lǚ 旅	brigada
tuán 团	regimiento
yíng 营	batallón
lián 连	companía
pái 排	pelotón
bān 班	escuadra
jiāng jūn 将 军	general
dà xiào 大 校	coronel superior
shàng xiào 上 校	coronel
zhōng xiào 中 校	teniente coronel
shào xiào 少 校	mayor
shàng wèi 上 尉	capitán

zhōng wèi 中　尉	teniente
shào wèi 少　尉	subteniente
zhǔn wèi 准　尉	suboficial
shì guān 士　官	sargento
jūn shì zhǎng 军 士 长	sargento mayor
jūn guān 军 官	oficial
wén zhí gàn bù 文　职　干　部	oficial de servicio civil
wén zhí rén yuán 文　职　人　员	empleado de servicio civil
guó fáng bù 国　防　部	Ministerio de Defensa Nacional
guó jì jūn shì hé zuò bàn gōng shì 国 际 军 事 合 作 办 公 室	Oficina de Cooperación Militar Internacional
jìn gōng 进 攻	ataque
fáng yù 防　御	defensa
zhàn lüè 战　略	estrategia
zhàn yì 战　役	batalla
zhàn shù 战　术	táctica

2. duì liè yòng yǔ 队列用语 Expresiones de orden cerrado

zhǐ huī yuán 指挥员	comandante
jí hé 集合	¡Reúnanse!
jiě sàn 解散	¡Rompan las filas!
lì zhèng 立正	¡Atención!
shào xī 稍息	¡A discresión!
xiàng yòu kàn qí 向右看齐	Vista a la derecha.
xiàng zuǒ kàn qí 向左看齐	Vista a la izquierda.
xiàng zhōng kàn qí 向中看齐	Vista al centro.
xiàng qián kàn 向前看	Ojos al frente.
xiàng zuǒ zhuǎn 向左转	Giren a la izquierda.
xiàng yòu zhuǎn 向右转	Giren a la derecha.
xiàng hòu zhuǎn 向后转	Media vuelta a la derecha.
bàn miàn 半面	a media vuelta

zuǒ zhuǎn wān 左 转 弯	conversión a la izquierda
yòu zhuǎn wān 右 转 弯	conversión a la derecha
xiàng qián duì zhèng 向 前 对 正	Alinéense al frente.
zòng duì 纵 队	columna
héng duì 横 队	línea
liè 列	fila
qí bù zǒu 齐 步 走	Paso con compás.
pǎo bù zǒu 跑 步 走	Paso al trote.
zhèng bù zǒu 正 步 走	Paso formal.
lì dìng 立 定	Alto.
yuán dì tà bù zǒu 原 地 踏 步 走	Marquen el paso.
jìng lǐ 敬 礼	Saluden.
lǐ bì 礼 毕	Terminen saludo.
bào shù 报 数	Enumérense.
dūn xià 蹲 下	Acuclíllense.
qǐ lì 起 立	Levántense.

tuō mào
脱 帽　　　　　　　　Quítense la gorra.
dài mào
戴 帽　　　　　　　　Pónganse la gorra.

3. wǔ qì zhuāng bèi 武器装备 Armamentos

dān bīng wǔ qì
单 兵 武 器　　　　　armamento de uso individual
qiāng
枪　　　　　　　　　arma de fuego
shǒu qiāng
手 枪　　　　　　　　pistola
xiàn dàn qiāng
霰 弹 枪　　　　　　　escopeta
bù qiāng
步 枪　　　　　　　　rifle
chōng fēng qiāng
冲 锋 枪　　　　　　　rifle de asalto
jū jī qiāng
狙 击 枪　　　　　　　rifle de francotirador
miáo zhǔn jìng
瞄 准 镜　　　　　　　visor (en armas de fuego)
yè shì yí
夜 视 仪　　　　　　　visor nocturno
qīng jī qiāng
轻 机 枪　　　　　　　ametralladora ligera
zhòng jī qiāng
重 机 枪　　　　　　　ametralladora pesada
gāo shè jī qiāng
高 射 机 枪　　　　　　ametralladora antiaérea

pǎi jī pào 迫击炮	mortero
wú hòu zuò lì pào 无后坐力炮	cañón sin retroceso
huǒ jiàn tǒng 火箭筒	lanzacohetes
zǐ dàn 子弹	bala
shǒu liú dàn 手榴弹	granada
liú dàn fā shè qì 榴弹发射器	lanzagranadas
jiān káng shì fáng kōng dǎo dàn 肩扛式防空导弹	misil antiaéreo portátil
fǎn tǎn kè dǎo dàn 反坦克导弹	misil antitanque
dì léi 地雷	mina
dān bīng zhuāng bèi 单兵装备	equipo de uso individual
tóu kuī 头盔	casco
fáng dàn yī 防弹衣	chaleco antibalas
fáng dú miàn jù 防毒面具	máscara antigás
fáng huà fú 防化服	traje de protección química
jiàng luò sǎn 降落伞	paracaídas
bǐ shǒu 匕首	puñal

wàng yuǎn jìng 望 远 镜	anteojos
bǎ 靶	blanco
pào 炮	cañón de artillería
jiā nóng pào 加 农 炮	cañón
liú dàn pào 榴 弹 炮	obús
huá táng pào 滑 膛 炮	artillería de cañón liso
xiàn táng pào 线 膛 炮	artillería de cañón rayado
zì xíng huǒ pào 自 行 火 炮	artillería autopropulsada
qiān yǐn huǒ pào 牵 引 火 炮	artillería de remolque
gāo shè pào 高 射 炮	artillería antiaérea
yuǎn chéng huǒ jiàn pào 远 程 火 箭 炮	artillería de cohete de largo alcance
pào dàn 炮 弹	cartucho de cañón
dǎo dàn 导 弹	misil
zhōu jì dǎo dàn 洲 际 导 弹	misil intercontinental
xún háng dǎo dàn 巡 航 导 弹	misil crucero
dàn dào dǎo dàn 弹 道 导 弹	misil balístico

yuán zǐ dàn 原子弹	bomba atómica
qīng dàn 氢弹	bomba de hidrógeno
hé dàn 核弹	bomba nuclear
hé wǔ qì 核武器	arma nuclear
shēng huà wǔ qì 生化武器	arma bioquímica
léi dá 雷达	radar
wú rén jī 无人机	vehículo aéreo no tripulado
tǎn kè 坦克	tanque
zhǔ zhàn tǎn kè 主战坦克	tanque de combate principal
zhuāng jiǎ chē 装甲车	vehículo blindado
háng kōng mǔ jiàn 航空母舰	portaaviones
xún yáng jiàn 巡洋舰	buque crucero
qū zhú jiàn 驱逐舰	destructor
hù wèi jiàn 护卫舰	fragata
qián tǐng 潜艇	submarino
yú léi 鱼雷	torpedo

dēng lù jiàn 登 陆 舰	buque de desembarco
bǔ jǐ jiàn 补 给 舰	buque nodriza
jiàn zài jī 舰 载 机	avión en portaaviones
zhàn dòu jī 战 斗 机	cazador
hōng zhà jī 轰 炸 机	cazabombardero
yùn shū jī 运 输 机	avión de transporte
yù jǐng jī 预 警 机	avión de alertas tempranas
bù bīng zhàn chē 步 兵 战 车	vehículo de combate de infantería
zhuāng jiǎ yùn bīng chē 装 甲 运 兵 车	vehículo blindado de transporte de tropas

泰语篇

ภาษาไทย

一、穿着 การแต่งตัว

chuān zhuó

1. 服装　เครื่องแต่งกาย
fú zhuāng

táng zhuāng 唐 装	เสื้อผ้าถัง
hàn fú 汉 服	ชุดจีน/เสื้อผ้าฮั่น
qí páo 旗 袍	กี่เพ้า
zhōng shān zhuāng 中 山 装	ชุดสุภาพของชาวจีน ใช้เวลาออกงาน
zhì fú 制 服	เครื่องแบบ
gōng zuò fú 工 作 服	ชุดทำงาน
tǐ néng xùn liàn fú 体 能 训 练 服	ชุดฝึกอบรม
yùn dòng fú 运 动 服	ชุดกีฬา
mí cǎi fú 迷 彩 服	ชุดฝึก
lǐ fú 礼 服	ชุดพิเศษ

泰 语 篇

cháng fú 常　服	ชุดปกติ
duǎn xiù 短　袖	ชุดแขนสั้น
cháng xiù 长　袖	ชุดแขนยาว
xī fú　xī zhuāng 西服（西装　）	สูท
duǎn wài tào 短　外　套	แจ็คเก็ต
jiā kè 夹　克	แจ็กเก็ต
pí yī 皮　衣	ชุดหนัง
wèi yī 卫　衣	เสื้อสวมหัวหลวม
chōng fēng yī 冲　锋　衣	เสื้อกันลม
mǎ jiǎ 马　甲	เสื้อแจ็กเก็ต
biàn zhuāng 便　装	ลำลอง
xù T 恤	เสื้อยืด
kù zi 裤　子	กางเกง
niú zǎi kù 牛　仔　裤	กางเกงยีนส์
qún zi 裙　子	กระโปรง
chèn shān 衬　衫	เสื้อเชิ้ต

501

máo yī
毛 衣　　　　　　　เสื้อกันหนาว

máo kù
毛 裤　　　　　　　กางเกงกันหนาว

mián ǎo
棉 袄　　　　　　　แจ็คเก็ต

yǔ róng fú
羽 绒 服　　　　　　เสื้อขนเป็ด

dà yī
大 衣　　　　　　　เสื้อคลุม

yǔ yī
雨 衣　　　　　　　เสื้อกันฝน

qiū yī
秋 衣　　　　　　　เสื้อคลุมแขนยาว

qiū kù
秋 裤　　　　　　　กางเกงขายาว

nèi yī
内 衣　　　　　　　ชุดชั้นใน

nèi kù
内 裤　　　　　　　กางเกงใน

bèi xīn
背 心　　　　　　　เสื้อกั๊ก

shuì yī
睡 衣　　　　　　　ชุดนอน

wà zi
袜 子　　　　　　　ถุงเท้า

xié mào
2. 鞋 帽　รองเท้าและหมวก

mào zi
帽 子　　　　　　　หมวก

bàng qiú mào 棒 球 帽	หมวกเบสบอล
dà yán mào 大 檐 帽	หมวกปีกใหญ่
tóu kuī 头 盔	หมวกกันน็อก
xuē zi 靴 子	รองเท้าบูท
zuò zhàn xuē 作 战 靴	รองเท้าคอมแบท
zuò xùn xié 作 训 鞋	ร้องเท้าลายพราง ใช้สำหรับฝึก
yùn dòng xié 运 动 鞋	รองเท้าผ้าใบ
pí xié 皮 鞋	รองเท้าหนัง
bù xié 布 鞋	รองเท้าผ้า
mián xié 棉 鞋	รองเท้าฝ้าย
tuō xié 拖 鞋	รองเท้าฟองน้ำ
liáng xié 凉 鞋	รองเท้าแตะ

3. pèi shì 配饰 เครื่องประดับ

lǐng dài 领 带	เนคไท
lǐng dài jiā 领 带 夹	ผูกเนคไท

pí dài 皮 带	เข็มขัดหนัง
wài yāo dài 外 腰 带	เข็มขัดฝึก
kòu zi 扣 子	กระดุม
wéi jīn 围 巾	ผ้าพันคอ
kǒu zhào 口 罩	สวมหน้ากาก
shǒu tào 手 套	ถุงมือ
yǎn jìng 眼 镜	แว่นตา
yǐn xíng yǎn jìng 隐 形 眼 镜	คอนแทคเลนส์
mò jìng 墨 镜	แว่นตาดำ
jiè zhi 戒 指	แหวน
xiàng liàn 项 链	สร้อยคอ
shǒu liàn 手 链	สร้อยข้อมือ
shǒu biǎo 手 表	นาฬิกาข้อมือ
shǒu huán 手 环	นาฬิกาอิเล็กทรอนิกส์
ěr huán 耳 环	ตุ้มหู
jiān zhāng 肩 章	เครื่องหมายติดบ่า

mào huī 帽 徽	ตราหน้าหมวก
xiào huī 校 徽	ตราโรงเรียน
xìng míng pái 姓 名 牌	ป้ายชื่อ
zī lì zhāng 资 历 章	แพรแถบ
bì zhāng 臂 章	อาร์มข้างแขน
xiōng biāo 胸 标	เครื่องหมายติดอก
xiōng zhāng 胸 章	เครื่องหมายติดอก
lǐng zhāng 领 章	เครื่องหมายติดคอเสื้อ
jiǎng zhāng 奖 章	เหรียญรางวัล
qián bāo 钱 包	กระเป๋าสตางค์
shuāng jiān bāo 双 肩 包	กระเป๋าสะพายหลัง
bēi náng 背 囊	ล็อกแซ็ก
lǚ xíng bāo 旅 行 包	กระเป๋าเดินทาง
xíng lǐ xiāng 行 李 箱	กระเป๋าสัมภาระ
kuà bāo 挎 包	กระเป๋าสะพายไหล่
shǒu tí bāo 手 提 包	กระเป๋าถือ

4. yán sè
颜色 สี

chéng sè
橙 色   สีส้ม

hóng sè
红 色   สีแดง

huáng sè
黄 色   สีเหลือง

lǜ sè
绿 色   สีเขียว

lán sè
蓝 色   สีฟ้า

zǐ sè
紫 色   สีม่วง

hēi sè
黑 色   สีกาฟ

zōng sè
棕 色   สีน้ำตาล

bái sè
白 色   สีสอ

fěn hóng sè
粉 红 色   สีชมพู

huī sè
灰 色   สีเทา

jīn sè
金 色   สีทอง

yín sè
银 色   สีเงิน

chún sè
纯 色   สีบริสุทธิ์

cǎi sè
彩色　　　　　　　สีหลายๆสี

shēn sè
深　色　　　　　　สี....เข้ม

qiǎn sè
浅　色　　　　　　สี...อ่อน

wǔ yán liù sè
五 颜 六 色　　　　หลากสี/สีรุ้ง

二、yǐn shí 饮 食 อาหาร

1. zhǔ shí 主 食 อาหารหลัก

mǐ fàn
米 饭　　　　　　ข้าว

miàn tiáo
面　条　　　　　　ก๋วยเตี๋ยว

miàn bāo
面　包　　　　　　ขนมปัง

zhōu
粥　　　　　　　　โจ๊ก

bāo zi
包　子　　　　　　ซาลาเปา

mán tou
馒　头　　　　　　หมั่นโถว

jiǎo zi 饺 子	เกี๊ยว
dàn gāo 蛋 糕	ขนมเค้ก
hàn bǎo bāo 汉 堡 包	แฮมเบอร์เกอร์
sān míng zhì 三 明 治	แซนด์วิช
pī sà 披 萨	พิซซ่า
náng 馕	ขนมปังปิ้ง
bǐng 饼	คุ้กกี้
chǎo fàn 炒 饭	ข้าวผัด
chǎo miàn 炒 面	ก๋วยเตี๋ยวผัด
fāng biàn miàn 方 便 面	บะหมี่กึ่งสำเร็จรูป
mǐ xiàn 米 线	เส้นข้าว
yì dà lì miàn 意 大 利 面	สปาเก็ตตี้
hún tun 馄 饨	เกี๊ยว
jī dàn 鸡 蛋	ไข่ไก่
shǔ tiáo 薯 条	มันฝรั่งทอด

泰语篇

2. 水果 ผลไม้
shuǐ guǒ

píng guǒ 苹果	แอปเปิ้ล
xiāng jiāo 香蕉	กล้วย
lí 梨	แพร์
xī guā 西瓜	แตงโม
máng guǒ 芒果	มะม่วง
pú tao 葡萄	องุ่น
bō luó 菠萝	สับปะรด
jú zi 橘子	ส้มเขียวหวาน
jīn jú 金橘	ส้มจี๊ด
chéng zi 橙子	ส้ม
yòu zi 柚子	ส้มโอ
lǐ zi 李子	ชนิดของพลัม
xìng zi 杏子	แอปริคอท
cǎo méi 草莓	สตรอเบอรี่

509

shèng nǚ guǒ 圣女果	มะเขือเทศ
hā mì guā 哈密瓜	แคนตาลูป
táo zi 桃子	ลูกพีช
mí hóu táo 猕猴桃	กีวี
mù guā 木瓜	มะละกอ
yē zi 椰子	มะพร้าว
lì zhī 荔枝	ลิ้นจี่
níng méng 柠檬	มะนาว
xiāng guā 香瓜	เมล่อนสีขาว
liú lián 榴莲	ทุเรียน
lóng yǎn 龙眼	ลำไย
huǒ lóng guǒ 火龙果	แก้วมังกร
yīng tao 樱桃	เชอร์รี่
shān zhú 山竹	มังคุด
niú yóu guǒ 牛油果	อโวคาโด
fān shí liu 番石榴	ฝรั่ง

泰语篇

shí liu
石榴　　　　　　　　ทับทิม

3. shū cài
蔬菜 ผัก

bái cài
白菜　　　　　　　　ผักกาดขาว
luó bo
萝卜　　　　　　　　หัวผักกาด
hú luó bo
胡萝卜　　　　　　　แครอท
là jiāo
辣椒　　　　　　　　พริก
juǎn xīn cài
卷心菜　　　　　　　กะหล่ำปลี
kōng xīn cài
空心菜　　　　　　　ผักบุ้ง
bō cài
菠菜　　　　　　　　ผักขม
jiǔ cài
韭菜　　　　　　　　กระเทียม
sǔn
笋　　　　　　　　　หน่อไม้
wō jù
莴苣　　　　　　　　ผักกาดหอม
huā cài
花菜　　　　　　　　บร็อกโคลี่
xī lán huā
西兰花　　　　　　　คะน้า
qín cài
芹菜　　　　　　　　ขึ้นฉ่าย

shēng cài 生 菜	ผักกาดหอม
nán guā 南 瓜	ฟักทอง
dōng guā 冬 瓜	แตง
huáng guā 黄 瓜	แตงกวา
xī hóng shì 西 红 柿	มะเขือเทศ
qié zi 茄 子	มะเขือยาว
yù mǐ 玉 米	ข้าวโพด
wān dòu 豌 豆	ถั่ว
hé lán dòu 荷 兰 豆	ถั่วแระ
dòu jiǎo 豆 角	ถั่วฝักยาว
dòu yá 豆 芽	ถั่วงอก
huā shēng 花 生	ถั่วลิสง
tǔ dòu 土 豆	มันฝรั่ง
hóng shǔ 红 薯	มันเทศ
dòu fu 豆 腐	เต้าหู้
mó gu 蘑 菇	เห็ด

泰语篇

ǒu
藕   รากบัว

yáng cōng
洋 葱   หอมหัวใหญ่

shān yào
山 药   มันเทศ

sī guā
丝 瓜   บวบ

qiū kuí
秋 葵   กระเจี๊ยบ

ròu lèi
4. 肉 类 เนื้อ

jī ròu
鸡 肉   เนื้อไก่

zhá jī
炸 鸡   ไก่ทอด

jī tuǐ
鸡 腿   ขาไก่

jī chì
鸡 翅   ปีกไก่

jī xiōng ròu
鸡 胸 肉   อกไก่

yā ròu
鸭 肉   เนื้อเป็ด

kǎo yā
烤 鸭   เป็ดย่าง

niú ròu
牛 肉   เนื้อวัว

513

yáng ròu
羊 肉 เนื้อแกะ

zhū ròu
猪 肉 เนื้อหมู

là ròu
腊 肉 หมู3ชั้น

xiā
虾 กุ้ง

páng xiè
螃 蟹 ปู

lóng xiā
龙 虾 กุ้งมังกร

jiǎ yú
甲 鱼 ตะพาบ

yú
鱼 ปลา

xiāng cháng
香 肠 ไส้กรอก

huǒ tuǐ cháng
火 腿 肠 ไส้กรอกแฮม

huǒ jī
火 鸡 ไก่งวง

niú pái
牛 排 สเต็กเนื้อ

péi gēn
培 根 เบคอน

ròu chuàn
肉 串 เนื้อเสียบไม้

shāo kǎo
烧 烤 ปิ้งย่าง

5. jiǔ shuǐ 酒水 สุราและเครื่องดื่ม

bái jiǔ 白酒	เหล้าขาว
pí jiǔ 啤酒	เบียร์
hóng jiǔ 红酒	ไวน์แดง
mǐ jiǔ 米酒	ไวน์ข้าว
guǒ zhī 果汁	น้ำผลไม้
chéng zhī 橙汁	น้ำส้ม
suān nǎi 酸奶	นมเปรี้ยว
niú nǎi 牛奶	นม
bīng shuǐ 冰水	น้ำเย็น
chún jìng shuǐ 纯净水	น้ำบริสุทธิ์
kuàng quán shuǐ 矿泉水	น้ำแร่
tǒng zhuāng shuǐ 桶装水	ถังน้ำ
lǜ chá 绿茶	ชาเขียว

hóng chá
红 茶　　　　　ชาดำ

huā chá
花 茶　　　　　ชาดอกไม้

nǎi chá
奶 茶　　　　　ชานม

kā fēi
咖 啡　　　　　กาแฟ

qì shuǐ
汽 水　　　　　โซดา

kě lè
可 乐　　　　　โคล่า

xuě bì
雪 碧　　　　　สไปรท์

bīng qí lín
冰 淇 淋　　　　ไอศกรีม

xuě gāo
雪 糕　　　　　ไอศกรีมแท่ง

bīng gùn
冰 棍　　　　　ไอศกรีมแท่ง

nǎi xī
奶 昔　　　　　Milkshake

tiáo wèi pǐn
6. 调 味 品 เครื่องปรุงรส

yóu
油　　　　　　　น้ำมัน

yán
盐　　　　　　　เกลือ

泰语篇

jiàng yóu 酱油	ซอสถั่วเหลือง
cù 醋	น้ำส้มสายชู
táng 糖	น้ำตาลทราย
cōng 葱	ต้นหอม
jiāng 姜	ขิง
suàn 蒜	กระเทียม
hú jiāo fěn 胡椒粉	พริกไทย
huā jiāo 花椒	พริกหยวก
bā jiǎo 八角	ยี่หร่า
guì pí 桂皮	อบเชย
jiàng 酱	ซอส
shā lā jiàng 沙拉酱	สลัด
fān qié jiàng 番茄酱	ซอสมะเขือเทศ
jiè mo jiàng 芥末酱	ซอสมัสตาร์ด
gā lí 咖喱	แกงกะหรี่
jī jīng 鸡精	สารสกัดจากไก่

háo yóu 蚝 油	ซอสหอยนางรม
là jiàng 辣 酱	ซอสพริก
suān 酸	เปรี้ยว
tián 甜	หวาน
kǔ 苦	ขม
là 辣	เผ็ด
xián 咸	เค็ม
má 麻	เผ็ดจนชา
sè 涩	ฝาด
xiāng 香	หอม
chòu 臭	เหม็น
xiān 鲜	สด

7. 餐具 เครื่องมือรับประทานอาหาร
cān jù

dāo 刀	มีด

chā 叉	ส้อม
kuài zi 筷 子	ตะเกียบ
sháo zi 勺 子	ช้อน
pán zi　dié zi 盘 子（碟 子）	จาน
píng zi 瓶 子	ขวด
wǎn 碗	ชาม
cān jīn zhǐ 餐 巾 纸	กระดาษเช็ดปาก
yá qiān 牙 签	ไม้จิ้มฟัน
chá bēi 茶 杯	แก้วชา
jiǔ bēi 酒 杯	แก้วเหล้า
zhǐ bēi 纸 杯	แก้วกระดาษ

三、shēng huó 生 活 ชีวิตประจำวัน

1. chéng yuán 成 员 สมาชิกในครอบครัว

fù mǔ 父 母	พ่อแม่
fù qīn 父 亲	ท่านพ่อ
bà ba 爸 爸	พ่อ
mǔ qīn 母 亲	ท่านแม่
mā ma 妈 妈	แม่
yuè fù 岳 父	พ่อตา
yuè mǔ 岳 母	แม่ยาย
zhàng fu 丈 夫	สามี
qī zi 妻 子	ภรรยา
wèi hūn fū 未 婚 夫	คู่หมั้นชา

泰语篇

wèi hūn qī 未婚妻	คู่หมั้นหญิง
nán péng you 男朋友	แฟน (ชาย)
nǚ péng you 女朋友	แฟน (หญิง)
gē ge 哥哥	พี่ชาย
sǎo zi 嫂子	พี่สะใภ้
dì di 弟弟	น้องชาย
dì xí 弟媳	น้องสะใภ้
jiě jie 姐姐	พี่สาว
jiě fu 姐夫	พี่เขย
mèi mei 妹妹	น้องสาว
mèi fu 妹夫	น้องเขย
bó bo 伯伯	ลุง
bó mǔ 伯母	ป้า
shū shu 叔叔	อา (ชาย)
shěn shen 婶婶	อาสะใภ้
ā yí 阿姨	ม้า/ป้าสาว

yí fu 姨父	ม้า/ลุงเขย
jiù jiu 舅舅	ลุง/น้าชาย
jiù mā 舅妈	น้าสะใภ้
gū gu 姑姑	อาสาว
gū fu 姑父	อา/ลุงเขย
hái zi 孩子	ลูก
ér zi 儿子	ลูกชาย
ér xí 儿媳	ลูกสะใภ้
nǚ ér 女儿	ลูกสาว
nǚ xu 女婿	ลูกเขย
zǔ fù yé yé 祖父（爷爷）	คุณปู่
wài gōng lǎo yé 外公（姥爷）	คุณตา
zǔ mǔ nǎi nǎi 祖母（奶奶）	คุณย่า
wài pó lǎo lǎo 外婆（姥姥）	คุณยาย
sūn zi wài sūn 孙子（外孙）	หลานปู่
sūn nǚ wài sūn nǚ 孙女（外孙女）	หลานตา

zēng zǔ fù 曾 祖 父	ปู่ทวด
zēng zǔ mǔ 曾 祖 母	ตาทวด
jiā tíng 家 庭	ครอบครัว
nán 男	ผู้ชาย
nǚ 女	ผู้หญิง
yuàn zhǎng 院 长	ผู้บัญชาการโรงเรียน
zhèng wěi 政 委	สมาชิกสภาการเมือง
dà duì zhǎng 大 队 长	ผู้บังคับกองพัน
fù dà duì zhǎng 副 大 队 长	รองผู้บังคับกองพัน
zhǔ rèn 主 任	หัวหน้า
fù zhǔ rèn 副 主 任	รองผู้อำนวยการ
yì yuán 译 员	ล่าม
jiào yuán 教 员	คุณครู/อาจารย์
cān móu 参 谋	เสนาธิการ
gàn shi 干 事	เจ้าหน้าที่
duì zhǎng 队 长	ผู้บังคับกองร้อย

jiào dǎo yuán 教 导 员	ผู้ฝึกนักเรียนนายร้อย
xué yuán 学 员	นักเรียนนายร้อย
tóng zhuō 同 桌	เพื่อนร่วมโต๊ะ
shì yǒu 室 友	เพื่อนร่วมห้อง
lǎo shī 老 师	จารย์
tóng xué 同 学	เพื่อนร่วมชั้น
péng you 朋 友	เพื่อน
tóng bāo 同 胞	เพื่อนร่วมชาติ
xué zhǎng 学 长	รุ่นพี่
xué dì 学 弟	รุ่นน้อง
zhí bān yuán 值 班 员	ผู้ที่เข้าหน้าที่
bān zhǎng 班 长	ผู้บังคับหมู่
pái zhǎng 排 长	ผู้บังคับหมวด
lián zhǎng 连 长	ผู้บังคับกองร้อย
yíng zhǎng 营 长	ผู้บังคับกองพัน

泰语篇

2. 居住环境 jū zhù huán jìng สภาพแวดล้อมที่อยู่อาศัย

yóu jú 邮局	ที่ทำการไปรษณีย์
jiào xué lóu 教学楼	อาคารเรียน
tú shū guǎn 图书馆	ห้องสมุด
chāo shì 超市	ซุปเปอร์มาร์เก็ต
xué kē lóu 学科楼	ส่วนการศึกษา
jī guān lóu 机关楼	กองบัญชาการ
wén tǐ zhōng xīn 文体中心	ศูนย์กีฬา
dōng mén 东门	ประตูตะวันออก
běi mén 北门	ประตูเหนือ
chuán dá shì 传达室	ห้องรับ-ส่งของ
bǎo ān 保安	พนักงานรักษาความปลอดภัย
bǎo jié yuán 保洁员	พนักงานทำความสะอาด
shào bīng 哨兵	เวรยาม
nán hú 南湖	ทะเลสาบใต้

525

jiā shǔ qū 家 属 区	ที่อยู่ของครอบครัว
jiào xué xíng zhèng qū 教 学 行 政 区	เขตการเรียนการสอน
wài xùn lóu 外 训 楼	อาคารการศึกษานานาชาติ
mén zhěn bù 门 诊 部	แผนกผู้ป่วยนอก
cāo chǎng 操 场	สนามเด็กเล่น
lán qiú chǎng 篮 球 场	สนามบาสเกตบอล
zú qiú chǎng 足 球 场	สนามฟุตบอล
yuàn shǐ guǎn 院 史 馆	พิพิธภัณฑ์ประวัติศาสตร์โรงเรียน
shí yàn shì 实 验 室	ห้องปฏิบัติการ
jiào shì 教 室	ห้องเรียน
sù shè 宿 舍	หอพัก
shí táng 食 堂	โรงอาหาร
chú shī 厨 师	เชฟ
lǐ fà diàn 理 发 店	ร้านตัดผม
lǐ fà jiǎn 理 发 剪	กรรไกรตัดผม
yuè lǎn shì 阅 览 室	ห้องอ่านหนังสือ

泰语篇

yóu yǒng guǎn
游 泳 馆　　สระว่ายน้ำ

jiàn shēn fáng
健 身 房　　โรงยิม

huó dòng shì
活 动 室　　ห้องกิจกรรม

liàng yī jiān
晾 衣 间　　ห้องซักรีด

chū kǒu
出 口　　ทางออก

rù kǒu
入 口　　ทางเข้า

3. 内务 nèi wù งานภายในบ้าน

fáng jiān
房 间　　ห้อง

diàn shì
电 视　　โทรทัศ

kàn diàn shì
看 电 视　　ดูทีวี/โทรทัศน์

kōng tiáo
空 调　　เครื่องปรับอากาศ

yáo kòng qì
遥 控 器　　รีโมท

diàn fēng shàn
电 风 扇　　พัดลมไฟฟ้า

diàn shuǐ hú
电 水 壶　　กาต้มน้ำไฟฟ้า

yǐn shuǐ jī
饮 水 机　　เครื่องชงน้ำ

527

wēi bō lú 微波炉	ไมโครเวฟ
yùn dǒu 熨斗	เตารีด
yùn yī bǎn 熨衣板	โต๊ะรีดผ้า
chōng diàn qì 充电器	สายชาร์จ
chōng diàn 充电	ชาร์จแบต
diàn nǎo 电脑	คอมพิวเตอร์
chā zuò 插座	เต้ารับ
chā tou 插头	หัวปลั๊ก
jiē xiàn bǎn 接线板	สายไฟฟ้าเต้ารับ
chā shàng chā tóu 插上插头	เสียบปลั๊ก
bá xià chā tóu 拔下插头	ถอดปลั๊ก
dēng 灯	โคมไฟ
kāi guān 开关	สวิตช์
kāi dēng 开灯	เปิดไฟ
tái dēng 台灯	โคมไฟตั้งโต๊ะ
zhuō zi 桌子	โต๊ะ

yǐ zi 椅子	เก้าอี้
chuāng hu 窗户	หน้าต่าง
chuāng lián 窗帘	ผ้าม่าน
dì bǎn 地板	พื้นห้อง
mén 门	ประตู
qiáng 墙	ผนัง
chǔ wù guì 储物柜	ตู้ล็อค
bǎo mì guì 保密柜	ตู้เซฟ
shū guì 书柜	ตู้หนังสือ
chōu ti 抽屉	ลิ้นชัก
mén kǎ 门卡	บัตรเปิดประตู
yào shi 钥匙	กุญแจ
chuáng 床	เตียง
shàng pù 上铺	เตียงชั้นบน
xià pù 下铺	เตียงชั้นล่าง
chuáng diàn 床垫	เสื่อ / ที่นอน

wén zhàng	
蚊 帐	มุ้ง
liáng xí	
凉 席	เสื่อฤดูร้อน
bèi zi	
被 子	ผ้าห่ม
shài bèi zi	
晒 被 子	ตากผ้าห่ม
dié bèi zi	
叠 被 子	พับผ้าห่ม
zhěng qí	
整 齐	เป็นระเบียบเรียบร้อย
chuáng dān	
床 单	ผ้าปูที่นอน
zhěn tou	
枕 头	หมอน
huàn chuáng dān	
换 床 单	เปลี่ยนผ้าปูที่นอน
tōng fēng	
通 风	ระบายอากาศ
shuì jiào	
睡 觉	นอนหลับ
xī dēng	
熄 灯	ปิดไฟ
qǐ chuáng	
起 床	ตื่น
jí hé	
集 合	รวมแถว
shào shēng	
哨 声	เสียงนกหวีด
jiǎn chá	
检 查	ตรวจสอบ

泰语篇

dǎ sǎo 打扫	ทำความสะอาด
wèi shēng 卫生	สุขอนามัย
yù shì 浴室	ห้องน้ำ
cè suǒ 厕所	ห้องน้ำ
shǒu zhǐ 手纸	กระดาษชำระ
xǐ shù chí 洗漱池	อ่างน้ำ
diàn rè shuǐ qì 电热水器	เครื่องทำน้ำอุ่น
huā sǎ 花洒	ฝักบัว
mǎ tǒng 马桶	โถส้วม
shuǐ lóng tóu 水龙头	วาล์วน้ำ
tiáo zhou 笤帚	ไม้กวาด
sǎo dì 扫地	กวาดพื้น
tuō bǎ 拖把	ไม้ถูพื้น
tuō dì 拖地	ถูพื้น
lā jī 垃圾	ขยะ
lā jī tǒng 垃圾桶	ถังขยะ

lā jī dài 垃圾袋	ถุงขยะ
shuā zi 刷子	แปรงห้องน้ำ
mā bù 抹布	ผ้าขี้ริ้ว
cā 擦	ขัดสี
bò ji 簸箕	ถาดขยะ
xǐ zǎo 洗澡	อาบน้ำ
xiāng shuǐ 香水	น้ำหอม
xǐ fà shuǐ 洗发水	แชมพู
hù fà sù 护发素	ครีมนวดผม
mù yù lù 沐浴露	เจลอาบน้ำ
xǐ yī jī 洗衣机	เครื่องซักผ้า
xǐ yī fu 洗衣服	ซักผ้า
xǐ yī fěn 洗衣粉	ผงซักฟอก
xǐ yī yè 洗衣液	น้ำยาซักผ้า
xǐ shǒu yè 洗手液	สบู่เหลวล้างมือ
xiāo dú yè 消毒液	เจลล้างมือ

泰 语 篇

jiǔ jīng 酒 精	อัลกอฮอล์
xǐ jié jīng 洗 洁 精	ผงซักฟอก
yī jià 衣 架	ที่แขวนผ้า
liàng yī shéng 晾 衣 绳	เชือกแขวนคอ
xǐ liǎn 洗 脸	ล้างหน้า
xǐ miàn nǎi 洗 面 奶	โฟมล้างหน้า
xǐ shǒu 洗 手	ล้างมือ
xiāng zào 香 皂	สบู่ล้างหน้า
féi zào 肥 皂	สบู่
máo jīn 毛 巾	ผ้าขนหนู
máo jīn jià 毛 巾 架	ชั้นวางผ้าเช็ดตัว
tì xū dāo 剃 须 刀	มีดโกน
zhǐ jia dāo 指 甲 刀	คีมตัดเล็บ
jiǎn dāo 剪 刀	กรรไกร
diàn chuī fēng 电 吹 风	เป่าผม
yá shuā 牙 刷	แปรงสีฟัน

yá gāo 牙膏		ยาสีฟัน
shuā yá 刷牙		แปรงฟัน
jìng zi 镜子		กระจกส่อง
zhào jìng zi 照镜子		มองในกระจก
shū zi 梳子		หวี
shū zhuāng 梳妆		แต่งตัว
zǒu láng 走廊		ล็อบบี้
qǐng jià 请假		ลาหยุด
xiāo jià 销假		รายงานกลับ

4. jiù yī 就医 การพบแพทย์

guà hào 挂号		ลงทะเบียน
mén zhěn 门诊		แผนกผู้ป่วยนอก
jí zhěn 急诊		คลินิกฉุกเฉิน
zhù yuàn 住院		นอนโรงพยาบาล
tǐ jiǎn 体检		การตรวจร่างกาย

泰 语 篇

shēn tǐ 身体	ร่างกาย
tóu 头	หัว
liǎn 脸	หน้าตา
bó zi 脖子	คอ
jiān bǎng 肩膀	ไหล่
bèi 背	ด้านหลัง
xiōng 胸	หน้าอก
fù 腹	เบลลี่
shǒu 手	มือ
tuǐ 腿	ขา
xī gài 膝盖	หัวเข่า
jiǎo 脚	เท้า
jiǎo huái 脚踝	ข้อเท้า
tóu fa 头发	ผม
é tóu 额头	หน้าผาก
méi mao 眉毛	คิ้วต่อ

535

yǎn jing 眼 睛	ตา
bí zi 鼻 子	จมูก
zuǐ ba 嘴 巴	ปาก
zuǐ chún 嘴 唇	ริมฝีปาก
ěr duo 耳 朵	หู
xià ba 下 巴	คาง
yá chǐ 牙 齿	ฟัน
pí fū 皮 肤	ผิวหนัง
dà nǎo 大 脑	สมอง
qì guǎn 气 管	หลอดลม
fèi 肺	ปอด
xīn zàng 心 脏	หัวใจ
gān 肝	ตับ
wèi 胃	กระเพาะ
pí 脾	ม้าม
shèn 肾	ไต

lán wěi 阑尾		ไส้ติ่ง
páng guāng 膀胱		กระเพาะปัสสาวะ
shēn gāo 身高		ความสูงของร่างกาย
tǐ zhòng 体重		น้ำหนักร่างกาย
nèi kē 内科		อายุรศาสตร์
wài kē 外科		แผนกศัลยกรรม
yá kē 牙科		แผนกทันตกรรม
yǎn kē 眼科		แผนกตา
fàng shè kē 放射科		แผนกรังสีวิทยา
xiōng piàn 胸片		รังสีทรวงอก
lǐ liáo 理疗		กายภาพบำบัด
huà yàn shì 化验室		ห้องปฏิบัติการ
xuè guǎn 血管		หลอดเลือด
huà yàn 化验		ทดสอบ
yàn xiě 验血		การทดสอบเลือด
yàn niào 验尿		การทดสอบปัสสาวะ

pāi 拍 CT	การถ่ายภาพ CT
yī shēng 医生	หมอ
jí bìng 疾病	เป็นโรค
bìng dú 病毒	ไวรัส
jié shí 结石	นิ่ว
shēng bìng 生病	ย่าป่วย
shén jīng 神经	เส้นประสาท
cháng dào 肠道	ลำไส้
bù shū fu 不舒服	ไม่สบาย
gǎn mào 感冒	เป็นหวัด/ไข้หวัด
liú gǎn 流感	ไข้หวัดใหญ่
ké sou 咳嗽	ไอ
tán 痰	เสมหะ
tòng 痛	ปวด
yǎng 痒	คัน
má mù 麻木	ไม่มีความรู้สึก

zhāng kāi zuǐ ba 张 开 嘴 巴	เปิดปาก
hū xī 呼 吸	หายใจ
sǎng zi tòng 嗓 子 痛	เจ็บคอ
wèi tòng 胃 痛	ปวดท้อง
yá tòng 牙 痛	ปวดฟัน
bá yá 拔 牙	ถอนฟัน
bǔ yá 补 牙	ซ่อมฟัน
tóu tòng 头 痛	ปวดหัว
dù zi tòng 肚 子 痛	ปวดช่องท้อง
lā dù zi 拉 肚 子	ท้องเสีย
fā shāo 发 烧	ไข้
liú bí tì 流 鼻 涕	น้ำมูกไหล
xǐng bí tì 擤 鼻 涕	เป่าจมูก
bí sè 鼻 塞	คัดจมูก
fèi yán 肺 炎	ปอดบวม
zhī qì guǎn yán 支 气 管 炎	หลอดลมอักเสบ

guò mǐn 过敏	อ่อนไหว
tóu yūn 头晕	เวียนหัว
niǔ shāng 扭伤	ข้อต่อพลิก
zhǒng tòng 肿痛	บวม
yū xuè 瘀血	ภาวะหยุดนิ่งในเลือด
liú xuè 流血	เลือดออก
gǔ zhé 骨折	กระดูกหัก
dǎ pēn tì 打喷嚏	จาม
ě xin 恶心	ความรู้สึกของการอาเจียน
ǒu tù 呕吐	อาเจียน
jìng luán 痉挛	กระตุก
fā yán 发炎	การอักเสบ
kuì yáng 溃疡	แผลในกระเพาะ
chuán rǎn 传染	แพร่เชื้อ
gǎn rǎn 感染	ติดเชื้อ
gé lí 隔离	วางแยกต่างหาก

泰 语 篇

hé suān jiǎn cè 核 酸 检 测	ทดสอบกรดนิวคลีอิก
jiē zhòng yì miáo 接 种 疫 苗	การฉีดวัคซีน
jiàn kāng mǎ 健 康 码	รหัสสุขภาพ
xíng chéng mǎ 行 程 码	หมายเลขบันทึกการเดินทาง
chū shì jiàn kāng mǎ 出 示 健 康 码	แสดง รหัสสุขภาพ
chū shì xíng chéng mǎ 出 示 行 程 码	แสดง หมายเลขบันทึกเดินทาง
sǎo mǎ 扫 码	(OT) สแกนรหัส
lǜ mǎ 绿 码	รหัสสีเขียว
huáng mǎ 黄 码	รหัสสีเหลือง
hóng mǎ 红 码	รหัสสีแดง
yào wù 药 物	ยา
xī yào 西 药	ยาตะวันตก
zhōng yào 中 药	แพทย์แผนจีน
gāo yao 膏 药	การแปะขี้ผึ้งยา
yào wán 药 丸	ยาเม็ดทรงกลม
yào piàn 药 片	ยาเม็ด

yào gāo 药膏	ขี้ผึ้ง
kǒu fú 口服	ยาในช่องปาก
wài yòng 外用	ยาภายนอก
chōng jì 冲剂	เม็ดเล็กๆ
táng jiāng 糖浆	น้ำเชื่อม
chuāng kě tiē 创可贴	ผ้าพันแผล
kāng fù　huī fù 康复（恢复）	การฟื้นฟูร่างกาย
kàn bìng 看病	พบแพทย์
liáng xuè yā 量血压	การวัดความดันโลหิต
liáng tǐ wēn 量体温	การวัดอุณหภูมิกาย
kāi yào 开药	เขียนใบสั่งยา
chī yào 吃药	กินยา
dǎ zhēn 打针	การฉีดยา
shū yè 输液	ฉีดยา
zuò shǒu shù 做手术	การผ่าตัด
má zuì 麻醉	ยาชา

bāo zā
包 扎　　　　　　　พันแผล

dǎ shí gāo
打 石 膏　　　　　ปูนปลาสเตอร์

zhēn jiǔ
针 灸　　　　　　การฝังเข็ม

bá huǒ guàn
拔 火 罐　　　　　ขวดไฟ (ดูดไวรัส)

àn mó
按 摩　　　　　　massage

　　rì　cháng xū　qiú
5. 日 常　需 求 ความต้องการรายวัน

xiū lǐ
修 理　　　　　　ซ่อมแซม

gēng huàn
更 换　　　　　　เปลี่ยนใหม่

yín háng
银 行　　　　　　ธนาคาร

shǒu jī yín háng
手 机 银 行　　　 ธนาคารโทรศัพท์

dǎo háng
导 航　　　　　　การนำทาง

yìng yòng chéng xù
应 用 程 序　　　 โปรแกรมซอฟต์แวร์ (APP)

wǎng gòu
网 购　　　　　　ซื้อของออนไลน์

kuài dì
快 递　　　　　　ไปรษณีย์ด่วน

wǎng diàn
网 店　　　　　　ร้านค้าออนไลน์

543

kè fú 客 服	ศย์บริการลูกค้า
xià dān 下 单	ยืนยันการสั่งซื้อ
qǔ jiàn 取 件	รับพัสดุไปรษณีย์
qǔ jiàn mǎ 取 件 码	รับพัสดุหมายเลข
jì jiàn 寄 件	พัสดุไปรษณีย์
tuì huò 退 货	การคืนสินค้า
kuài dì guì 快 递 柜	ตู้ไปรษณีย์
cài niǎo yì zhàn 菜 鸟 驿 站	CAINIAO สถานที่จัดส่งทางไปรษณีย์
wài mài 外 卖	แอพสั่งอาหาร
měi tuán wài mài 美 团 外 卖	แอพสั่งอาหาร APP
è le me wài mài píng tái 饿 了 么（外 卖 平 台）	แอพสั่งอาหาร (APP)
zhī fù bǎo 支 付 宝	ALI PAY
táo bǎo 淘 宝	TAO BAO
wēi xìn 微 信	WECHAT
ā lǐ bā bā 阿 里 巴 巴	ALIBABA
zhī fù 支 付	จ่ายเงิน

泰语篇

èr wéi mǎ 二维码		รหัส QR
sǎo mǎ zhī fù 扫码支付		สแกนคิวอาร์โค้ดเพื่อชำระเงิน
shuā kǎ 刷卡		รูดบัตร
chōng diàn bǎo 充电宝		แบตสำรอง
bǎng dìng 绑定		เชื่อมบัญชี
kāi hù 开户		ลงทะเบียนบัญชี
zhèng jiàn 证件		ใบรับรอง
xué yuán zhèng 学员证		บัตรนักเรียน
hù zhào 护照		passport
shēn fèn zhèng 身份证		บัตรประจำตัวประชาชน
zhàng hào 账号		หมายเลขบัญชี
zhù cè 注册		ลงทะเบียน
dēng lù 登录		ล็อกอิน
yàn zhèng mǎ 验证码		ตรวจสอบหมายเลข
mì mǎ 密码		password/รหัสผ่าน
zhào piàn 照片		รูป

zhào xiàng 照 相	ถ่ายรูป
xìn yòng kǎ 信 用 卡	บัตรเครดิต
chǔ xù kǎ 储 蓄 卡	บัตรเงินฝาก
qǔ qián 取 钱	ถอนเงิน
cún qián 存 钱	เงินฝากออมทรัพย์
huì kuǎn 汇 款	ส่งเงิน
zhuǎn zhàng 转 账	โอนเงิน
jīn tiē 津 贴	เบี้ยเลี้ยง
gōng zī 工 资	เงินเดือน
měi yuán 美 元	ดอลลาร์
ōu yuán 欧 元	ยูโร
rén mín bì 人 民 币	RMB (เงินจีน-หยวน)
gù dìng diàn huà 固 定 电 话	โทรศัพท์
shǒu jī 手 机	โทรศัพท์มือถือ
ěr jī 耳 机	หูฟัง
hào mǎ 号 码	หมายเลข

泰 语 篇

shǒu jī kǎ
手 机 卡　　　　　　　ซิม (SIM)

guó jì cháng tú
国 际 长 途　　　　　　โทรศัพท์ทางไกลระหว่างประเทศ

shàng wǎng liú liàng
上 网 流 量　　　　　　ปริมาณเครือข่าย

wú xiàn wǎng
无 线 网　　　　　　　เครือข่ายไร้สาย (WIFI)

lán yá
蓝 牙　　　　　　　　บลูทูธ

yǔ yīn tōng huà
语 音 通 话　　　　　　เสียงสนทนา

shì pín tōng huà
视 频 通 话　　　　　　วีดีโอแชท

zhōng guó yí dòng
中 国 移 动　　　　　　China Mobile

zhōng guó lián tōng
中 国 联 通　　　　　　China Unicom

zhōng guó diàn xìn
中 国 电 信　　　　　　China Telecom

diàn huà fèi
电 话 费　　　　　　　ค่าโทรศัพท์

qiàn fèi
欠 费　　　　　　　　ค้างชำระค่าโทรศัพท์

jiǎo fèi
缴 费　　　　　　　　จ่ายเงิน/ค่าธรรมเนียม

chōng zhí
充 值　　　　　　　　จ่ายเงิน

duǎn xìn
短 信　　　　　　　　ข้อความสั้นๆ (SMS)

dǎ diàn huà
打 电 话　　　　　　　โทรไป

6. 节日 เทศกาล

yuán dàn 元 旦	ปีใหม่
chūn jié 春 节	ตรุษจีน
yuán xiāo jié 元 宵 节	เทศกาลโคมไฟ
fù nǚ jié 妇 女 节	วันสตรี
qīng míng jié 清 明 节	เทศกาลเชงเม้ง
láo dòng jié 劳 动 节	วันแรงงาน
ér tóng jié 儿 童 节	วันเด็ก
zhōng qiū jié 中 秋 节	เทศกาลกลางฤดูใบไม้ร่วง
jiào shī jié 教 师 节	วันครู
chóng yáng jié 重 阳 节	เทศกาลผู้สูงอายุ
chú xī 除 夕	วันก่อนปีใหม่
qī xī 七 夕	วันวาเลนไทน์จีน กรกฎาคมแรกเจ็ด
zhōng yuán jié 中 元 节	เทศกาลผี (กรกฎาคมสิบห้า)
qíng rén jié 情 人 节	วันวาเลนไทน์ (กุมภาพันธ์)

泰语篇

fù qīn jié 父亲节	วันพ่อ
mǔ qīn jié 母亲节	วันแม่
guó qìng jié 国庆节	วันชาติ
jiàn jūn jié 建军节	วันสถาปนากองทัพ
jì niàn rì 纪念日	วันแห่งความทรงจำ
shèng dàn jié 圣诞节	คริสต์มาส
fù huó jié 复活节	เทศกาลอีสเตอร์
gǎn ēn jié 感恩节	วันขอบคุณพระเจ้า
zhāi yuè 斋月	เทศกาลถือศีลอด
zǎi shēng jié 宰牲节	เทศกาลฆ่าสัตว์
kāi zhāi jié 开斋节	วันเข้าพรรษา
yù fó jié 浴佛节	วันเกิดของพระพุทธเจ้า
yú lán pén jié 盂兰盆节	วันเคารพคนตาย
mài jiā bǎo jiāo jié 麦加宝蕉节	เทศกาลพุทธศาสนาใน ประเทศกัมพูชา (มีนาคม)
nóng gēng jié 农耕节	วันเกษตร
pō shuǐ jié sòng gàn jié 泼水节/宋干节	วันสงกรานต์

wáng rén jié
亡 人 节　　　วันตาย

lǚ　yóu
四、旅 游 การท่องเที่ยว

tiān qì
1. 天 气 อากาศ

tiān qì yù bào
天 气 预 报　　พยากรณ์อากาศ
biàn huà
变 化　　　　เปลี่ยนแปลง
qì wēn
气 温　　　　อุณหภูมิ
jiàng wēn
降 温　　　　อุณหภูมิลดลง
lěng kōng qì
冷 空 气　　　อากาศเย็น
shè shì dù
摄 氏 度　　　หน่วยอุณหภูมิ
líng shàng
零 上　　　　สูงกว่าศูนย์
líng xià
零 下　　　　ต่ำกว่าศูนย์
lěng
冷　　　　　　หนาว

泰语篇

rè
热　　　　　　　　　ร้อน

wēn nuǎn
温 暖　　　　　　　อุ่นๆ

liáng shuǎng
凉 爽　　　　　　　เย็น

gān zào
干 燥　　　　　　　แห้งแล้ง

cháo shī
潮 湿　　　　　　　ชุ่มชื้น

yǔ
雨　　　　　　　　　ฝน

xuě
雪　　　　　　　　　หิมะ

bīng báo
冰 雹　　　　　　　ลูกเห็บ

fēng
风　　　　　　　　　ลม

wù
雾　　　　　　　　　หมอก

mái
霾　　　　　　　　　ละอองหมอก

léi
雷　　　　　　　　　ฟ้าร้อง

shǎn diàn
闪 电　　　　　　　ฟ้าผ่า

yún
云　　　　　　　　　เมฆ

tài yáng
太 阳　　　　　　　ดวงอาทิตย์

yuè liang
月 亮　　　　　　　ดวงจันทร์

xīng xing
星 星　　　　　ดวงดาว

cǎi hóng
彩 虹　　　　　สายรุ้ง

xià yǔ
下 雨　　　　　ฝนลงเม็ด

xià xuě
下 雪　　　　　หิมะตก

xià wù
下 雾　　　　　หมอก.

jié bīng
结 冰　　　　　กลายเป็นน้ำแข็ง

guā fēng
刮 风　　　　　ลมแรง

dǎ léi
打 雷　　　　　ฟ้าร้อง

qíng tiān
晴 天　　　　　แจ่มใส

yīn tiān
阴 天　　　　　ครึ้มๆ

duō yún
多 云　　　　　เมฆ

yǔ sǎn
雨 伞　　　　　ร่ม

jiāo tōng
2. 交 通　การคมนาคม

qì chē
汽 车　　　　　รถยนต์

mó tuō chē
摩 托 车　　　　รถจักรยานยนต์

泰语篇

zì xíng chē 自 行 车	จักรยาน
gòng xiǎng dān chē 共 享 单 车	จักรยานสาธารณะ
diàn dòng chē 电 动 车	จักรยานยนต์ไฟฟ้า
kǎ chē 卡 车	รถบรรทุก
chū zū chē 出 租 车	แท็กซี่
wǎng yuē chē 网 约 车	จองรถออนไลน์
dì tiě 地 铁	รถไฟฟ้าใต้ดิน
gāo tiě 高 铁	รถไฟฟ้าความเร็วสูง
gōng gòng qì chē 公 共 汽 车	รถเมล์
qì chē zhàn 汽 车 站	สถานีรถโดยสาร
huǒ chē 火 车	รถไฟ
lǎn chē 缆 车	รถเคเบิ้ล
fēi jī 飞 机	เครื่องบิน
háng bān 航 班	หมายเลขเที่ยวบิน
chuán 船	เรือ
huǒ chē zhàn 火 车 站	สถานีรถไฟ

553

mǎi piào 买票	ซื้อตั๋ว
huǒ chē piào 火车票	ตั๋วรถไฟ
chē cì 车次	หมายเลขขบวนรถไฟ
zuò wèi 座位	ที่นั่ง
wò pù 卧铺	ตู้นอน
fēi jī piào 飞机票	ตั๋วเครื่องบิน
fēi jī chǎng 飞机场	สนามบิน
dān chéng piào 单程票	ตั๋วเที่ยวเดียว
wǎng fǎn piào 往返票	ตั๋วไปกลับ
mén piào 门票	บัตรผ่านประตู
sī jī 司机	คนขับรถ
kōng chéng 空乘	เจ้าหน้าที่การบิน
liè chē yuán 列车员	พนักงานต้อนรับรถไฟ
jī zhǎng 机长	กัปตันเครื่องบิน
jiǎn piào yuán 检票员	พนักงานตรวจบัตรโดยสาร
zhí jī 值机	เช็คอิน

泰 语 篇

tuō yùn 托 运	บรรจุสัมภาระ/โหลดสัมภาระ
ān jiǎn 安 检	ตรวจสอบความปลอดภัย
dēng jī 登 机	ขึ้นเครื่องบิน
dēng jī kǒu 登 机 口	ประตูขึ้นเครื่อง
dēng jī pái 登 机 牌	บัตรขึ้นเครื่อง
jiǎn piào 检 票	ตรวจสอบ
qiān zhèng 签 证	วีซ่า
shòu piào chù 售 票 处	จุดขายตั๋ว
shòu piào yuán 售 票 员	พนักงานขายตั๋ว
gāo fēng 高 峰	ชั่วโมงเร่งด่วน
dǔ chē 堵 车	รถติด
shàng chē 上 车	ขึ้นรถ
xià chē 下 车	ลงรถ
zhí dá 直 达	โดยตรง
huàn chéng 换 乘	เปลี่ยนรถ
hóng lǜ dēng 红 绿 灯	สัญญาณไฟจราจร

来华留学生汉语基本词汇掌中宝

bān mǎ xiàn
斑 马 线　　　ทางม้าลาย

rén xíng dào
人 行 道　　　ทางเท้า

máng dào
盲 道　　　ทางเดินสำหรับผู้พิการทางสายตา

lù kǒu
路 口　　　ทางแยก

gōng lù　mǎ lù
公 路 / 马 路　　　ทางหลวง

jiāo tōng biāo zhì
交 通 标 志　　　ป้ายจราจร

lù pái
路 牌　　　ป้ายจราจรบอกเส้นทาง

shí jiān
3. 时 间 เวลา

jì jié
季 节　　　ฤดูกาล

chūn tiān
春 天　　　ฤดูใบไม้ผลิ

xià tiān
夏 天　　　ฤดูร้อน

qiū tiān
秋 天　　　ฤดูใบไม้ร่วง

dōng tiān
冬 天　　　ฤดูหนาว

hàn jì
旱 季　　　ฤดูแล้ง

yǔ jì
雨 季　　　ฤดูฝน

泰 语 篇

jià qī	假期	วันหยุด
hán jià	寒假	วันหยุดฤดูหนาว
shǔ jià	暑假	วันหยุดฤดูร้อน
rì qī	日期	วันที่
yuè	月	เดือน
yī yuè	一月	มกราคม
èr yuè	二月	กุมภาพันธ์
sān yuè	三月	มีนาคม
sì yuè	四月	เมษายน
wǔ yuè	五月	พฤษภาคม
liù yuè	六月	มิถุนายน
qī yuè	七月	กรกฎาคม
bā yuè	八月	สิงหาคม
jiǔ yuè	九月	กันยายน
shí yuè	十月	ตุลาคม
shí yī yuè	十一月	พฤศจิกายน

shí èr yuè 十二月	ธันวาคม
xīng qī 星期	สัปดาห์
xīng qī yī 星期一	วันจันทร์
xīng qī èr 星期二	วันอังคาร
xīng qī sān 星期三	วันพุธ
xīng qī sì 星期四	วันพฤหัสบดี
xīng qī wǔ 星期五	วันศุกร์
xīng qī liù 星期六	วันเสาร์
xīng qī rì tiān 星期日（天）	วันอาทิตย์
zhōu mò 周末	วันหยุดสุดสัปดาห์
xiàn zài 现在	ตอนนี้
qián tiān 前天	เมื่อวานซืน
zuó tiān 昨天	เมื่อวาน
jīn tiān 今天	วันนี้
míng tiān 明天	พรุ่งนี้
hòu tiān 后天	วันมะรืนนี้

qù nián 去 年	ปีที่แล้ว
jīn nián 今 年	ปีนี้
míng nián 明 年	ปีหน้า
líng chén 凌 晨	หัวรุ่ง
zǎo shang 早 上	เช้าตรู่
shàng wǔ 上 午	ช่วงสาย
zhōng wǔ 中 午	เที่ยงวัน
xià wǔ 下 午	ช่วงบ่าย
bàng wǎn 傍 晚	เวลาพลบค่ำ
wǎn shang 晚 上	เวลากลางคืน
bái tiān 白 天	กลางวัน
zǎo fàn cān 早 饭（餐）	อาหารเช้า
wǔ fàn cān 午 饭（餐）	อาหารกลางวัน
wǎn fàn cān 晚 饭（餐）	อาหารเย็น
yè xiāo 夜 宵	อาหารรอบดึก
xiǎo shí 小 时	ชั่วโมง

yí kè zhōng 一刻钟	1ใน4ของชั่วโมง (15 นาที)
fēn 分	นาที
miǎo 秒	วินาที
wǎn diǎn 晚 点	ดีเลย์/สาย
zhǔn shí 准 时	ตรงต่อเวลา
tuī chí 推 迟	เลื่อนเวลาออกไป
tí qián 提 前	เลื่อนเวลาเข้ามา
chí dào 迟 到	มาสาย

4. fāng xiàng 方 向 ทิศทาง

nǎ lǐ 哪 里	ที่ไหน
nà lǐ 那 里	ที่นั้น
zhè lǐ 这 里	ที่นี่
shàng 上	บน
zhōng 中	กลาง
xià 下	ล่าง

泰 语 篇

qián 前	ด้านหน้า
hòu 后	ด้านหลัง
zuǒ 左	ทางซ้าย
yòu 右	ทางขวา
dōng 东	ทิศตะวันออก
xī 西	ทิศตะวันตก
nán 南	ทิศใต้
běi 北	ทางเหนือ
lǐ 里	ภายใน
wài 外	ภายนอก
páng biān 旁 边	ด้านข้าง

5. 地点 สถานที่
     dì diǎn

gōng yuán 公 园	สวนสาธารณะ
yóu lè chǎng 游 乐 场	สวนสนุก
dòng wù yuán 动 物 园	สวนสัตว์

zhí wù yuán 植物园	สวนพฤกษศาสตร์
bó wù guǎn 博物馆	พิพิธภัณฑ์
kē jì guǎn 科技馆	พิพิธภัณฑ์วิทยาศาสตร์
cān guān 参观	เยี่ยมชม
fàn diàn 饭店	ภัตตาคาร
cài dān 菜单	เมนู
diǎn cài 点菜	สั่งอาหาร
mǎi dān 买单	ชำระเงิน
dǎ bāo 打包	ห่อกลับบ้าน
jiǔ diàn 酒店	โรงแรม
dēng jì 登记	เช็คอิน
yā jīn 押金	เงินมัดจำ
tuì fáng 退房	เช็คเอาท์
yù dìng 预订	จอง
fáng jiān 房间	ห้อง
bīn guǎn 宾馆	โรงแรม

泰 语 篇

lǚ guǎn 旅 馆	แขกบ้าน
mín sù 民 宿	ที่อยู่อาศัย
lǚ yóu 旅 游	ท่องเที่ยว
shěng 省	จังหวัด
zì zhì qū 自 治 区	เขตปกครองตนเอง
zhí xiá shì 直 辖 市	เมือง ที่จัดการโดยตรงกลา
shǒu dū 首 都	เมืองหลวง
chéng shì 城 市	เมือง
nóng cūn 农 村	ชนบท
hǎi bīn chéng shì 海 滨 城 市	เมืองชายทะเล
fēng jǐng 风 景	ทิวทัศน์
jǐng qū 景 区	ที่จุดชมวิว
shān 山	ภูเขา
dà hǎi 大 海	มหาสมุทร
shā tān 沙 滩	หาดทราย
hé 河	แม่น้ำ

563

hú 湖	ทะเลสาบ	
cǎo yuán 草原	ทุ่งหญ้า	
shā mò 沙漠	ทะเลทราย	
sēn lín 森林	ป่าไม้	
yà zhōu 亚洲	เอเชีย	
ōu zhōu 欧洲	ทวีปยุโรป	
fēi zhōu 非洲	แอฟริกา	
nán měi zhōu 南美洲	อเมริกาใต้	
běi měi zhōu 北美洲	ทวีปอเมริกาเหนือ	
dà yáng zhōu 大洋洲	โอเชียเนีย	
nán jí zhōu 南极洲	ทวีปแอนตาร์กติกา	
tài píng yáng 太平洋	แปซิฟิก	
dà xī yáng 大西洋	แอตแลนติก	
yìn dù yáng 印度洋	มหาสมุทรอินเดีย	
běi bīng yáng 北冰洋	มหาสมุทรอาร์กติก	

泰 语 篇

五、娱乐与运动
กีฬาและนันทนาการ

1. 娱乐 นันทนาการ

pái 牌	ไพ่
dǎ pái 打牌	เล่นไพ่
qí 棋	หมากรุก
xià qí 下棋	เล่นหมากรุก
dǎ má jiàng 打麻将	เล่นไพ่นกกระจอก
fàng fēng zheng 放风筝	บินว่าว เล่นว่าว
xiǎo shuō 小说	นวนิยาย/หนังสืออ่านเล่น
zuò zhě 作者	นักเขียน
dú zhě 读者	ผู้อ่าน

diàn zǐ shū 电 子 书	E-book
dòng màn 动 漫	การ์ตูน
diàn yǐng 电 影	ภาพยนตร์
kàn diàn yǐng 看 电 影	ดูหนัง
diàn yǐng yuàn 电 影 院	โรงภาพยนตร์
diàn shì 电 视	ทีวี/TV
kàn diàn shì 看 电 视	ดูทีวี
yīn yuè 音 乐	ดนตรี
tīng yīn yuè 听 音 乐	ฟังเพลง
gāng qín 钢 琴	เปียโน
tán gāng qín 弹 钢 琴	เล่นเปียโน
jí tā 吉 他	กีตาร์
tán jí tā 弹 吉 他	เล่นกีตาร์
dí zi 笛 子	ขลุ่ย
diàn zǐ qín 电 子 琴	เปียโนอิเล็กทรอนิกส์
gǔ zhēng 古 筝	พิณจีนโบราณ

èr hú 二 胡	ซอจีน
jīng jù 京 剧	งิ้ว
wǎn huì 晚 会	งานราตรี
jù huì 聚 会	งานเลี้ยง
wǔ dǎo 舞 蹈	การเต้นรำ
tiào wǔ 跳 舞	เต้นรำ
gē qǔ 歌 曲	เพลง
chàng gē 唱 歌	ร้องเพลง
yóu xì 游 戏	เกม
shǒu yóu 手 游	เกมมือถือ
wǎng yóu 网 游	เกมออนไลน์
lā gē 拉 歌	เล่นต่อเพลง (การเล่นที่แบ่งเป็นกลุ่มโดยใช้เพลงเป็นองค์ประกอบ)
mín gē 民 歌	โฟล์คซอง
yáo gǔn 摇 滚	ดนตรีร็อค
gē tīng 歌 厅	ห้องคาราโอเกะ (KTV)
jiǔ bā 酒 吧	บาร์ (bar)

wǎng bā 网 吧	อินเทอร์เน็ตคาเฟ่
chá guǎn 茶 馆	โรงน้ำชา
wán yóu xì 玩 游 戏	เล่นเกม
míng xīng 明 星	นักแสดงหรือนักกีฬายอดนิยม
qiú xīng 球 星	ดารา (นักกีฬา)
gē xīng 歌 星	นักร้องที่มีชื่อเสียง
yǐng xīng 影 星	นักแสดงที่มีชื่อเสียง
yǎn yuán 演 员	ดารานักแสดง
gē shǒu 歌 手	นักร้อง
zhǔ jué 主 角	ตัวเอก
pèi jué 配 角	ตัวประกอบ
dǎo yǎn 导 演	ผู้กำกับ
jì zhě 记 者	นักข่าว

2. yùn dòng 运 动 กีฬา

tǐ yù chǎng 体 育 场	สนามกีฬา

泰 语 篇

yóu yǒng chí	
游 泳 池	สระว่ายน้ำกลางแจ้ง
zú qiú	
足 球	ฟุตบอล
lán qiú	
篮 球	บาสเกตบอล
pái qiú	
排 球	วอลเลย์บอล
tái qiú	
台 球	บิลเลียด
pīng pāng qiú	
乒 乓 球	ปิงปอง
yǔ máo qiú	
羽 毛 球	แบตมินตัน
wǎng qiú	
网 球	เทนนิส
bàng qiú lěi qiú	
棒 球（垒球）	เบสบอล (ซอฟท์บอล)
bǎo líng qiú	
保 龄 球	โบว์ลิ่ง
gāo ěr fū qiú	
高 尔 夫 球	กอล์ฟ
bǎn qiú	
板 球	คริกเก็ต
yóu yǒng	
游 泳	ว่ายน้ำ
pá shān	
爬 山	ขึ้นเขา
pān yán	
攀 岩	ปีนเขา/ไต่เขา
bèng jí	
蹦 极	กระโดดบันจี้จัมพ์

tiào sǎn 跳 伞	กระโดดร่ม
pǎo bù 跑 步	วิ่ง
pǎo kù 跑 酷	ปาคัวร์ (parktour)
sàn bù 散 步	เดินเล่น
mǎ lā sōng 马 拉 松	มาราธอน
duǎn pǎo 短 跑	วิ่งระยะสั้น
quán jī 拳 击	ชกมวย
shè jī 射 击	กีฬายิงปืน
gōng fu 功 夫	กังฟู
tài jí quán 太 极 拳	ไทเก็ก
tái quán dào 跆 拳 道	เทควันโด
shuāi jiāo 摔 跤	มวยปล้ำ
qì gōng 气 功	ชี่กง (การออกกำลังกายด้วยกากำหนดลมหายใจ)
wǔ shù 武 术	ศิลปะการป้องกันตัว
diàn jìng 电 竞	การแข่งขันทางอิเล็กทรอนิกส์
tiào gāo 跳 高	กระโดดสูง

泰语篇

tiào yuǎn 跳 远		กระโดดไกล
huá bīng 滑 冰		สเกต
huá xuě 滑 雪		สกี
xùn liàn 训 练		การฝึกกีฬา
jiào liàn 教 练		โค้ช/ครูฝึกกีฬา
yùn dòng yuán 运 动 员		นักกีฬา
rè shēn 热 身		อุ่นเครื่อง
bǐ sài 比 赛		การแข่งขัน
sài chē 赛 车		แข่งรถ
sài mǎ 赛 马		แข่งม้า
cái pàn 裁 判		ผู้ตัดสิน/กรรมการ
shū 输		แพ้พ่าย
yíng 赢		ชนะ/ชัยชนะ
píng jú 平 局		เสมอ
bǐ fēn 比 分		คะแนน
qì quán 弃 权		การสละสิทธิ์

guàn jūn 冠军	แชมเปี้ยน/ที่หนึ่ง
yà jūn 亚军	ลำดับที่สอง
jì jūn 季军	ลำดับที่สาม
yōu xiù 优秀	ดีเยี่ยม
jǐn biāo sài 锦标赛	การแข่งขันชิงแชมป์
shì jiè bēi 世界杯	การแข่งขันฟุตบอลโลก
lián sài 联赛	การแข่งขันลีก
jù lè bù 俱乐部	คลับ (club)
qiú duì 球队	ทีม
fàn guī 犯规	ทำผิดกติกา
hóng pái 红牌	ใบแดง
huáng pái 黄牌	ใบเหลือง
jiǎng bēi 奖杯	ถ้วยรางวัล
jiǎng pái 奖牌	เหรียญรางวัล
jīn pái 金牌	รางวัลเหรียญทอง
yín pái 银牌	รางวัลเหรียญเงิน

tóng pái
铜　牌　　　　　รางวัลเหรียญทองแดง

ào yùn huì
奥 运 会　　　　การแข่งขันกีฬาโอลิมปิก

yà yùn huì
亚 运 会　　　　เอเชี่ยนเกมส์

dōng yùn huì
冬 运 会　　　　กีฬาฤดูหนาว

xué xí
六、学习

jiào shī yòng yǔ
1. 教师用语 คำศัพท์ของอาจารย์

fù xí
复 习　　　　ทบทวน

yù xí
预 习　　　　อ่านล่วงหน้า

bèi sòng
背 诵　　　　ท่องจำ

chóng fù
重 复　　　　ทำซ้ำ

biǎo yǎn
表 演　　　　แสดง

tīng xiě
听 写　　　　เขียนตามคำบอก

zuò yè 作业	การบ้าน
zuò zuò yè 做作业	เขียนการบ้าน
zuò liàn xí 做练习	ทำแบบฝึกหัด
pǔ tōng huà 普通话	ภาษาจีนกลาง
fāng yán 方言	ภาษาถิ่น
fā yīn 发音	การออกเสียง
pīn yīn 拼音	พินอิน
yǔ diào 语调	น้ำเสียง/วรรณยุกต์
yǔ fǎ 语法	ไวยากรณ์
zì mǔ 字母	ตัวอักษร
zì 字	ตัวอักษรภาษาจีน/อักษร
xiě 写	เขียน
xiě zì 写字	เขียนอักษร
bǐ huà 笔画	เส้นของตัวอักษรภาษาจีน
piān páng 偏旁	ส่วนอักขระภาษาจีน
bù shǒu 部首	ส่วนประกอบของตัวอักษรภาษาจีน

泰 语 篇

bǐ shùn 笔 顺	ลำดับการเขียนอักษร
jié gòu 结 构	โครงสร้าง/ส่วนประกอบ
cí 词	คำศัพท์
zǔ cí 组 词	กลุ่มคำ
duǎn yǔ 短 语	วลี
jù zǐ 句 子	ประโยค
zào jù 造 句	สร้างประโยค
duàn luò 段 落	ย่อหน้า
kè wén 课 文	บทเรียน
tīng lì 听 力	ทักษะการฟัง
yuè dú 阅 读	การอ่าน
shū xiě 书 写	การเขียน
xuǎn zé 选 择	ตัวเลือก/การเลือก
zuò wén 作 文	บทประพันธ์
hēi bǎn 黑 板	กระดานดำ
fěn bǐ 粉 笔	ชอล์ก

hēi bǎn cā 黑板擦		แปรงลบกระดานดำ
cā hēi bǎn 擦黑板		ทำความสะอาดกระดาน
huàn dēng piàn 幻灯片		สไลด์/Powerpoint (PPT)
jiào àn 教案		แผนการสอน
jiǎng tái 讲台		แท่นยืน/โพเดียม (podium)
shàng kè 上课		เริ่มเรียน
xià kè 下课		เลิกเรียน
jiǎng kè 讲课		สอนเนื้อหา
kāi shǐ 开始		เริ่ม
jié shù 结束		สิ้นสุด
qǐng zuò 请坐		เชิญนั่ง
bǔ kè 补课		เรียนเสริม
nán diǎn 难点		ยาก/จุดที่ยาก
zhòng diǎn 重点		ความรู้ที่สำคัญ/จุดสำคัญ
kǎo shì 考试		สอบ
mó nǐ kǎo shì 模拟考试		จำลองการสอบ

泰 语 篇

shì juàn 试 卷	ข้อสอบ
dá tí kǎ 答 题 卡	กระดาษคำตอบ
dá tí 答 题	ตอบคำถาม
dá àn 答 案	คำตอบ
hàn yǔ shuǐ píng kǎo shì 汉 语 水 平 考 试	การสอบภาษาจีน (HSK)
chéng jì 成 绩	ผลสัมฤทธิ์ทางการเรียน ผลการเรียน
fēn shù 分 数	คะแนน
mǎn fēn 满 分	คะแนนเต็ม
liáng hǎo 良 好	ดี
jí gé 及 格	สอบผ่าน
yōu xiù 优 秀	ดีเยี่ยม
biǎo yáng 表 扬	ยกย่อง/ชื่นชม
pī píng 批 评	วิจารณ์
nǔ lì 努 力	พยายาม
jiā yóu 加 油	สู้ๆ
rèn zhēn 认 真	ตั้งใจ

kàn hēi bǎn 看 黑 板	มองไปที่กระดานดำ
dú 读	อ่าน
gēn wǒ dú 跟 我 读	อ่านตามฉัน
dú kè wén 读 课 文	อ่านข้อความ อ่านบทเรียน
gēn wǒ xiě 跟 我 写	เขียนตามฉัน
huí dá 回 答	ตอบ
wèn tí 问 题	ปัญหา คำถาม
tí wèn 提 问	ถามคำถาม
qǐng jǔ shǒu 请 举 手	ยกมือขึ้น
qǐng jìn 请 进	เข้ามา
qǐng dǎ kāi shū 请 打 开 书	กรุณาเปิดหนังสือ
dào yè 到 …… 页	ที่ หน้า…
tīng 听	ฟัง
tīng lù yīn 听 录 音	ฟังเทป
kàn shì pín 看 视 频	ดูวีดีโอ
tú piàn 图 片	รูปภาพ

泰 语 篇

zhèng què
正　确　　　　　　　ถูกต้อง
cuò wù
错　误　　　　　　　ผิด
zhǔn bèi
准　备　　　　　　　เตรียมพร้อม

xué shēng yòng yǔ
2. 学 生　用　语 คำศัพท์ของนักเรียน

lǎo shī　jiào yuán
老 师（教 员）　　　ครู (ผู้ฝึก)
qǐng wèn
请　问　　　　　　　ขออนุญาตถาม
nán
难　　　　　　　　　ยาก
tài nán le
太 难 了　　　　　　ยากเกินไป
róng yì
容 易　　　　　　　ง่าย
wǒ tīng bù dǒng
我 听 不 懂　　　　　ฉันฟังไม่เข้าใจ
wǒ míng bai le
我 明　白 了　　　　ฉันเข้าใจแล้ว
wǒ méi tīng míng bai
我 没 听 明　白　　　ฉันฟังไม่ออก/ไม่เข้าใจ.
qǐng zài shuō yí cì
请 再 说 一 次　　　โปรดพูดอีกครั้ง
bāng zhù
帮　助　　　　　　　ช่วยเหลือ
fān yì
翻 译　　　　　　　แปล

tí mù 题 目	ชื่อเรื่อง
qǐ lì 起 立	ยืนขึ้น
chí dào 迟 到	มาสาย
duì bù qǐ 对 不 起	ขอโทษ/เสียใจด้วย
shuō 说	พูด
shuō hàn yǔ 说 汉 语	พูดภาษาจีน
shuō é yǔ 说 俄 语	พูดภาษารัสเซีย
shuō yīng yǔ 说 英 语	พูดภาษาอังกฤษ
shuō fǎ yǔ 说 法 语	พูดภาษาฝรั่งเศส
shuō xī bān yá yǔ 说 西 班 牙 语	พูดภาษาสเปน
shuō ā lā bó yǔ 说 阿 拉 伯 语	พูดภาษาอาหรับ
zhè ge 这 个	อันนี้
nà ge 那 个	อันนั้น
bào gào 报 告	รายงาน
qǐng jià 请 假	ลาหยุด
lǎo shī hǎo 老 师 好	สวัสดีครับอาจารย์.

3. xué xí yòng jù
学习用具 เครื่องมือการเรียน

shū
书   หนังสือ

liàn xí běn
练习本   สมุด

tián zì gé běn
田字格本   สมุดของตัวอักษรภาษาจีน

pīn yīn běn
拼音本   สมุดพินอิน

bǐ jì běn
笔记本   สมุดบันทึก

qiān bǐ
铅笔   ดินสอ

juǎn bǐ dāo
卷笔刀   กบเหลาดินสอ

gāng bǐ
钢笔   ปากกา

zhōng xìng bǐ　shuǐ bǐ
中性笔（水笔）   ปากกาหมึกซึม

mò shuǐ
墨水   น้ำหมึก

mò zhī
墨汁   หมึก (สำหรับการเขียนตัวจีน)

máo bǐ
毛笔   พู่กัน (จีน)

yàn tái
砚台   แท่นหิน (สำหรับวางพู่กันจีน)

xuān zhǐ
宣纸   กระดาษ (สำหรับการเขียนตัวจีน)

来华留学生汉语基本词汇掌中宝

wén jù hé 文 具 盒	กล่องดินสอ
bǐ dài 笔 袋	กระเป๋าดินสอ
zhí chǐ 直 尺	ไม้บรรทัด
sān jiǎo chǐ 三 角 尺	ไม้บรรทัดสามเหลี่ยม
liáng jiǎo qì 量 角 器	เครื่องวัดมุม
yuán guī 圆 规	ที่วาดวงกลม
huì tú bǎn 绘 图 板	กระดานวาดภาพ
xiàng pí 橡 皮	ยางลบ
xiū zhèng yè 修 正 液	ปากกาลบคำผิด/ลิควิด
dìng shū jī 订 书 机	เครื่องเย็บกระดาษ
shū qiān 书 签	ที่คั่นหนังสือ
shū bāo 书 包	กระเป๋าหนังสือ
xiǎo dāo 小 刀	มีดพก
cí diǎn 词 典	พจนานุกรม
jiāo shuǐ 胶 水	กาว
jiāo dài 胶 带	เทปกาว

jiǎn dāo
剪 刀　　　　　　　　กรรไกร

qū bié zhēn　huí xíng zhēn
曲 别 针（回 形 针）　คลิปหนีบ กระดาษ

zhǐ
纸　　　　　　　　　กระดาษ

mài kè fēng
麦 克 风　　　　　　ไมโครโฟน

yōu pán
优 盘　　　　　　　USB

guāng pán
光 盘　　　　　　　ซีดีรอม/CD

píng bǎn diàn nǎo
平 板 电 脑　　　　　แท็บเล็ต

wén jiàn jiā
文 件 夹　　　　　　โฟลเดอร์

yīn xiāng
音 箱　　　　　　　ลำโพง

zhuān yè yǔ kè chéng
4. 专 业 与 课 程　　หลักสูตรและวิชาชีพ

zhuān yè
专 业　　　　　　　หลักสูตรพิเศษ

kè chéng
课 程　　　　　　　หลักสูตร

kè chéng biǎo
课 程 表　　　　　　ตารางหลักสูตร

kǒu yǔ
口 语　　　　　　　หลักสูตรการพูด

yuè dú 阅 读	บทเรียนการอ่าน
tīng lì 听 力	บทเรียนการฟัง
tīng shuō 听 说	บทเรียนการฟัง
zōng hé 综 合	บทเรียนรวบรวม (นำการฟัง พูด อ่าน เขียน มาเรียนรวมกัน)
chū jí jūn shì hàn yǔ 初 级 军 事 汉 语	ศัพท์ภาษาจีนสำหรับทหาร
gāo děng shù xué 高 等 数 学	วิทยาลัยคณิตศาสตร์
dà xué wù lǐ 大 学 物 理	ฟิสิกส์มหาวิทยาลัย
dà xué wù lǐ shí yàn 大 学 物 理 实 验	การทดลองทางกายภาพ
zhōng guó chuán tǒng wén huà 中 国 传 统 文 化	วัฒนธรรมจีนแบบดั้งเดิม
zhōng guó lì shǐ 中 国 历 史	ประวัติศาสตร์จีน
dà xué jì suàn jī jī chǔ 大 学 计 算 机基 础	พื้นฐานของคอมพิวเตอร์
zhōng jí hàn yǔ 中 级 汉 语	ภาษาจีนกลาง
gāo jí hàn yǔ 高 级 汉 语	ภาษาจีนขั้นสูง
jūn shì lì shǐ 军 事 历 史	ประวัติศาสตร์การทหาร
máo zé dōng jūn shì sī xiǎng 毛 泽 东 军 事 思 想	เหมาเจ๋อตงคิดว่าทหาร

sūn zǐ bīng fǎ 孙子兵法	ศิลปะของสงคราม
pào bīng jūn shì tōng xìn 炮兵军事通信	ปืนใหญ่ทหารสื่อสาร
qīng wǔ qì cāo zuò 轻武器操作	อาวุธเบาปฏิบัติการ
yǎn tǐ gòu zhù yǔ wěi zhuāng 掩体构筑与伪装	บังเกอร์ และการปลอมตัว
jūn shì dì xíng xué 军事地形学	ภูมิประเทศทางทหาร
jūn shì tǐ yù 军事体育	กีฬาทหาร
pào bīng bīng qì jì shù jī chǔ 炮兵兵器技术基础	พื้นฐานเทคโนโลยีอาวุธ
dàn yào jì shù jī chǔ 弹药技术基础	พื้นฐานเทคโนโลยีกระสุน
pào bīng shè jī xué jī chǔ 炮兵射击学基础	หลักสูตรพื้นฐานการยิง
pào bīng zhàn shù jī chǔ 炮兵战术基础	ปืนใหญ่ยุทธวิธีพื้นฐาน
cān guān jiàn xué 参观见学	ทัศนศึกษา

七、军事用语 คำศัพท์ทางทหาร
jūn shì yòng yǔ

1. 基础词汇 คำศัพท์พื้นฐาน
jī chǔ cí huì

zhōng guó 中国	ประเทศจีน
guó qí 国旗	ธงชาติ
guó gē 国歌	เพลงชาติ
guó huī 国徽	ตราแผ่นดิน
zhōng guó rén mín jiě fàng jūn 中国人民解放军	กองทัพปลดปล่อยประชาชนจีน (PLA)
jūn zhǒng 军种	กองทัพ
lù jūn 陆军	กองทัพบก
kōng jūn 空军	กองทัพอากาศ
hǎi jūn 海军	กองทัพเรือ
huǒ jiàn jūn 火箭军	กองทัพอาวุธปล่อยต่อต้านนิวเคลียร์

zhàn lüè zhī yuán bù duì
战 略 支 援 部 队　　　หน่วยสนับสนุนยุทธศาสตร์
mín bīng
民 兵　　　องค์กรติดอาวุธมวลชน
yù bèi yì
预 备 役　　　ทหารกองหนุน
zhàn qū
战 区　　　เขตสงคราม
bīng zhǒng
兵 种　　　เหล่าทหาร
bù bīng
步 兵　　　ทหารราบ
pào bīng
炮 兵　　　ทหารปืนใหญ่
fáng kōng bīng
防 空 兵　　　ทหารต่อสู้อากาศยาน
zhuāng jiǎ bīng
装 甲 兵　　　ทหารม้า
gōng chéng bīng
工 程 兵　　　ทหารช่าง
fáng huà bīng
防 化 兵　　　ทหารต่อต้านอาวุธเคมี
háng kōng bīng
航 空 兵　　　นักบินทหาร
tè zhǒng bīng
特 种 兵　　　ทหารพิเศษ
kōng jiàng bīng
空 降 兵　　　กองทหารพลร่ม
hǎi jūn lù zhàn duì
海 军 陆 战 队　　　นาวิกโยธิน
jūn
军　　　กองทัพ

shī 师	องค์ประกอบของทหาร (dicision)
lǚ 旅	องค์ประกอบของทหาร (brigade)
tuán 团	กรม
yíng 营	กองพัน
lián 连	กองร้อย
pái 排	หมวด
bān 班	หมู่
jiāng jūn 将 军	นายพล
dà xiào 大 校	พันเอก (พิเศษ)
shàng xiào 上 校	พันเอก
zhōng xiào 中 校	พันโท
shào xiào 少 校	พันตรี
shàng wèi 上 尉	ร้อยเอก
zhōng wèi 中 尉	ร้อยโท
shào wèi 少 尉	ร้อยตรี
zhǔn wèi 准 尉	ว่าที่ร้อยตรี

泰 语 篇

shì guān 士 官	เจ้าหน้าที่ทหาร
jūn shì zhǎng 军 士 长	จ่าสิบเอก
jūn guān 军 官	เจ้าหน้าที่
wén zhí gàn bù 文 职 干 部	เจ้าหน้าที่พลเรือน
wén zhí rén yuán 文 职 人 员	เสมียนพลเรือน
guó fáng bù 国 防 部	กระทรวงกลาโหม
guó jì jūn shì hé zuò bàn gōng shì 国 际 军 事 合 作 办 公 室	สำนักงานความร่วมมือทางทหาร
jìn gōng 进 攻	โจมตี/การโจมตีทางอากาศ
fáng yù 防 御	การป้องกัน/ต่อต้าน
zhàn lüè 战 略	กลยุทธ์
zhàn zhēng 战 争	สงคราม
zhàn yì 战 役	การรณรงค์
zhàn shù 战 术	ยุทธวิธี

2. duì liè yòng yǔ
队 列 用 语 คำบอกคำสั่ง

zhǐ huī yuán 指 挥 员	ผู้บัญชาการ

jí hé 集 合	รวมแถว
jiě sàn 解 散	เลิกแถว
bào gào 报 告	รายงาน
lì zhèng 立 正	แถวตรง
shāo xī 稍 息	พัก
xiàng yòu kàn qí 向 右 看 齐	ทางขวาเป็นหลัก จัดแถว
xiàng zuǒ kàn qí 向 左 看 齐	ทางซ้ายเป็นหลัก จัดแถว
xiàng zhōng kàn qí 向 中 看 齐	ตรงกลางเป็นหลัก จัดแถว
xiàng qián kàn 向 前 看	นิ่ง
xiàng zuǒ zhuǎn 向 左 转	ซ้ายหัน
xiàng yòu zhuǎn 向 右 转	ขวาหัน
xiàng hòu zhuǎn 向 后 转	กลับหลังหัน
bàn miàn 半 面	กึ่ง (ซ้าย/ขวา) หัน
zuǒ zhuǎn wān 左 转 弯	เลี้ยวขวา
yòu zhuǎn wān 右 转 弯	เลี้ยวซ้าย
xiàng qián duì zhèng 向 前 对 正	จัดแถว (มองคนข้างหน้าเป็นหลัก)

zòng duì 纵 队	แถวตอนลึก
héng duì 横 队	แถวหน้ากระดาน
liè 列	แถว
qí bù zǒu 齐 步 走	หน้าเดิน
pǎo bù zǒu 跑 步 走	วิ่งหน้าวิ่ง
zhèng bù zǒu 正 步 走	เดินสวนสนาม
lì dìng 立 定	แถวหยุด
yuán dì tà bù zǒu 原 地 踏 步 走	ซอยเท้า
jìng lǐ 敬 礼	วันทยหัตถ์
lǐ bì 礼 毕	มือลง
bào shù 报 数	นับ
dūn xià 蹲 下	นั่ง
qǐ lì 起 立	ลุก
tuō mào 脱 帽	ถอดหมวก
dài mào 戴 帽	สวมหมวก

3. wǔ qì zhuāng bèi 武器装备 อาวุธและอุปกรณ์

dān bīng wǔ qì 单兵武器	อาวุธสำหรับทหารหนึ่งนาย
qiāng 枪	ปืน
shǒu qiāng 手枪	ปืนพก
xiàn dàn qiāng 霰弹枪	ปืนลูกซอง
bù qiāng 步枪	ปืนไรเฟิล
chōng fēng qiāng 冲锋枪	ปืนกล
jū jī qiāng 狙击枪	ปืนซุ่มยิง
miáo zhǔn jìng 瞄准镜	กล้องเล็ง
yè shì yí 夜视仪	วิสัยทัศน์กลางคืน
qīng jī qiāng 轻机枪	ปืนกลเบา
zhòng jī qiāng 重机枪	ปืนกลหนัก
gāo shè jī qiāng 高射机枪	ปืนการป้องกันทางอากาศ
pǎi jī pào 迫击炮	ปืนครก
wú hòu zuò lì pào 无后坐力炮	ปืนใหญ่ไร้แรงสะท้อนกลับ

泰语篇

huǒ jiàn tǒng 火箭筒	จรวดลำกล้อง
zǐ dàn 子弹	ลูกกระสุนปืน
shǒu liú dàn 手榴弹	ระเบิดมือ
liú dàn fā shè qì 榴弹发射器	เครื่องยิงลูกระเบิด
jiān káng shì fáng kōng dǎo dàn 肩扛式防空导弹	ขีปนาวุธต่อต้านอากาศยานขนาดเล็ก
fǎn tǎn kè dǎo dàn 反坦克导弹	ขีปนาวุธต่อต้านรถถัง
dì léi 地雷	ทุ่นระเบิด
dān bīng zhuāng bèi 单兵装备	ยุทโธปกรณ์สำหรับทหารหนึ่งนาย
tóu kuī 头盔	หมวกกันกระสุน
fáng dàn yī 防弹衣	เสื้อเกราะกันกระสุน
fáng dú miàn jù 防毒面具	หน้ากากกันแก๊ส
fáng huà fú 防化服	ชุดป้องกันสารเคมี
jiàng luò sǎn 降落伞	ร่มชูชีพ
bǐ shǒu 匕首	มีดสั้น dagger
wàng yuǎn jìng 望远镜	กล้องส่องทางไกล
bǎ 靶	เป้าซ้อมยิง

pào 炮	ปืนใหญ่
jiā nóng pào 加农炮	Cannon (ปืนใหญ่)
liú dàn pào 榴弹炮	ลูกระเบิด
huá táng pào 滑膛炮	ปืนใหญ่ที่ลำกล้องเรียบ
xiàn táng pào 线膛炮	ปืนใหญ่ที่ลำกล้องมีเกลียว
zì xíng huǒ pào 自行火炮	ปืนใหญ่อัตตาจร
qiān yǐn huǒ pào 牵引火炮	ปืนใหญ่ลากจูง
gāo shè pào 高射炮	ปืนต่อสู้อากาศยาน
yuǎn chéng huǒ jiàn pào 远程火箭炮	จรวดพิสัยไกล
pào dàn 炮弹	ลูกกระสุนปืนใหญ่
dǎo dàn 导弹	ขีปนาวุธนำวิถี
zhōu jì dǎo dàn 洲际导弹	ขีปนาวุธข้ามทวีป
xún háng dǎo dàn 巡航导弹	ขีปนาวุธร่อน (cruise missiles)
dàn dào dǎo dàn 弹道导弹	ขีปนาวุธ (ballistic missiles)
yuán zǐ dàn 原子弹	ระเบิดปรมาณู
qīng dàn 氢弹	ระเบิดไฮโดรเจน

hé dàn	核弹	ระเบิดนิวเคลียร์
hé wǔ qì	核武器	อาวุธนิวเคลียร์
shēng huà wǔ qì	生化武器	อาวุธเคมีชีวภาพ
léi dá	雷达	เรดาร์
wú rén jī	无人机	UAV
tǎn kè	坦克	รถถัง
zhǔ zhàn tǎn kè	主战坦克	รถถังหลัก
zhuāng jiǎ chē	装甲车	รถหุ้มเกราะ
háng kōng mǔ jiàn	航空母舰	เรือบรรทุกเครื่องบิน
xún yáng jiàn	巡洋舰	เรือลาดตระเวน
qū zhú jiàn	驱逐舰	เรือพิฆาต
hù wèi jiàn	护卫舰	เรือคุ้มกัน
qián tǐng	潜艇	เรือดำน้ำ
yú léi	鱼雷	ตอร์ปิโด
dēng lù jiàn	登陆舰	เรือบรรทุกคนขึ้นบก landing craft
bǔ jǐ jiàn	补给舰	เรือบรรทุกเสบียง (supply ship)

jiàn zài jī 舰载机	เครื่องบินที่บรรทุกบนเรือบรรทุกเครื่องบิน
zhàn dòu jī 战斗机	เครื่องบินต่อสู้/เครื่องบินขับไล่
hōng zhà jī 轰炸机	เครื่องบินทิ้งระเบิด
yùn shū jī 运输机	เครื่องบินลำเลียง
yù jǐng jī 预警机	เครื่องบินเตือนภัย
bù bīng zhàn chē 步兵战车	รถต่อต้านทหารราบ
zhuāng jiǎ yùn bīng chē 装甲运兵车	ยานพาหนะหุ้มเกราะ